XINGZHENG GUIZE ZHIDING YUANLI HE CHENGXU XINTAN

行政规则制定原理和程序新探

钟扬民 著

法律出版社
LAW PRESS · CHINA
北京

图书在版编目(CIP)数据

行政规则制定原理和程序新探/钟扬民著. -- 北京:法律出版社, 2024

ISBN 978-7-5197-7680-0

Ⅰ. ①行… Ⅱ. ①钟… Ⅲ. ①行政管理-研究 Ⅳ. ①D035

中国国家版本馆CIP数据核字(2023)第044600号

行政规则制定原理和程序新探
XINGZHENG GUIZE ZHIDING YUANLI HE CHENGXU XINTAN

钟扬民 著

责任编辑 孙东育 曲 杰
装帧设计 贾丹丹

出版发行 法律出版社
编辑统筹 学术·对外出版分社
责任校对 晁明慧
责任印制 胡晓雅 宋万春
经　　销 新华书店

开本 710毫米×1000毫米 1/16
印张 13.75　字数 199千
版本 2024年5月第1版
印次 2024年5月第1次印刷
印刷 河北虎彩印刷有限公司

地址:北京市丰台区莲花池西里7号(100073)
网址:www.lawpress.com.cn
投稿邮箱:info@lawpress.com.cn
举报盗版邮箱:jbwq@lawpress.com.cn
销售电话:010-83938349
客服电话:010-83938350
咨询电话:010-63939796

书号:ISBN 978-7-5197-7680-0
定价:89.00元
凡购买本社图书,如有印装错误,我社负责退换。电话:010-83938349

序

现代行政国家的发展，政府往往将行政规则制定作为完成行政任务的一种有效手段。20世纪六七十年代，美国行政法学理论与实务界基于对传统行政规则制定模式失灵的不满，掀起了行政变革运动思潮，探索出“协商行政规则制定”这一新的行政规则制定机制和模式。其本质上是对传统行政规则制定程序的补充和完善，旨在通过激发行政机关的积极主动优势，将传统行政规则制定中无法充分吸纳各利害关系方的真实意见以及各利害关系方无法参与行政规则制定的情况进行调整，以便形成更能反映各方真实意见、便于各方接受并高效实施的一种新的行政规则制定模式和程序机制。

近年来，加快推动统一行政程序法制定和行政法法典出台，成为我国几乎每一个行政法学人的法治梦想和追求。与此相适应，如何应对我国行政规则制定乃至法律制定中面临的困境和挑战，寻求一种符合我国经济社会发展需求和行政法治发展需要的行政规则制定机制和法律制定机制，成为学界关注的重点和热点。《行政规则制定原理和程序新探》一书正是顺应了这一时代需求和现实需要。该书从比较研究的视角，通过对美国协商行政规则制定应对行政规则制定“僵局”的经验做法和理论研究成果的深入剖析，提出协商行政规则制定在我国法治实践中制度建构的可行性、法理基础、适用范围、运行机制，并在此基础上构设了协商程序规则制定的本土化程序。综观全书，体系设计合理。全书共分为六章，脉络清晰，观点鲜明，颇具新意。如认为协商行政规则制定这种程序机制可以作为现行行政规则制定程序的一种补充程序机制，将其放置到我国法律体系或者设置到我国将来的行政程序法典中，赋予其明确的法律地位并合理推广适用。这些观点对我国现行行政法治的完善有着很好的指导作用。该书资料丰富、翔实，论据充分，具有很强的说服力，反映了作者扎实的理论功底。该书对行政法学理论和法治实践的贡献有望为广大读者所认同，值得向学界推荐。当然，该书提出的一些基本概念、理论、相关制度设计无疑还有着一定的探讨空间，但从整体而言，瑕不掩瑜，该书为我国行政规则制定以及行政法学研究提供了一个新的思路和视角。

扬民是我指导的博士研究生，在他考入我门下之前，我们从未谋面。仅从发给我的一份邮件中了解到他的求学愿望和学术志趣。当年他以笔试第一名的优异成绩进入面试，并最终顺利入学。博士在读期间，他表示对行政规则制定这一领域有着浓厚兴趣，经反复斟酌最后选定行政规范性文件制定这一具体研究方向。2017 ~ 2018 年，扬民赴美访学一年，有幸师从美国著名行政法学者杰弗里 · 拉博斯教授，同时又跟随另一著名行政法学者皮尔斯 · 理查德教授系统学习了美国行政法课程，获取了协商行政规则制定源起国的大量一手研究资料和最新发展情况。此外，他还借助参加美国行政法年会和美国行政会议年会等学术交流机会，与美国法学理论界和实务界专家进行了面对面的交流，取得大量非常有价值的资料。回国以后，他表示将专门研究协商行政规则制定这一问题，经过他的刻苦努力，形成了展现在大家面前的这本著作。

扬民勤奋好学，特别能吃苦耐劳。与绝大多数博士研究生相比，扬民承受着更多的学业和生活压力，但他始终能乐观应对，这些良好品格和精神气质正是扬民得以成功的由来。如今，尽管扬民从事着法律实务工作，但他对行政法理论研究仍有着孜孜不倦的执着。祝愿扬民不断开辟行政法学研究的新视野，成为专家型的法律人。

在该书付梓之际，特书此数言以为序。

张淑芳

前　言

行政规则制定是政府行使行政权完成其行政目标任务的一种有效手段和治理工具，灵活、及时、高质量地利用行政规则制定手段和行政规制手段成为各国政府行政法治建设中的基本要求。我国的行政规则制定有着特殊的国情和自身特点；自中华人民共和国成立以来特别是改革开放以来，我国行政法治建设才真正开始起步。同时，随着科学技术和社会形势的发展变化，我国也需要妥善解决风险行政国家如人工智能、新冠疫情等各种不确定性问题带来的挑战。

现行行政规则制定机制中，公众参与行政规则制定流于形式化、过场化，没有发生实际作用。行政机关秩序管理思维严重，行政主导型规则制定将行政规制对象视为规则制定抵触方，对于公众在行政规则制定过程中的反馈和质疑不予回应，加上司法机关适用《行政诉讼法》的行政规范性文件附带审查机制对行政规则开始合法性审查，我国现行的行政规则制定模式面临严重的困境和挑战，我国传统行政规则制定模式急需进行调整与变革。

近年来，在我国的行政实践中出现了一种新的行政规则制定现象：行政机关与利害关系人在行政规则起草环节进行直接沟通与协商，以寻求解决问题的最佳方案和智慧——协商行政规则制定的萌芽与兴起。新型的协商行政规则制定理念和机制具有多元利益主体性、实质公众参与性、民主合法性和易于实施性特质,因而能够适应经济社会发展和行政法治变革对行政规则制定的要求;但是初兴的协商行政规则制定模式还存在许多不足与缺陷,需要更多理论论证分析和实践经验总结。

源于美国法上的协商行政规则制定制度,从制度理念到司法实践在美国已经超过了半个世纪的发展历程。美国的协商行政规则制定经历了兴起、形成、立法、兴盛、衰落、重新恢复活力六个不同历史阶段,当前仍然在美国法学理论和法治实践中担任着重要角色。美国法上的协商行政规则制定对美国、日本和欧盟等国家和地区的行政程序法和行政规则制定产生了深远影响。

本书根据我国协商行政规则制定的萌芽实践和美国法上的协商行政规则制定实践经验,考察我国协商行政规则制定的现有法制资源和条件,对协商行政规则制定的基本制度、基本原则和基本程序作出了系统论述。具体来说,本书对协商行政规则制定概念进行规范性分析,从主体、对象、程序和法治保障对协商行政规则制定的制度内容要件作出阐述,对协商行政规则制定在我国法律体系中的地位进行探讨,对协商行政规则制定的三项基本原则即诚信协商原则、全面充分代表原则和平等协商原则作出了阐述,对协商行政规则制定在我国的适用范围和适用标准因素进行探索,最后对协商行政规则制定在我国的程序构造作出了规范层面的具体建构和设计。通过对协商行政规则制定的基本概念、基本原则和基本程序的系统性阐释与建构,以期推动协商行政规则制定制度在我国未来的行政法法典中或者行政程序法(相关的单行法)中取得应有的法律地位并能够予以推广适用。

目录

第一章 导 论

一、研究背景和问题意识

法治国家、法治政府与法治社会是中国社会主义现代化建设的重大主题。改革开放以来,我国法治建设进程加快,2011 年第十一届全国人大四次会议宣告中国特色社会主义法律体系已经形成,这是法治建设史上的一个里程碑。中共十八大后我国提出坚持法治国家、法治政府和法治社会"三位一体"建设。[①] 2014 年中共十八届四中全会《关于全面推进依法治国若干重大问题的决定》对建设社会主义法治国家作出整体战略部署,2020 年 5 月 28 日《民法典》的颁布标志着我国法治体系建设取得了重要成果。2021 年 1 月中共中央《法治中国建设规划(2020—2025)》提出到 2025 年中国特色社会主义法治体系初步形成以及 2035 年法治国家、法治政府和法治社会基本建成总体目标,中国法治建设踏上了法治新征程。当前我国法学界实务界等正在紧锣密鼓地进行行政法总则的制定商讨以及对制定行政程序法的持续研究,法治建设欣欣向荣。

行政是现代法治的核心。随着现代行政国家的

① 参见习近平:《习近平谈治国理政》(第 1 卷),外文出版社 2018 年版,第 144 页。

发展,法治从某种程度上讲从秩序行政时期的依法律之治实质上变成了依行政规则之治。制定行政规则作为国家行政权行使的重要方式,是政府达成其行政目标任务的一种有效手段和治理工具,行政规则在国家治理中的各个领域发挥着重大作用。而且,随着现代信息科技、全球变暖、自然灾害和疫情等不确定风险问题的增加,世界各国受到风险社会的挑战,对于政府的行政能力和行政效率提出了更高、更快的应对要求。灵活、及时、高质量的行政规则制定手段和行政规制手段成为各国政府应对风险、实现规制目标并保障公共安全的基本追求。

我国的行政规则制定有着特殊的国情和自身模式。中华人民共和国成立以来特别是改革开放以来,我国行政法治建设才真正开始起步。从行政法角度讲,我国面临秩序行政、服务行政、风险行政同时建设和发展的综合情况,是其他国家和社会不曾有的特殊国情。当前我国既面临秩序行政国家的法律秩序体系建构和完善任务,也面临福利行政国家政府给付行政服务的任务,与此同时,我国也需要妥善解决风险行政国家如人工智能、新冠疫情等各种不确定问题和风险因素带来的挑战。

我国行政法治实践同时受秩序行政国家、福利行政国家和风险行政国家三种行政国家模式的影响。基于传统的秩序行政国家和制度理念的影响,我国当前的行政规则制定模式是行政主导型的行政规则制定模式:行政规则制定主要由政府主导完成,社会公众参与到行政规则制定中很大程度上是完成程序的规定要求,发挥的实际作用非常有限。这种行政主导型行政规则制定模式在秩序行政时代有其优势和重要性,然而在福利行政时期和风险行政时期却有着重大缺陷。因为随着法治水平和法治意识的提高,现代公民意识和权利意识的觉醒进步,社会公众要求全面参与到行政规则制定的过程中,表达自身利益需求、参与民主管理,与行政机关合作实现共同的利益目标。行政机关已经不能再仅仅依据自己的管理需要和自己所追求的公共利益目标进行行政规则制定和规制管理;特别是信息技术和网络技术的普及便利化,行政机关主导型等行政规则制定模式面临挑战。传统的行政主导型行政规则制定急需寻找一种既能满足行政机关实现公共管理目标和维护公共利益的需要，同时又能使公众参与到行政规则制定程序过程中表达观点、行使权利、真实反映他们的利益并且最终对制定的行政规则乐于接受、高效实施的新的行政规则制定模式和机制。

行政主导型行政规则制定模式在我国当前全面推进法治建设新时代遭遇的难题在于以下几个方面：

首先，在法律制度层面，行政规则制定的模式需要变革。现行行政主导型行政规则制定模式一般流程见图1。

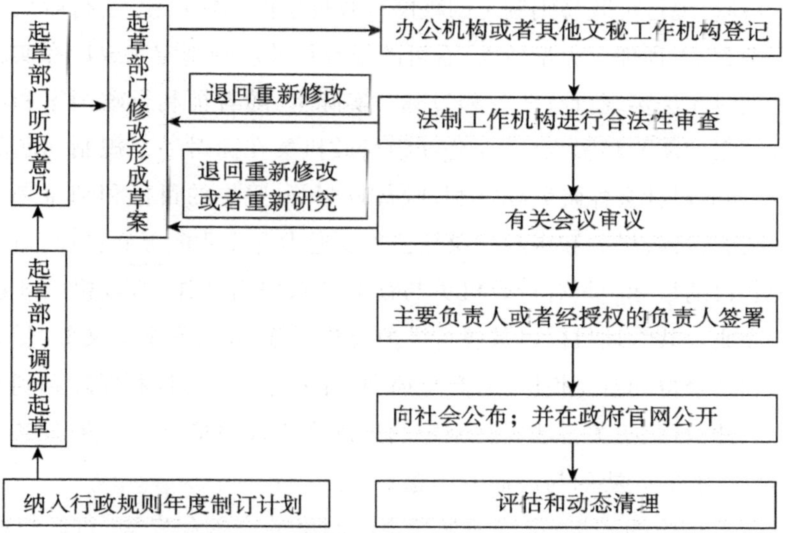

图1　现行行政主导型行政规则制定模式一般流程

从图1可以看出，当前在我国行政主导型行政规则制定模式下，起草阶段没有考虑公众参与的因素，也没有相应的机制和程序设置。这是公众参与在我国行政规则制定领域一块被遗漏的地方，也是公众参与在我国法律制度体系中的一块空白和缺失领域。

其次，从行政规则制定的实践层面来看，行政主导型规则制定模式下，公众参与到行政规则制定当中来流于形式化，没有充分发挥作用。根据我国《立法法》《行政法规制定程序条例》《规章制定程序条例》的规定，各省市地方的行政规范性文件制定了相关规定。如《上海市行政规范性文件制定管理规定》规定,行政规则制定起草阶段需要广泛征求意见、涉重大公共利益调整的需要进行听证或者邀请专家参与论证,但是在行政规则实际实施落地过程中,社会公众反映的问题和意见是否被重视、提的建议和意见是否有反馈,值得深思。由于行政机关或者起草部门具有行政裁量决定权决定听取或者不听取公众意见,加上双向沟通反馈机制的不完善,在现实行政规则制定项目中公众参与积极性不高;社会公众在行政规则制定过程中如果没有发挥应有的积极作用和提议作用,也就无法提高行政规则的质量。

最后,现行行政规则制定的秩序行政理念惯性影响较大,行政机关的管理理念、干预理念力量较大,有可能导致行政规则制定完成后在实施行政规则时无法实现行政任务和目标。实际上,随着福利行政国家和风险行政国家的需要和影响,社会公众跟行政机关在面对一个规制问题的时候,比如应对社会保险劳动福利、脱贫攻坚等,双方的目标和利益是同向和一致的,行政机关和规制对象往往需要通力合作才能更好、更高效率地实现各自的目标。只有行政机关与社会公众协力合作,行政机关才能更好地完成公共管理目标以及履行维护公共利益、公共安全的义务,受规制对象和公众得到自身秩序、财产与福利、自由与安全的权利保障和利益保障。因此,行政机关行政规则制定的理念在当代更应当是一种服务的理念、合作的理念、协商与沟通的理念。

随着法治的进步,司法理念与司法制度的完善和发展,行政机关制定的行政规则的合法性问题与合理性问题将会越来越多地受到司法监督和司法审查;这是对当代行政国家规制国家行政权过度膨胀后引发的体制机制的制约和均衡,是司法规律和法治实践发展的必然趋势。我国已经逐步探索行政规则制定的合法性审查机制,2014 年修正的《行政诉讼法》中已经开始探索行政行为的行政规范性文件附带审查机制。从某种意义上讲,对行政规则制定的合法性审查的司法审查机制是一种倒逼行政规则制定模式改革和改善的手段。行政规则制定机制的完善和提高,从根本上来讲还是需要行政机关从源头上对行政规则制定予以改进和提高,即需要从行政规则制定的主体、程序、制定技术等源头开始行动。

基于前述情况的认识和把握，与众多研究行政规则制定及其公众参与的论著外部考察视角不同（外部考察视角主要研究行政规则制定及其公众参与的方式、原因、途径、影响、改进措施等），根据实践中近年来萌芽和初兴的一些行政规则制定经验和案例，本书拟从行政机关制定行政规则的内部视角出发，探索一种新型的行政规则制定模式和机制，这种行政规则制定方式在行政机关起草阶段开展实质性的公众参与活动，即受规制的对象、利益受影响的相关当事人以及全部社会公众，通过法定程序直接与行政机关聚集到一起，开展沟通协商，一同寻求合意，达成协议，最后由行政机关制定和颁布行政规则草案，以作为解决行政主导型传统行政规则制定方式面临的合法性、合理性和可接受性问题挑战的解决方案的一种尝试进路。

二、主要文献综述

（一）国内协商行政规则制定的现有研究情况

国内目前关于协商行政规则制定的专门研究不多；从已有的科研文献来看，大多关注于协商行政规则制定的制度和原理介绍。王名扬教授在《美国行政法》中介绍了协商程序，指出“在一个最标准的协商程序中，法规的制定由受该法影响的各种利益团体以及行政机关选派代表，在一个调解人的主持下举行会谈，制定法规草案，送交有关的行政机关……”[①]沈岿教授可能是我国较早系统介绍协商行政规则制定制度的学者，他于 1999 年撰写的《关于美国协商制定规章程序的分析》一文对美国协商行政规则制定的原因、理由以及遭遇的质疑作了分析介绍，并对该制度对我国行政规则制定的启示作了阐述。[②] 薛刚凌、王霁霞教授 2004 年翻译了美国协商行政规则制定制度全文，命名为《美国规章协商制定程序法》发表于

① 王名扬：《美国行政法》，中国法制出版社 2005 年版，第 369 页。

② 参见沈岿：《关于美国协商制定规章程序的分析》，载《法商研究（中南政法学院学报）》1999 年第 2 期。

《公法研究》2004年第1期。[①] 王锡锌教授在《行政程序法理念与制度研究》一书中介绍了美国协商行政规则制定制度,并提出我国行政规则制定可以借鉴该制度的参与理念。[②] 蒋红珍教授2008年发表的《论协商性政府规制——解读视角和研究疆域的初步厘定》一文,主要从程序角度、实体角度和形式论意义上对协商行政规则制定的研究视角和研究范围进行了探讨。该文提出协商行政规则制定在程序上强调公众参与、利益代表、信息公开和说明理由的机制要素,实体上协商达成一致结果的法律文本会衍生引发公私协作、民营化和公共事项外包等公共治理转型问题,形式论意义上协商行政规则制定在法律类型、法律效力、法律救济上会推动相关学术研究。[③] 六年后,蒋红珍教授再次发文探讨该主题,在《华东政法大学学报》刊发《治愈行政僵化:美国规制性协商机制及其启示》一文。该文认为,规制性协商是指受影响的利益主体通过建立协商行政规则制定委员会来促进共识方案达成的程序机制,提出了规制性协商的运作流程可以分为三个程序性阶段:确定规制性协商适用的协商前期、立足于协商行政规则制定委员会构建和运作的协商时期以及协商主体发挥补充和协助工作的协商后期。[④] 张力教授于2012年在《行政法学研究》发表《走向共识:美国协商行政立法的兴起与发展》一文,介绍了协商行政立法制度的兴起背景、运作模型以及行政机关在协商行政立法中的作用。[⑤] 覃慧博士《治理时代行政程序法制的变革与因应研究》以专章"协商型行政程序的样态:以美国协商性行政规则制定程序为例"对美国协商行政规则制定程序的基本内容作了介绍,并对协商行政规则制定的未来作了预测。[⑥]

---

① 参见《美国规章协商制定程序法》,薛刚凌、王霁霞译,载《公法研究》2004年第1期。

② 参见王锡锌:《行政程序法理念与制度研究》,中国民主法制出版社2007年版,第313~328页。

③ 参见蒋红珍:《论协商性政府规制——解读视角和研究疆域的初步厘定》,载《上海交通大学学报(哲学社会科学版)》2008年第5期。

④ 参见蒋红珍:《治愈行政僵化:美国规制性协商机制及其启示》,载《华东政法大学学报》2014年第3期。

⑤ 参见张力:《走向共识:美国协商行政立法的兴起与发展》,载《行政法学研究》2012年第4期。

⑥ 参见覃慧:《治理时代行政程序法制的变革与因应研究》,北京大学出版社2018年版,第190~250页。

本书将以已有的协商行政规则制定的法学理论和应用实践经验为基础,试图进一步对协商行政规则制定的制度、原理和程序作出全面系统的研究,建构完善我国的协商行政规则制定制度。

(二)美国协商行政规则制定的研究情况

美国关于协商行政规则制定的研究已经有数十年的理论讨论,而且其实践应用上也较为成熟。20 世纪 80 年代协商行政规则制定在美国学术界成为热门课题。通过与传统行政规则制定进行比较,美国行政法学界探讨了协商行政规则制定的理论基础和程序步骤。20 世纪 80 年代比较有影响力的代表性论文是发表于《乔治城大学法律杂志》的两篇论文,即菲利普·哈特教授发表的《协商行政规制:行政隐忧的一种治愈方法》[①]和亨利·佩里特教授发表的《先于联邦行政机关的协商行政规则制定:美国行政会议评述的演进》。[②] 哈特教授的观点为协商行政规则制定之后的学术讨论以及行政机关的协商行政规则制定实践奠定了理论基础,具有重大的意义和价值。哈特教授认为,通过协商行政规则制定的激励和机会可以解决行政规则制定的问题并且将会创制出更好的行政规则。佩里特教授的文章主要从美国职业安全与健康管理局(OSHA)关于苯的协商行政规则制定、美国联邦航空管理局(FAA)飞行及工作时间的协商行政规则制定以及美国环保部不合格处罚和杀虫剂例外的协商行政规则制定的案例实践角度,对协商行政规则制定的法律应用效果进行积极评价。此外,劳伦斯·萨斯金德和杰拉德·麦克马洪发表于《耶鲁大学规制杂志》的《协商行政规则制定的理论与实践》一文也具有重要影响和地位。该文通过比较传统行政规则制定的程序和理论背景,主要从美国环保部的协商行政规则制定的成功经验着手而对协商行政规则制定的怀疑者或者批判者进行回应,并试图对

---

① See Philip J. Harter, *Negotiated Regulations: A Care for Malaise*, 71 Georgetown Law Journal 1(1982).

② See Henry H. Perritt, Jr., *Negotiated Rulemaking before Federal Agencies: Evaluation of Recommendations by the Administrative Conference of the United States*, 74 Georgetown Law Journal 1627(1985).

协商行政规则制定的理论进行丰富和改善,最后为解决美国规制合法性问题提供一种补救的极大的期望路径。①

在美国法学界学者热烈讨论的同时,美国行政会议(ACUS)作为美国联邦行政机关部门和国家政策法律研究核心智库,对协商行政规则制定也进行了深入研究并积极推进其在美国联邦行政机关中的实践应用。美国行政会议分别于1982年和1985年发表了对协商行政规则制定的评述。1982年的评述着重于阐述协商行政规则制定的协商程序内容与步骤,②1985年的评述则强调协商行政规则制定基于美国联邦行政机关4个实践案例的成功经验对1982年评述建议的可行性证明以及进一步提出完善建议。③ 正是美国行政会议的积极推动加之美国行政国家发展的需要,在美国学术界以及在各方综合作用下,美国国会于1990年通过了《协商行政规则制定法》并于1996年进行了修订和完善,使《协商行政规则制定法》作为联邦行政程序法的一部分写入了美国法典。

《协商行政规则制定法》在美国国会通过后,法学界对协商行政规则适用及其利弊的观点仍然存在诸多争议。杜克大学法学院组织了一场著名的学术会议,针对协商行政规则制定的意见进行研讨。《杜克大学法律评论》1997年4月出版的第46卷第6期刊登了该会议关于协商行政规则制定的研讨文章的观点争锋情况。卡利·科格里恩内塞教授通过实证的方法对协商行政规则制定规则进行了研究,他认为,协商行政规则制定并不节约时间、金钱或者资源,也没有减少冲突或者诉讼。④ 菲利普·哈特教授对卡利·科格里恩内塞教授的观点进行了尖锐的批判。哈特教授认为,行政规则领域以及其他的政策领域的发展正在进入转型时期,当前行

---

① See Lawrence Susskind, Gerard McMahon, *The Theory and Practice of Negotiated Rulemaking*, 3 Yale Journal on Regulation 133 (1985).

② See Administrative Conference of the United States, *Recommendation* 82 – 4, *Procedures for Negotiating Proposed Regulation*(June 18, 1982).

③ See Administrative Conference of the United States, *Recommendation* 85 – 5, *Procedures for Negotiating Proposed Regulation*(December 27, 1985).

④ See Cary Coglianese, *Assessing Consensus: The Promise and Performance of Negotiated Rulemaking*, 46 Duke Law Journal 1255(1997).

政机关邀请公众参与或者利害关系人参与规制行为是常态。协商行政规则制定拥有美国白宫的大力支持,美国环保部使用协商合意和公众参与程序作为其机制体系重大创新的一个完整的部分,在逻辑上可以说行政法上的协商行政规则制定和多元争议解决方案是绝不困难的。他认为,科格里恩内塞教授仅从经验观察的角度对协商行政规则制定制度进行批判,过于狭隘地评价了协商行政规则制定的精神,而没有关注到协商行政规则制定是一项天生的政治性活动,评价协商行政规则制定需要从政治的运行场景以及规则本身的内部性和动态性进行考察。针对科格里恩内塞教授批评的协商行政规则制定适用范围仅限于所有行政规则中的极微小的一部分,哈特教授回应协商行政规则制定作为一种行政规则制定的技术工具应当仅仅使用在合适的情境中,正如锤子和螺丝刀的使用频率远远高于扳手,但是扳手的存在才构成了任何一个工人的完整的工具箱,扳手是必不可少的。他还对科格里恩内塞教授的经验数据进行了质疑:当实际参与协商行政规则制定能够真的带来更好的解决方案时,为什么有些行政机关的工作人员对规则的效力感到如此害怕?为什么有的行政机关如职业安全与健康管理局的工作人员会花费 18 个月去审查一项协商规则的一致意见?[①] 艾伦·西格勒教授认为,协商行政规则制定对参加者大量的时间和资源的要求具有不确定性和重大局限性,但其对协商行政规则制定的进步性进行了肯定。[②] 威廉·方柯教授则认为,协商式行政规则制定推翻了美国行政法和说明理由制度中的基本的、基础性的概念。他和科格里恩内塞教授一样对协商行政规则制定持有尖锐的反对和批评意见。[③] 沃尔德法官则对协商行政规则制定持乐观积极的态度,认为协商行政规则制定制度是"前途远大的年轻人",但是她也指出了法

---

① See Philip J. Harter, *Fear of Commitment: An Affliction of Adolescents*, 46 Duke Law Journal 1389(1997).

② See Ellen Siegler, *Regulatory Negotiation and Other Rulemaking Processes: Strengths and Weaknesses from an Industry Viewpoint*, 46 Duke Law Journal 1429(1997).

③ See William Funk, *Bargaining Toward the New Millennium: Regulatory Negotiation and the Subversion of the Public Interest*, 46 Duke Law Journal 1351(1997).

院在对协商行政规则制定司法审查过程中遇到的诸多难题。[①]

尽管存在争议,在《协商行政规则制定法》国会立法通过后,学术界关于协商行政规则制定的基础理论研究和实际应用分析成果众多。菲利普·哈特教授发表了《对评价者的评价:协商行政规则制定的实际表现》一文,对协商行政规则制定的情况进行了分析,提倡推进协商行政规则制定的使用。朱迪·弗里曼教授在《行政国家的合作治理》一文中将协商行政规则制定作为合作治理的典型例证,主要关注的是协商行政规则制定在多大程度上以及在什么条件下推动解决问题和促进广泛的公众参与,确立规则具有过渡性的条件以及培养具有灵活性的高效的行政机关。[②] 科格里恩内塞教授对哈特教授《对评价者的评价》一文进行回应发表了《评价协商行政规则制定的主张》一文。科格里恩内塞教授指出,协商行政规则制定并没有表现出比行政机关普通的行政规则制定程序减少规制时间或者避免诉讼的能力。[③] 另外,哈特教授还从法理学基础和协商民主理论角度对协商行政规则制定进行了阐述。[④]

但是,协商行政规则制定在美国一度热门之后也因为种种缘故出现了衰落。杰弗里·拉博斯教授专门撰写了《达成政策制定的一致意见:协商行政规则制定的(不幸)衰落》一文对此进行了协商行政规则制定衰落原因的分析。拉博斯教授在最后结论中指出协商行政规则制定的衰落是不幸的。他坚持认为,以一种合目标性的途径运用协商行政规则制定是非常有效的,而且联邦政府需要创新性的解决方案以解决规制问题,作为规制改革的创制性方案的协商行政规则制定的选择在政治上不会产生政治障碍,美国白宫和国会以及相关行政机关都应当给予协商行政规则制

---

① See Patricia M. Wald, *ADR and the Courts: An Update*, 46 Duke Law Journal 1345(1997).

② See Jody Freeman, *Collaborative Governance in the Administrative State*, 45 UCLA Law Review 1(1997).

③ See Cary Coglianese, *Assessing the Advocacy of Negotiated Rulemaking: A Response to Philip Harter*, 9 New York University Environmental Law Journal 386(2001).

④ See Philp J. Harter, *In Search of Goldilocks: Democracy, Participation, and Government*, 10 Penn State Environmental Law Review 113(2002); Philip J. Harter, *A Plumber Responds to the Philosophers: A Comment on Professor Menkel-Meadow's Essay on Deliberative Democracy*, 5 Nevada Law Journal 379, 380 (2005).

定实质性的支持以使协商行政规则制定恢复活力。[①] 威廉·方柯教授则依然对协商行政规则制定予以批评,其在发表的《行政法上的公众参与和透明度》一文中认为协商行政规则制定作为公众参与行政规则制定的一种方式被证明是失败的。他分析,失败的主要原因有三点:一是在于协商行政规则要成功达至其目标实际上会降低行政规则的接受和减轻行政规则诉讼的数量。二是行政机关反对丧失其对规制结果的控制权,协商参加者中行政机关是负有法律责任和政治责任的,行政机关于是不愿意接受协商行政规则作为一项标准程序。三是协商行政规则制定脱离了实践面向,行政机关采用协商行政规则制定将会大大削弱它们扩大自身影响力的能力。因此,协商行政规则制定仅在行政机关看来相对不重要的行政规则制定中使用且使用频率非常低。[②]

协商行政规则制定在美国部门行政法领域应用广泛,协商行政规则制定在环境法领域的行政规则制定中一直占有重要地位。罗宾·麦可尔对美国西部圣弗朗西斯科湾区金门国家娱乐区的芬斯顿堡地区居民养狗对自然与鸟的影响之间做了一个协商行政规则制定的规制解决方案。[③] 丹尼尔·塞尔米利用协商行政规则制定对南加利福尼亚地区南方海岸空气质量管理地区的有毒气体排放问题作了分析和评价。[④] 肖恩·诺兰则对风力发电机的选址与公民的反对意见之间的争议问题,从协商行政规则制定的视角为解决这一难题提供了框架性进路。[⑤] 在食品药品与卫生医疗健康保障方面,玛丽·博伊德对美国食品药品管理局为什么应当采

---

① See Jeffery S. Lubbers, *Achieving Policymaking Consensus: The (Unfortunate) Waning of Negotiated Rulemaking*, 49 Texas Law Review 987 (2008).

② See William Funk, *Public Participation and Transparency in Administrative Law—Three Examples as An Object Lesson*, 61 Administrative Law Review 171, 194 (2009).

③ See Robin McCall, *Dogs v. Birds: Negotiated Rulemaking at Fort Funston*, 13 Hastings West-Northwest Journal of Environmental Law and Policy 187 (2007).

④ See Daniel P. Selmi, *The Promise and Limits of Negotiated Rulemaking: Evaluating the Negotiated of a Regional Air Quality Rule*, 35 Environmental Law Journal 415 (2005).

⑤ See Sean F. Nolan, *Negotiated the Wind: A Framework to Engage Citizens in Citing Wind Turbines*, 12 Cardozo Journal of Conflict Resolution 327 (2011).

用协商行政规则制定对仿制药进行规制作了研究。[①] 茱莉亚·柯比克对美国食品药品监督管理局(FDA)几乎不采用协商行政规则制定方式制定行政规则进行了分析,并提出在奥巴马政府时代应当积极采用协商行政规则制定方式制定行政规则。[②] 伊人·韦德对美国医疗健康改革中采用协商行政规则制定技术作了评论,[③]丹妮尔·霍利-沃克对布什行政当局《不让一个孩子落下法案》中协商行政规则制定的重要性进行了分析。[④]

近几年,不少学者对协商行政规则制定进行了反思。皮尔斯发表的《重新考虑协商行政规则制定》[⑤]和汉娜·怀斯曼发表的《协商行政与新风险:铁路安全案例研究》[⑥]以及阿卡莎·佩雷兹发表的《美国劳工的演进方案:共享拼车领域的协商行政规则制定》文章[⑦]对协商行政规则制定的理论模式及新的挑战进行了分析。

美国法学院的法学教材或者学者的专著对协商行政规则制定也多有论述和探讨,主要是从协商行政规则制定的概念和背景、协商行政规则制定的适用的优缺点比较以及其适用前景预测进行分析。迈克尔·阿西莫教授和罗纳德·莱文教授在其合著的广受欢迎的美国法学教材《州和联邦行政法》(第4版)第五章"行政规则制定程序"专设一节即第9节探讨协商行政规则制定主题。阿西莫教授和莱文教授在对协商行政规则制定制度的评论中指出,协商行政规则制定的兴起主要是基于美国"可替代性

---

① See Marie Boyd, *Unequal Protection Under the Law: Why FDA Should Use Negotiated Rulemaking to Reform the Regulation of Generic Drugs*, 35 Cardozo Law Review 1525 (2014).

② See Julia Kobick, *Negotiated Rulemaking: The Nest Step in Regulatory Innovation at the Food and Drug Administration?*, 65 Food and Drug Law Journal 425 (2010).

③ See Ehren K. Wade, *Comment, Just What the Doctor Ordered: Health Care Reform, the IRS and Negotiated Rulemaking*, 66 Administrative Law Review 199 (2014).

④ See Danielle Holley-Walker, *The Importance of Negotiated Rulemaking to the No Child Left Behind Act*, 85 Nebraska Law Review 1015 (2007).

⑤ See Pierce, Richard, *Rethinking Negotiated Rulemaking*, 2016 Jotwell 461 (2016).

⑥ See Wiseman, Hannah J., *Negotiated Rulemaking and New Risks: A Rail Safety Case Study*, 7 Wake Forest Journal of Law & Policy 207 (2017).

⑦ See Akasha C. Perez, *Addressing an Evolution in America's Workforce: A Call for Negotiated Rulemaking in the Ridesharing Industry*, 59 Howard Law Journal 787 (2017).

争议解决运动"的背景和影响，在美国行政会议的大力推动下积极促成了美国国会通过《协商行政规则制定法》立法及其进一步修正。美国各州及2010年联邦通过的《典范性州行政程序法》对协商行政规则制定也都作了规定和适用推动。两位教授认为，尽管协商行政规则制定制度的适用能够避免法院诉讼的困境，但是在一些时候也会有失效或失败的情况即协商行政规则制定会迟延或无法按时完成协商制定规则的目标。[①]

美国公法著名学者皮尔斯·理查德教授在其三卷本的行政法学巨著《行政法论》(第5版)对协商规则制定进行了专题研究和探讨。皮尔斯教授认为，协商行政规则制定是通过协商程序解决规则草案中引发的政策争议的过程。行政机关为了克服法院给行政规则制定所设立的诸多障碍而不得不另辟蹊径完成行政规则制定目标，迫使联邦众多行政机关支持协商行政规则制定的出台即常用的"Reg-Neg"表述概念。但是期望行政机关采用协商行政规则制定程序发布大多数的重要行政规则的程序是不现实的。他的看法是协商行政规则制定有诸多局限性，大多数重要行政规则制定行为不适合采用协商行政规则制定方法，而且已经有学者通过实证考察得出在尝试协商行政规则制定方法的规则制定行为中只有很少比例能取得成功。综合多种情况，皮尔斯教授对协商行政规则制定的影响作了难以预测的结论性评价。他指出，在行政规则制定程序早期，采用协商行政规则制定具有通过缩小纠纷范围和减少当事人之间的误解从而推动行政规则制定出台的积极作用，但是，协商行政规则制定程序也会造成行政程序的延迟或者无疾而终，额外的新增的协商阶段会给行政规则的制定造成极大可能性的时间上的耗费和资源成本的浪费。[②]

罗纳德·卡斯、科林·戴维、杰克·比尔曼和朱迪·弗里曼四位教

---

① See Michael Asimow, Ronald M. Levin, *State and Federal Administrative Law*, 4th ed., West Academic Publishing, 2014, p. 352 - 361.

② See Richard J. Pierce Jr., *Administrative Law Treaties*, 5th ed., Aspen Publishers, 2010, p. 694 - 698. 值得介绍的是，该书的中文版本已由我国学者苏苗罕翻译出版。参见［美］皮尔斯·理查德：《行政法》(第5版)，苏苗罕译，中国人民大学出版社2016年版。

授在2015年合著的《行政法》(第7版)一书中将协商行政规则制定在“行政规则制定”一章中设专节予以论述,并称为“可选择性的行政规则制定模式”。① 安德鲁·普洛培教授在其《行政法》(第3版)一书中也将协商行政规则制定制度作为可替代性的一种行政规则制定模式加以详细论述并进行相关举例分析。②

罗纳德·莱文和杰弗里·拉博斯教授在两人合著的《行政法和行政程序概要》(第6版)一书中明确指出,行政规则制定在某种程度上作为一种政治程序承载了决策功能,因此给予了一些行政机关刺激和动力以在不同的竞争性利益群体中利用有组织结构性的谈判来制定和发展某些行政规则。这种寻求共识的经验做法通常称为协商行政规则制定,即“Reg-Neg”。但是,行政机关对于协商的结果即参与协商者达成的妥协成果或者形成的最终行政规则没有义务一定要予以接受。行政机关在其拟议行政规则制定的通知阶段拒绝协商行政规则制定的一致意见结果并不会受到法律的限制也不应该受到所谓的“不诚信”的谴责。两位教授承认在一些情形下比如受影响的利益关系人需要的代表不可控制地过多或者协商规则制定的参与者必须在某些基本原则问题上进行妥协才能进行协商时,协商行政规则制定这种技术不值得进行尝试。③

杰弗里·拉博斯教授在其著作《联邦行政规则制定导论》中将协商行政规则制定作为影响联邦行政规则制定的一部程序性法律来进行探讨。拉博斯教授认为,1990年通过的《协商行政规则制定法》为行政机关采用协商行政规则制定方式制定行政规则建立了法律框架。协商行政规则制定是对传统行政规则制定的一种替代性方案,是对美国《行政程序

① See Ronald A. Cass, Colin S. Diver, Jack M. Beermann, and Jody Freeman, *Administrative Law*, 7th ed., Wolters Kluwer, 2015, p. 514 – 525.

② See Andrew F. Proper, Gwendolyn M. McKee, et al., *Administrative Law*, 3rd ed., West Academic Publishing, 2016, p. 610 – 627.

③ See Ronald M. Levin, Jeffery S. Lubbers, *Administrative Law and Process in a Nutshell*, 6th ed., West Academic Publishing, 2016, p. 343 – 344. 该书第1版作者是美国著名行政法学者Ernest Gellhorn教授,其后第2~5版Ernest Gellhorn教授也是合著作者。然而2005年Ernest Gellhorn教授因病英年早逝后,2016年Levin教授和Lubbers教授为了纪念Gellhorn教授进行了该书第6版的修订与更新。

法》的行政规则制定条款的补充,明确了行政机关实施协商行政规则制定的职权职能范围。《协商行政规则制定法》并没有强制要求使用这一技术,而是允许各个行政机关自主决定自由抉择。拉博斯教授对协商行政规则制定的使用前景非常乐观,尽管行政机关主动使用协商行政规则制定技术趋势在减弱,但是国会趋向于在更多的情景场合下授权行政机关采用协商行政规则制定行政规则。[①]

在前述美国协商行政规则制定的理论研究和实践基础之上,本书将试图阐释和建构我国协商行政规则制定的基本制度、法律原理和基本程序机制。

三、主要概念说明

行政规则制定机制是制定行政规则的规则,是行政程序的程序。行政规则制定或者制定行政规则并非本书独创提出,有学界前辈已经使用制定行政规则的概念,如姜明安教授在《新行政法:公中有私,私中有公》一文中对这两个概念做了特别说明。[②] 此外,王锡锌教授、沈岿教授、毕洪海教授、宋华琳教授、彭錞博士、俞祺博士等也在其著作和论文中使用行政规则制定或规则制定的概念。

本书所称的行政规则,是指由行政机关所制定的对行政相对人具有普遍约束力的规范性文件,包括行政法规、行政规章、行政规范性文件。有学者已经采用行政规则的概念指涉上文提到的法规、规章和规范性文件三种对象,"行政规则是指行政机关制定的具有普遍约束力的规范性文件,包括行政法规、规章以及其他由各级行政机关制定的、对相对人权利义务产生影响的规范性文件"。[③] 刘莘教授在《行政立法原理与实务》一文中分析行政立法的概念时指出,"此种行政立法是从主体即'立法'活

---

① See Jeffery S. Lubbers, *A Guide to Federal Agency Rulemaking*, 5th ed., 2012 American Bar Association, p. 151 – 154.

② 参见姜明安:《新行政法:公中有私,私中有公》(代序),载朱迪·弗里曼:《合作治理与新行政法》,毕洪海译,商务印书馆2010年版,第3页。

③ 俞祺:《行政规则的司法审查强度——基于法律效力的区分》,法律出版社2018年版,第6页。

动的实施者来界定行政立法的……即所有行政机关制定的具有普遍约束力的规范性文件的活动通称为行政立法，包括行政法规和规章的制定，也包括非正式的行政立法形式——其他行政规范性文件的制定”。[①] 尽管刘莘教授行政立法的概念最终采纳的是狭义的含义即排除了行政规范性文件的制定，其行政立法仅指行政法规和规章的制定，但刘莘教授认识到了行政立法广义的内涵其实可以包括行政规范性文件的制定。除了行政规则的概念已经有部分学者使用和被学界司法实务界所接纳外，更重要的原因在于以下几点：

其一，使用行政规则的概念，更加有助于行政行为司法审查体系的构建。行政法学学理上划分行政行为的种类时，一般而言，可以将行政行为分为具体行政行为和抽象行政行为。具体行政行为是对行政主体就特定的行政相对人设定权利义务的行为。抽象行政行为则是行政主体对不特定的行政相对人制定规则的行为。行政法规、规章以外的行政规范性文件也是针对不特定的相对人，当然也属于抽象行政行为的范畴。我国行政法学学理上通常认为，不能对抽象行政行为进行司法审查。然而随着2014 年《行政诉讼法》的修正，作为抽象行政行为的行政规范性文件已经被纳入了司法审查范围，可以被法院在行政行为审查中进行附带审查；这一规定预示着中国抽象行政行为进入司法审查的起步和试点。本书从乐观的视角来分析和预测，在不远的未来抽象行政行为将全面进入司法审查范畴。这一预测的根本理由在于行政行为纳入司法审查符合法治国家发展的需要，符合法治进步的司法规律，抽象行政行为进行全面司法审查仅仅是一个值得期待的时间问题。因此，在这种意义上，以行政规则的统一概念将全部行政法规、规章和行政规范性文件统合以便将来进入司法审查体系，是有司法实践价值的探索。

其二，使用行政规则的概念，是从静态和动态的双重视角对行政规则制定活动进行统合，使行政立法、行政规范性文件的制定活动在同一概念内涵内使用，符合我国行政机关制定抽象性的具有普遍约束力的规则的

---

① 刘莘主编：《行政立法原理与实务》，中国法制出版社 2014 年版，第 2 页。

需要。从动态方面看,行政规则指涉了行政主体对不特定的人和不特定的事所作出的具有约束力的规则的行为和活动;从静态的角度看,行政规则是指行政主体对不特定的人和不特定的事所作出的具有约束力的行为的规则,包括行政法规、行政规章和其他行政规范性文件。行政规则的动态和静态内涵,符合行政规则作为规则制定的活动和行为的指称,也符合作为规则制定的结果的指称,方便学术界和司法实务界的研究和实务实践。如王锡锌教授就主要从动态层面作出相关的研究,"作为过程的行政立法主要考察在行政立法中行政立法权的作用方式、形式,行政立法权与相对方权利的互动关系,立法程序对行政立法结果的作用及其机理等问题。简言之,作为过程的行政立法所要突出的就是'制定规则的规则'(rule for making rules)"。①

其三,借鉴国外特别是英美国家行政规则制定情况的研究,行政机关制定的具有普遍约束力的行政规则均被纳入司法审查范畴,行政权的使用是否符合法律的意旨均需要接受司法权的合法性的评价,而无论是何种名称或者何种形式的行政立法权;因此,本书在此意义使用行政规则的概念,借鉴英美行政规则的概念使用情况,有助于与英美学术界和司法界的研究与实务相接轨和对话。综上原因,本书决定统合使用行政规则的概念。

协商行政规则制定,英文即 regulatory negotiation, negotiated rulemaking 或者称为"Neg-Reg",是源自美国行政法上的概念。虽然它有不同的称谓,但实质内容和对象都是同一个指向,指代的是行政机关采用协商的方式制定行政规则的这样一种方法、一种技术和一种形式。在本书中,为了便于理解统一称为协商行政规则制定。协商行政规则制定可以指代其协商制定行政规则的行政活动,也可以指代协商行政规则制定的程序,还可以指代协商行政规则制定的结果即协商行政规则。协商行政规则制定所指代的不同含义,在具体的语境中有不同的偏重指向,结合语境是可以得到对协商行政规则制定的含义明确指向的,不至于引起理解困难和混乱。

① 王锡锌:《行政程序法理念与制度研究》,中国民主法制出版社 2007 年版,第 310 页。

四、研究方法

(一)比较分析法

"任何比较法研究作为出发点的问题必须从纯粹功能的角度提出,应探讨的问题在表述时必须不受本国法律制度体系上的各种概念所拘束。"[①]"一切比较法的关键总是具体的事实问题"。[②] 本书采用比较分析的方法,从具体的事实问题即行政规则制定起草阶段公众参与的处理技术和程序问题出发,对中国、美国的行政规则制定技术和程序进行比较研究,着眼于制度和功能层面的比较,同时也从文化、理念和原因方面进行比较探讨。

(二)规范分析法

规范分析法是一种对制度的合法与非法性、制度的运行及其效果、制度规定的权利与义务进行分析的法学方法。谢晖教授概括为规范分析的价值实证之维、社会实证之维和规范实证之维。[③] 本书研究我国行政主导型行政规则制定和新的协商行政规则制定的价值问题、法律调整与效果问题以及行政机关和利害关系当事人在行政规则制定中的权利与义务问题,所采用的就是一种典型的规范分析方法。

(三)案例分析法

本书采用案例分析法以体现法律制度和制度运行的实际情况,揭示我国行政主导型行政规则制定的问题与困境,协商行政规则制定的功能与优势,为行政规则制定机制的变革与协商行政规则制定机制的发展和完善提供实践经验。

(四)历史分析法

本书采用了历史分析法对美国协商行政规则制定的起源、演变及其

---

① [德]茨威格特、[德]克茨:《比较法总论》(上),潘汉典等译,中国法制出版社 2017 年版,第 58 页。

② [德]茨威格特、[德]克茨:《比较法总论》(上),潘汉典等译,中国法制出版社 2017 年版,第 59 页。

③ 参见谢晖:《论规范分析方法》,载《中国法学》2009 年第 2 期。

发展进程进行了梳理和反思。通过对该制度在美国发展历史中变迁的考察，总结制度和行政实践经验，对协商行政规则制定机制进行反思，以期为未来制度改进和完善提供智慧启迪。

第二章　我国行政规则制定的困境及其出路

当代世界是属于行政的世界，当前所处的时代也是属于行政的时代。行政权的大肆扩张是现代行政国家的基本特征。政府部门需要及时满足来自公民和企业等私人主体的各种行政服务需求，有效应对国内外突发的不可预知的各种风险和挑战，灵活多变、富有效率、便于实施的行政规则成为各国政府首选的治理工具和治理手段。基于政府的天然属性和使命，行政机关行使行政权力需要努力实现公共管理和公共利益的行政目标，同时需要有效保障和规制公民、企业等私人主体的生存和发展；行政机关进行行政规则制定时便常常在公民、企业组织等私人主体的诸多诉求与追求实现公共利益和公共秩序的行政任务目标之间权衡，以期作出最为合理、最大限度的均衡决策。如何使自身制定的行政规则广泛地得到社会各界的认可并且高效、迅速地落实为具体的行政活动实践以实现行政目标和任务，成为当前行政机关行政规则制定的首要考虑因素。

因应我国行政国家的发展趋势以及行政法治变革的要求，行政机关对行政规则制定机制作出了重大制度安排，以确保对行政规则制定权的掌控和合法运用,发挥行政规则制定作为政府灵活、高效行使行政权的重要工具和手段的作用。尽管我国目前没有制定行政程序法,行政规则制定没有作出统一的制度化体系安排与要求;但总体来看,我国行政规则制定的实定法依据和国家政策依据基本齐全比如,法律有《立法法》(2023年修正),国务院制定的行政法规有《行政法规制定程序条例》(2017年修订)和《规章制定程序条例》(2017年修订)以及地方政府制定的相关行政规范性文件管理规定如2019年《上海市行政规范性文件管理规定》等。党的十九大以后,国务院于2018年起连续出台了《关于加强行政规范性文件制定和监督管理工作的通知》《关于全面推行行政规范性文件合法性审核机制的指导意见》等政策规定,全面增强了对行政规范性文件的管理和监督。总体来看,我国行政规则制定的实定法和政策依据和规则体系情况从宪法性法律《立法法》到国务院的行政法规、地方政府规章层面都有相应的规定,应该说是建立了比较完备的行政规则制定法律系统。

行政规则制定的学术研究一直是法学界特别是行政法学界的重要课题。行政规则制定制度、理论与案例的研究一直以来占据了行政法学研究的重大板块,特别是近年来行政规范性文件的附带审查机制推动了行政规则制定的研究与探讨。行政法治实践中,行政规则制定是行政机关行使行政权实现行政目标的重要方式和工具。根据应松年教授的一则统计数据,"中国行政法的现状是,立法体制属于多层次,其中已经制定了270多部法律,80%都是行政法。还有700多部行政法规,12,000多部地方性法规,政府规章数量更多"。[①] 全国人大常委会法工委在2020年度备案审查工作情况报告也指出,"全国人大常委会办公厅共收到报送备案的行政法规、地方性法规、自治条例和单行条例、经济特区法规、司法解释、特别行政区法律1310件,其中行政法规25件,省、自治区、直辖市地方性法规500件,设区的市、自治州地方性法规563件,自治条例和单行条例85件,经济特区法规80件,司法解释16件,香港特别行政区法律20件,澳门特别

① 应松年:《关于行政法总则的期望与构想》,载《行政法学研究》2021年第1期。

行政区法律 21 件”。[①] 由上述两组相关数据可知,行政规则制定在我国法律体系和行政规则体系构成中发挥了重要作用,我国行政规则制定在法律规则体系中的地位是非常重要的,其发挥的国家行政作用也是不可替代的。

第一节 行政规则制定的现状及其困境

改革开放以来,随着我国法治建设的逐步完善和法治水平的不断发展提高,加上法学界对行政规则制定问题的持续研究与推进,我国行政规则制定从“令出多门”的混乱无序状态已经发展到建成了制度体系健全、从中央到地方行之有效的行政规则制定体系机制。但是,随着经济社会的迅猛发展以及法治需求的变革与转型,我国行政规则制定依然存在待改进之处,需要进一步优化和完善。

一、我国行政规则制定的现状及其问题

(一)立法审查视角:立法机关对行政规则制定的审查评价趋向严格

根据全国人大常委会法工委 2020 年的权威材料对 2018 年生态环保领域行政规则集中清理和专项审查情况报告,“2018 年为贯彻落实党中央决策部署和全国人大常委会决议要求,全国人大常委会法制工作委员会开展了对生态环保领域的法规、司法解释等规范性文件的集中清理和专项审查,督促地方修改法规 814 件,废止法规 127 件;同时推动制定机关对集中清理过程中发现的 37 件部门规章、456 件地方政府规章、2 件司法解释以及 11,000 余件各类规范性文件及时修改、废止或者重新制定”。[②] 又如,

① 参见沈春耀:《全国人民代表大会常务委员会法制工作委员会关于 2020 年备案审查工作情况的报告》,载中国人大网,http://www.npc.gov.cn/npc/c30834/202101/239178b5d03944c7b453ddc6bdd7c087.shtml。

② 全国人大常委会法制工作委员会法规备案审查室:《〈法规、司法解释备案审查工作办法〉导读》,中国民主法制出版社 2020 年版,第 62 页;亦可参见全国人大常委会法制工作委员会法规备案审查室:《规范性文件备案审查理论与实务》,中国民主法制出版社 2020 年版,第 24~25 页。

2019年年底新冠疫情暴发引发了人们对非法进行野生动物交易、滥食野生动物行为进行严厉规制的要求，2020年2月全国人大常委会作出《关于全面禁止非法野生动物交易、革除滥食野生动物陋习、切实保障人民群众生命健康安全的决定》，在全国开展了野生动物保护领域法规、规章、司法解释及其他规范性文件专项审查和集中清理工作。根据2021年全国人大常委会法工委对2020年该项专项工作报告的结论，“根据国务院办公厅和地方人大常委会反馈的情况，清理中发现需要根据全国人大常委会决定精神修改或者废止的规范性文件共419件，其中行政法规3件，国务院规范性文件4件，部门规章和规范性文件30件，省级地方性法规69件，设区的市地方性法规9件，单行条例22件，经济特区法规1件，地方政府规章和规范性文件281件。有关方面已经修改30件、废止55件”。[①]

（二）行政实践视角：相对人对某些行政规则制定结果难以接受

案例一 苏州：全国首推“文明码”营造文明新风尚

苏州于2020年8月27日宣布“苏城码”提档升级2.0版本即日启用。新版“苏城码”App搭载全国首创的“文明码”，通过“一人一码”构建社会文明积分信息识别体系，展示市民文明程度的个性画像，通过一码展示文明积分推动市民真正践行文明交通、志愿服务、垃圾分类、文明用餐、文明礼让、文明上网、诚信守法等良好习惯，形成“亮文明码、做文明人、建文明城”的社会文明新风尚。[②] 有很多市民评论政府出台的该“文明码”政策属于管理过度，批评这种电子化精细化的监督管理违背人性，本身就不文明。

---

① 沈春耀：《全国人民代表大会常务委员会法制工作委员会关于2020年备案审查工作情况的报告》，载中国人大网，http://www.npc.gov.cn/npc/c30834/202101/239178b5d03944c7b453ddc6bdd7c087.shtml。

② 苏州日报：《苏州：全国首推“文明码”营造文明新风尚》，载江苏文明网，http://wm.jschina.com.cn/9654/202008/t20200827_6781248.shtml。

案例二 沈阳农村厕所改造问题

2021 年 1 月 28 日《新华每日电讯》发表沈阳部分农村厕所改造问题调查报告文章，揭示沈阳市自 2016 年起至 2020 年投入上亿元财政资金进行农村厕所改造，然而由于设计缺陷大、工程质量差、后续保障弱，政府投入改造的 8 万余个厕所弃用超过 5 万个。调查记者归结惠民工程变成伤心工程的主要原因在于“没有走村入户调研、倾听农民意见，改造工程稀里糊涂上马”。[①]《新华每日电讯》报道后一天即 1 月 29 日，沈阳市委市政府召开“沈阳市推进农村改厕问题整改工作电视电话会议”，表示沈阳将逐户排查整改农厕，由沈阳市农业农村局牵头落实整改，沈阳市纪委监委全程实施严格监督。

（三）司法实践视角：司法机关对行政规则制定的合法性审查予以否定

案例三 最高人民法院 2018 年行政规范性文件附带审查典型案例——徐某英诉山东省五莲县社会医疗保险处不予报销医疗费用案

这是 2018 年最高人民法院发布的行政规范性文件附带审查典型案例。徐某英的丈夫刘某喜患肺癌经医院医治无效后去世。在医院住院治疗期间产生医疗费用 105,014.48 元。2014 年 7 月徐某英向当地县政府医保部门申请办理新型农村合作医疗费用报销。当地医保部门作出书面答复，依据县卫生局、县财政局 2014 年相关行政规范性文件的规定，认为刘某喜就诊的医疗机构不属于政府举办的公立医疗机构，决定不予报销。徐某英认为，县医保部门不予报销所依据的政策规定不符合省、市相应政策规定的精神，侵犯其合法权益，为此向县人民政府提出行政复议申请。县人民政府认为，县医保行政机关作出的书面答复符合规定，于是作出行政复议决定维持县医保单位书面答复的决定。徐某英起诉请求人民法院撤销县医保单位作出的书面答复，同时，对县医保行政机关所依据规范性文件的合法性进行审查。山东省日照市中级人民法院二审认为，案涉行政规范性文件依据的

---

① 李铮、于也童：《沈阳五万气人“尬厕”堪称形式主义标本》，载新华网，http://www.xinhuanet.com//mrdx/2021-01/28/c_139704584.htm。

规定条款即"参合农民到市外就医,必须到政府举办的公立医疗机构",该款规定对行政相对人的权利作出了限缩性规定,不符合上位法规范性文件的相关规定,不能作为认定行政行为合法的依据,书面答复应予撤销。对于徐某英的新型农村合作医疗费用依据上位规范性文件的规定应否报销,需由县医保行政机关重新审查并作出处理。二审法院撤销了一审法院的一审判决;撤销县医保单位作出的书面答复;并责令县医保单位于判决生效之日起60日内对徐某英的申请重新审查并作出处理。最高人民法院在典型案例评价中对限缩行政相对人权利不符合上位法依据的相关规定,不能作为认定涉案行政行为合法的依据的裁判意见作出了肯定意见。

2018 年最高人民法院行政审判庭曾对行政规范性文件附带审查做了一次统计:"根据相关数据统计,2016 年 1 月到 2018 年 10 月,全国一审行政案件收案中规范性文件附带审查约为 3880 件。当前规范性文件任性的情况还比较常见,对规范性文件的审查是司法监督需要重点关注的领域。"①

从上文立法、行政、司法三个面向对行政规则制定情况的分析考察来看,在立法机关对行政规则制定的两个专项审查情况中可以发现,行政规则制定从中央国家机关到地方行政机关均存在需要修改或者是废止的行政规则,反映出现行行政机关制定的行政规则在当前社会法治条件下仍然存在缺陷,不符合立法机关的合法性审查要求。从新近行政机关制定出台的两则行政规则案例来看,苏州"文明码"政策引发了相对人对行政机关的行政规则制定决策巨大的异议,市民不认可行政机关具有单方决定通过"文明码"积分的形式决定市民享受相关社会公共服务的权利行为,否认"文明码"的合法性和合理性;而沈阳"厕所革命"案中行政机关作出农村厕所整改决策时仅考虑整改政绩工程和城市形象工程,没有调查和考虑农民真实的意愿和利益,最终不仅未达成目标,还造成了行政资源财政资源的浪费。沈阳相关行政部门自身已经认识到"厕所革命"决

---

① 《最高人民法院举行行政诉讼附带审查规范性文件典型案例新闻发布会》,载国务院新闻办公室网 2021 年 2 月 23 日,http://www.scio.gov.cn/xwfbh/qyxwfbh/document/1641039/1641039.htm。

策的盲目性、违法性和不合理性。从司法机关对行政规则制定的审查情况来看，最高人民法院通过典型案例判决行政行为作出所依据的行政规范性文件的违法性，通过司法公开和典型案例推广方式对行政规范性文件的制定违法性情况进行批评，倒逼行政机关在制定行政规则时进行审慎和提升质量的考虑。

从上文的论述可以看出，我国现行行政规则制定机制按照传统的行政秩序管理理念采用行政主导型的行政规则制定方式，由行政机关自行裁量并选择治理方式与行政规则制定的方式，制定行政治理过程中需要的规则政策和规制方案。这种秩序行政管理理念和行政主导型行政规则制定方式产生的不利后果，引发了立法机关、司法机关以及行政相对人和行政机关自身对行政规则制定机制的变革反思。

二、我国行政规则制定困境的类型化分析

面对行政规则制定机制在当前全面深化改革开放攻坚期遇到的新问题、新情况，显然传统的行政主导型行政规则制定机制需要寻求新的解决方案和变革出路。围绕这一问题，笔者从我国行政规则制定的现状出发，将我国现行行政规则制定模式予以学术类型化概括，就现行行政规则制定的传统模式面临的困境作出总结分析与归纳，以尝试和探索一种适应社会经济变革和行政法治发展需要的新型行政规则制定模式的可能性。

根据行政法治实践中行政规则制定的实际情况，可以将我国现行行政规则制定的模式类型化概括为以下几种模式困境并对这些困境模式进行详细分析：

（一）封闭型行政规则制定模式缺乏有效的民主监督

以我国行政权的运行过程为考察视角，可以将行政规则制定分为封闭的行政规则制定模式和开放的行政规则制定模式。[①] 行政规则制定的

① 参见张淑芳：《福利行政背景下政府公共服务市场化研究》，载《江西社会科学》2015 年第 11 期。

封闭模式是指行政规则制定过程中以行政机关行政权的运行为唯一方向,并通过行政程序的控制,对公民、法人和其他组织发生作用并最终以某种方式体现行政规则制定的结果。从行政方式角度来看,行政规则制定结果可以干预行政的方式体现出来,也可以福利行政的方式体现出来。无论是干预行政方式还是福利行政方式,都是由行政机关作出决定。行政规则制定的开放模式是指行政机关并非单方面对行政相对人发生作用,其行使行政权或者行政规则制定权并非单一方向性的,而是多面向和非闭环的,它将整个行政规则制定过程视为一个开放系统来处理,有关的公民、法人和其他组织均可以通过多种方式参与到行政权的运行过程中来,而且保障这种各方参与的方式和程序,最终以某种方式展现行政规则制定的结果。

我国现行行政规则制定的一般过程及原理是封闭型运作的。有行政规则制定实务部门专家指出,“当前地方立法存在的一个重要问题就是过分依靠政府部门。不仅立项靠部门,而且后边要讲到的起草、组织调研、会签,直到向政府和人大报告,也都是由部门负责……”①行政机关在行政规则制定过程中以自身行政权的运转为唯一动向,从行政规则制定的准备如立项、起草工作到合法性审查、相关行政机关的会签工作、政府常务会议以及人大常委会会议的审议等,均以行政机关为主角推动。这与行政机关作为规制主管机关对其所规制的事项和行业最了解具体情况,对于受规制对象的状况和诉求以及行政规则制定所要解决的问题及其来龙去脉和应对措施具有最优发言权相关。但是,尽管行政机关在这些方面极具优势,完全由其自身立项、起草、组织调研,可以实现针对性强、操作快、成本低且能快速解决规制问题;但是这种封闭型的行政规则制定运作模式在当代受规制对象和主体多元化、利益诉求多元化、公民程序参与权、表达权和监督权意识强化的现代法治理念之间发生碰撞、产生矛盾。如果对行政机关行政规则制定过程中权力的行使无法进行有效的监督,将会导致受规制对象对行政机关的诉争。

---

① 陈公雨:《地方立法十三讲》,中国法制出版社2015年版,第46页。

（二）公众间接参与型行政规则制定模式无法反映公众真实意见

以行政规则制定在实践中的操作方式作为分类标准，可以分为公众间接参与型行政规则制定模式和公众直接参与型行政规则制定模式。[①]公众间接参与型行政规则制定模式是指行政规则在制定时，包括行政规则的提案（酝酿）、起草、表决、通过、生效等在内的各个程序都以规则制定机关为核心主体，公众参与意见、媒体舆论意见在行政规则制定过程中发挥了一定程度的影响力和功能作用，但其影响程度和功能作用非常有限。公众间接参与型行政规则制定模式中绝大多数参与者通过与该行政规则制定有利害关系的公民、法人或者其他组织间接表达意见而参与，他们不会直接参与到行政规则制定过程中或者参加程序事项，比如，不会参与投票表决。公众直接参与型行政规则制定模式是指公民、法人或者其他组织，直接参与到行政规则的制定程序的全部过程，尤其是在与制定的行政规则事项有利害关系时。

从我国的行政规则制定实践中来看，我国现行行政规则制定模式以公众间接参与型为主。有专家指出，“从上海的实际情况看，在审议环节，社会公众参与立法、表达利益的途径较多，参与也最充分”。[②] 在现行行政规则制定过程中，比如，规章的制定，一般均会书面征求有关方面的意见，通常由行政机关的法制负责机构将规章草案寄送部分市行政机关部门委办局、各个区县政府的相关法制负责机构以及工会、共青团、妇联、律师协会等听取意见；或者召开相关座谈会、论证会、听证会，在某些情况下甚至会通过媒体向社会公布草案征求意见。但是，这些公众间接参与的形式和途径，并不意味着公众的意见就能直接被行政机关所听取和采纳。“实践中回应常委会组成人员、有关专门委员会的意见往往成为修改的首要任务，社会各方面的意见是否采纳至少在实践中的权重低于常委会组成人员审议意见以及专门委员会的审议意见。”[③]

随着我国行政法治的发展以及行政机关有效听取公众意见的方法的

---

① 参见张淑芳：《一种新的行政立法模式构想》，载《行政法学研究》1999 年第 3 期。

② 阎锐：《地方立法参与主体研究》，上海人民出版社 2014 年版，第 111 页。

③ 阎锐：《地方立法参与主体研究》，上海人民出版社 2014 年版，第 112 页。

改进,现行行政机关行政规则制定时以公众间接参与型行政规则制定模式为主,利用互联网和其他信息技术手段听取意见。比如,笔者亲身参与的上海市人民政府一部规章的制定过程即2019年7月出台的《上海市行政规范性文件管理规定》的制定,在出台之前,上海市人民政府办公厅即多次组织召开了各区、委办局相关法制工作条线的座谈会,就该规则草案内容进行研究和探讨。[①] 在行政机关内部初步达成一致形成行政规则草案之后,在上海市人民政府官方网站即中国上海门户网站向全市公民、法人和其他组织公开收集意见和建议,经对收集的意见和建议进行审慎考虑和综合研究后,最终制定和公布了《上海市行政规范性文件管理规定》。行政机关在行政规则制定过程中发挥主导作用并且决定制定程序的最终结果;而通过官方平台即互联网方式和邮寄形式等听取社会公众意见,主要是公众间接参与型行政规则制定模式。事实上,该草案向社会公布进行听取社会公众的意见后,社会公众通过网络或者邮寄方式对该草案提出意见和建议较少。

(三)行政主导型行政规则制定模式容易导致部门利益法律化

根据行政机关对行政规则制定的主导或者回避态度,[②]将我国划分为行政主导型行政规则制定模式与行政回避型行政规则制定模式。行政主导型行政规则制定模式是指行政规则的制定活动主要由政府及其部门负责,行政规则文本的起草、修改等都掌握在行政机关手中。行政回避型行政规则制定模式是指政府自身不直接制定行政规则,而是委托有关专家、组织进行起草,试图通过中立第三方直接起草行政规则以规避政府部门利益法律化的弊端。

我国是典型的行政主导型行政规则制定模式。这种模式在我国行政法治实践中长期占据主导地位;其原因在于它符合行政机关对于行政效率的追求,有利于行政机关发挥社会管理职能对规制项目进行有效的处置和应对,同时能够实现对集体利益和社会利益的强调和落实。但是,也

---

① 笔者作为该行政规章制定的亲历者,于2019年3月、4月参加了市政府办公厅举办的两次行政规范性文件制定管理规定的讨论会议。

② 参见章志远:《行政立法相对回避模式之建构》,载《浙江社会科学》2018年第3期。

必须看到行政主导型行政规则制定模式还有待改进。

(四)实施型行政规则制定模式无法有效应对新问题、新情况

根据两位实务专家关于行政规则制定实践的经验,可以将行政规则制定分为实施型行政规则制定和创制型行政规则制定。[①] 实施型行政规则制定的一个重要使命是解决上位法的原则和规定如何贯彻和落实的问题,尤其是应当考虑如何将国家相关立法落地,变得可操作、可遵守、可执行。创制型行政规则制定又可以分为自主型行政规则制定和先行型行政规则制定。自主型行政规则制定是针对地方行政规则制定而言的,主要涉及《立法法》所赋予的地方管理事务的领域。《立法法》(2023 年修正)赋予了设区的市制定地方性法规的权力以及设区的市人民政府制定规章的权力,其主要限定于城乡建设与管理、生态文明建设、历史文化保护、基层治理等方面的事项。[②] 先行型行政规则制定是指在国家尚未立法之前,一些地方先行制定地方性法规规章予以规范。我国在诸多省份推行的自由贸易试验区,其中许多的法治建设工作就是先行先试、"摸着石头过河",比如,中国(上海)自由贸易试验区 2013 年出台的《中国(上海)自由贸易试验区管理办法》,行政执法体制、监管体制和管理方式等领域都是先行先试的内容,涉及税收、海关、金融、外贸等行政职权事项,其行政规则制定内容冲击国家法律和地方性法规规定,需要在法律规范授权范围内先行先试。

我国行政法治实践中,行政规则制定模式主要以实施型行政规则制定模式为主,行政机关履行法定职权执行和贯彻落实上位法的原则和规定。但是,法律因固有缺陷即法律的稳定性和滞后性,常常落后于变化万

---

① 参见刘平:《立法原理、程序与技术》,学林出版社、上海人民出版社 2017 年版,第 289 ~ 290 页;陈公雨:《地方立法十三讲》,中国法制出版社 2015 年版,第 8 ~ 19 页。

② 参见《立法法》(2023 年修正)第 80 条、第 81 条和第 93 条的规定。如第 82 条规定,"省、自治区、直辖市和设区的市、自治州的人民政府,可以根据法律、行政法规和本省、自治区、直辖市的地方性法规,制定规章。地方政府规章可以就下列事项作出规定:(一)为执行法律、行政法规、地方性法规的规定需要制定规章的事项;(二)属于本行政区域的具体行政管理事项。设区的市、自治州的人民政府根据本条第一款、第二款制定地方政府规章,限于城乡建设与管理、生态文明建设、历史文化保护、基层治理等方面的事项。……"

千、日新月异的经济社会实践和层出不穷的新问题、新情况，这些上位法甚至法规规章也需要随着经济社会情况的不断变化而进行更迭换代，以保持上层建筑对经济基础的适应性和及时反应性。因此，作为实施型的行政规则制定模式常常需要在上位法变化之后才能被授予相应的职权进行更新，其本身却无法即时对社会变化做出调整变化；其所具有的执行性和实施性的天然属性，在应对风险社会和不确定出现的新问题、新情况时，常常无法应对或者及时提供解决方案。

（五）作为装置的行政规则制定模式没有发挥装置辅助功能

我国行政规则制定从目的价值对程序的形态进行区分，可以分为作为过程的行政规则制定模式和作为装置的行政规则制定模式。[①] 作为过程的行政规则制定是指行政机关开启行政规则制定任务到结束任务所必经的行政规则制定程序的自然过程。而作为装置的行政规则制定是指在行政规则制定过程中，为了实现作为过程的行政规则制定程序中难以完成的任务而以法律手段设置的辅助程序，如设置听证、立法理由说明环节等。

我国行政规则制定的法律规范和国家政策等对行政规则制定的装置程序进行了设定。比如，《立法法》第 39 条第 1 款规定了听取意见可以采取座谈会、论证会和听证会等多种形式进行，即典型的作为装置的行政规则制定模式。[②] 在当今的行政法治实践中，作为装置的行政规则制定模式为实现行政规则制定任务采用多种多样的辅助方式来解决行政规则制定自然程序中遇到的困难。有学者对上海市的相关行政规则制定实践进行梳理，理论上概括出了 10 种公众参与方式，包括草案公开征求意见、立法座谈会、立法论证会、立法听证会、书面征求意见、市民旁听、调查问卷、第三方评估、基层立法联系点制度、立法专家顾问制度。[③] 然而，尽管作

① 参见朱芒：《行政立法程序基本问题试析》，载《中国法学》2000 年第 1 期。

② 《立法法》第 39 条第 1 款规定："列入常务委员会会议议程的法律案，宪法和法律委员会、有关的专门委员会和常务委员会工作机构应当听取各方面的意见。听取意见可以采取座谈会、论证会、听证会等多种形式。"

③ 参见刘平：《立法原理、程序与技术》，学林出版社、上海人民出版社 2017 年版，第 246 ~ 249 页。

为装置的行政规则制定模式形式已经多种多样,但行政机关真正有效运用这些装置方式辅助解决行政规则制定难题,其效果却并不明显。有学者做过相应实证考察比较指出"立法听证会公众所提意见被采纳的较之其他形式更多"①,主要原因在立法听证会的装置程序透明度高,行政机关往往会制作听证会报告等向社会反馈听证会意见的采纳情况。然而,行政规则制定中采用听证会的装置程序模式是非常少有的,听证会举行的背后涉及听证代表人员的选取、听证主持人资源、听证会议场所资源以及行政会议记录和报告等事项,需要耗费大量的行政资源和时间精力。总体而言,作为装置的行政规则制定模式并没有发挥其预期的装置辅助功能——帮助行政机关解决行政规则制定过程中的困难和挑战。

总而言之,对我国传统行政规则制定模式予以类型化概括,依行政规则制定权运行状态,分为封闭的行政规则制定与开放的行政规则制定;依相对人的参与方式,可以分为公众直接参与型行政规则制定模式和公众间接参与型行政规则制定模式;依制定行政机关的态度,可以分为行政主导型行政规则制定模式和行政回避型行政规则制定模式;依实务中行政规则制定的目的是否贯彻实施上位法,可以分为实施型行政规则制定模式和创制型行政规则制定模式;依行政规则制定的目的价值对行政规则制定程序形态的影响,可以分为作为过程的行政规则制定模式和作为装置的行政规则制定模式。

对上述几种行政规则制定的模式进行详细分析,旨在揭示行政规则制定在当前经济社会发展条件下遇到的困难和挑战。"在立法上,类型化思维作为一种价值导向的思考方式,能够保持法律规范的开放性和确定性的良性平衡。"②将行政实践中的行政规则制定模式类型化更能够揭示传统行政规则制定模式的困境。从我国行政规则制定的实施运行一般流程来看,行政机关需要将拟制定的行政规则先列入行政规则年度制订计划,然后经由起草部门进行调研起草文件,起草部门广泛听取意见,形成

---

① 阎锐:《地方立法参与主体研究》,上海人民出版社2014年版,第112页。

② 张斌峰、陈西茜:《试论类型化思维及其法律适用价值》,载《政法论丛》2017年第3期。

草案向相关办公机构登记办文,提交相关法制工作机构进行合法性审查,行政机构有关会议进行审议作出决定,行政机构主要负责人或者经授权的负责人签署行政规则,向社会公布并且在行政机关门户网站等公开,有需要的话后续还可以开展行政规则效果评估和清理等工作。实践中,每一个环节都很重要,如果有一个程序环节不能顺利进行,则会导致行政规则制定的延迟或者失败。

行政机关在实践中的实际工作经验结合上述几种类型化的行政规则制定模式来看,公众参与间接型行政规则制定模式主要体现在:行政规则列入年度计划、起草、表决、通过、公布生效等程序均以行政规则制定机关为核心主体,公众参与意见在行政规则制定过程中仅发挥有限影响力和功能作用,并不能左右行政机关的行政规则制定结果。行政机关主导型行政规则制定模式主要体现在:行政规则制定活动主要由政府及其起草部门负责,行政规则草案文本的起草、修改等都掌握在行政机关手中;尽管行政机关有时候也委托专家或者第三方中立机构进行起草,但这种行政规则项目非常少。

正是因为行政机关在行政规则制定程序中一直处于核心位置,公众参与仅是在程序中提供了有限影响和建议,公众参与间接型行政规则制定模式和行政机关主导型行政规则制定模式成为当下我国行政规则制定模式的重要表现方式。随着服务行政国家和风险行政国家的进一步演进以及我国行政法治的发展进步,公民权利意识如参与权、知情权、表达权、监督权、建议权等的增强,行政机关单方直接决定相关行政规则的做法会不符合现实的需求;如果行政机关坚持传统的间接型公众参与行政规则制定模式与行政机关主导型行政规则制定模式,就会造成相关当事人和公民对行政机关行政规则制定项目合法性和合理性的质疑与批判,正如苏州“文明码”案与沈阳“厕所革命”案引发的矛盾一样,当事人甚至会提起附带审查相关行政规则的诉讼,耗费大量相关行政资源和成本。

因此,从总体上看,我国行政机关现行行政规则制定模式正面临经济社会转型变革以及行政法治发展要求的挑战,依传统秩序行政方式实施的行政规则制定模式面临着权利意识觉醒的人们对行政规则制定合法性和可接受性的评判。当前最突出的困境是:行政机关如何就实现行政目标任务与公民企业等私人组织权利保护、行政规则制定合法性合理性的诉求之间达成平衡并妥善处理?传统行政规则制定模式的这种困境需要行政机关和公民企业组织等当事人共同努力寻找出路。

第二节 程序法治发展呼唤行政规则制定模式变革

一、当代世界行政国家潮流与我国行政法治变革

享有"德国行政法之父"之称的奥托·迈耶曾在其著作《德国行政法》1923 年第 3 版出版时感叹"'宪法灭亡,行政法长存',这早已为人们在其他地方注意到"。[①] "行政法长存"正是对福利国家下行政权和行政法所能发挥的积极作用的智慧判断。奥托·迈耶所处的时代处于秩序行政国家向服务行政国家转化的时期。1918 年第一次世界大战结束后,德国作为战败国面临国际战争赔偿、国内经济萧条、通货膨胀等复杂背景,德国通过的具有法治崇高理念和精神的《魏玛宪法》无力挽救德国社会的动荡现实,国家权力系统严重瘫痪无法正常运行,连政府系统的运行都经常需要总统行使紧急命令才能予以推行。奥托·迈耶对其亲自经历的依靠行政权而非立法权来维持国家生命的这一动荡社会形态情况的德国,从法治发展的角度思考国家治理的法治理想应当从政治性、理想性的宪法之上转而寄托到拘束行政权且强调技术性质的行政法之上,以经受福利行政国家时代的考验。奥托·迈耶发出令人深思的时代之叹,不得不感慨"德国行政法之父"精准地握住了行政法发展的趋势和行政法治的脉搏。

这一感慨至今看来依然具有时代生命力和写实画像感。事实上,在奥托·迈耶感叹之时,进入 20 世纪的世界主要国家已经不知不觉处在行政国家时代潮流之中了。同处欧洲的英国人已经感觉到了英国社会所发生的深刻变化。"在 1914 年 8 月之前,除了邮局和警察之外,一个具有遵纪守法

---

① [德]奥托·迈耶:《德国行政法》(第 3 版),刘飞译,商务印书馆 2013 年版,"前言"。

意识的英国人可能在他的一生中几乎都注意不到国家和政府的存在。”①从这句话的意思来分析，毋庸置疑20世纪早期的英国社会，政府的影响已经十分深入了。英国从“夜警国家”向“福利国家”的转型使政府对公民生存照顾义务的方方面面进行了全面干涉。“如果国家对公民的照顾是‘从摇篮到坟墓’，包括保护他们赖以生存的环境，提供各个阶段的教育，并为他们提供就业、培训、住房、医疗、养老，归根结底，一切衣食住行，那么，它就需要一个巨大的行政组织体系。”②

大洋彼岸的美国亦经历了从“守夜人国家”向“福利国家”的转变历程。1913年起，威尔逊总统时期美国颁布了诸多法律以扩大适用于普通公民和公司的民事法和刑事制裁法律范围；20世纪20年代胡佛改革、罗斯福新政至第二次世界大战时期的美国立法增强了政府对经济的控制，法律特别强化了对劳工组织和农业垄断组织的保护和地位；20世纪60年代约翰逊总统至尼克松时期美国立法提高转移支付的水准，并且在环境保护、养老与劳动安全保护领域进行了全面加强立法；21世纪初的奥巴马政府及当下的新当选执政的拜登政府，美国的立法继续强调政府在卫生保健、劳工和环保领域的积极权力和作为，如《奥巴马医疗法案》《多德—弗兰克法案》以及拜登上台签署的一系列行政命令重返巴黎协议、继续深化奥巴马医改方案等，美国政府试图通过高水平的政府干预以振兴美国经济社会的复苏与辉煌。美国“小政府到大政府”的转变过程展示了福利国家背景下行政权所发挥的极其强大的国家治理功能。③

不难看出，无论美国、英国、德国以及世界其他主要国家，行政是当代世界各国政府的核心。中国同样身处一个行政国家时代。行政国家是与立法国家与司法国家相对应的一种国家状态，在国家的功能发挥和角色扮演上行政系统比立法系统、司法系统占据更重要的地位和比例。一般来说，

① [英]威廉·韦德、[英]克里斯托弗·福赛：《行政法》（第10版），骆梅英、苏苗罕等译，中国人民大学出版社2018年版，第3页。

② [英]威廉·韦德、[英]克里斯托弗·福赛：《行政法》（第10版），骆梅英、苏苗罕等译，中国人民大学出版社2018年版，第4页。

③ 参见[美]理查德·A.爱波斯坦：《私有财产、公共行政与法治》，刘连泰译，浙江大学出版社2018年版，第1~9页。

在行政国家状态中,国家行为的中心着落于行政系统之上。行政系统或行政权在国家中的作用突出,从行政权作用的广度来看,行政权已经渗透到经济社会生活的各个领域和各个方面,一个公民"从摇篮到坟墓"都处在行政权的作用范围内;从行政权的作用性质的层面来看,行政权早已跨入立法领域和司法领域,所谓"准立法权""准司法权"或者"行政立法""行政司法"的概念早已为行政国家下的社会所接受,行政权在立法和司法方面都发挥着不可替代的作用;从行政权的作用的特征来看,行政权的行使最突出的特点也是行政权最大、最灵活的优势,即在行政权的行使中,行政主体具有较大的行政裁量权。行政裁量权的需要和存在及其给行使行政权的行政主体所带来的裁量空间也是行政国家法治隐患的根源。因此,现代国家的法治主要就是行政法治。不言而喻,行政法治的核心要求就是要对行政国家中的行政权进行严格的规范和制约,强调"依法行政"和政府守法。

从行政法治模式上来看,19 世纪英美国家的"夜警国家"或"守夜人国家"反映的即所谓的秩序行政的概念,秩序行政主要是指维护公共安全及以社会秩序为中心的行政活动模式。"其特征是采取事前禁止或事后处罚的方式,以避免危险或排除侵害,在内涵上偏重对人民利益追求的抑制或框范。"①从行政手段对人民权利所产生的法律效果或者影响来看,这种秩序行政模式亦可以称为警察行政或干预行政,"传统的法治国家系将人民的自由与财产、当成是国家权力保障的最大的法益,履行这种保障的行政任务,就是警察行政与税务行政"。② 进入 20 世纪,英美国家随着自由资本主义的"失灵",纷纷从干预行政向福利行政或者服务行政转型和变革。所谓服务行政是指保障人民生存的基本条件,改善人民生活水平的行政活动模式。在我国的行政法学语境中,福利行政与服务行政、给付行政的概念通常是通用的,"所谓给付行政,又可称为服务行政或者福利行政,系指提供人民给付、服务或者其他利益的行政作用,就现代社会国家负担照顾人民生活的职责而言,此种行政作用甚具意义"。③

① 李建良:《行政法基本十讲》,台北,元照出版公司 2013 年修订 4 版,第 63 页。
② 陈新民:《公法学札记》,法律出版社 2010 年版,第 6 页。
③ 翁岳生:《行政法》,中国法制出版社 2002 年版,第 29 页。

随着行政国家和行政法治的发展和推进，对行政国家下国家行政权力的扩张带来的警惕与防范也愈加成为各国政府当局与人民做出选择和试验的紧迫任务。在如何规制和处理行政国家下行政权的膨胀和扩张议题上，通过行政程序法治化对行政国家和行政法治模式实行监督与控制，经过20世纪的各主要民主法治国家的优先选择和尝试，程序主义法治在控制行政国家的路径上取得了重大的成功。典型代表国家如美国1946年颁布美国《行政程序法》(Administrative Procedure Act，APA)，德国1976年颁布《德国行政程序法》，日本1993年颁布《日本行政程序法》。由此可见，现代民主法治国家几乎都试图通过行政程序法治化控制行政权力的恣意与妄为，为公民的基本权利的实现提供保障。

跟西方的民主法治国家一样，我国行政国家的产生和发展必然导致我国行政法以及法治国家、行政法治的生成和变革。正如姜明安教授指出的，“行政国家产生是行政法产生和发展的基本原因，而行政法产生和发展是法治国家形成的基本条件”。[①] 与美国、英国、德国等行政国家和行政法治模式发展历史演进不一样，中华人民共和国成立之前，我国长期处于半殖民地半封建国家时代或者是处于战争之中，行政国家与行政法治几乎没有生长空间。中华人民共和国成立之后改革开放之前，基于当时的特殊社会时代背景，我国的行政模式基本上以计划经济和干预行政为主，国家行政权力全面管理公民的生产、分配和消费，这一时期服务行政、福利行政不能说没有，但并非政府行政的主要内容和主要关注。改革开放后，随着市场经济思想以及政治体制的开明开放和发展变革，我国行政法治模式主要是由全能政府向有限政府、管理政府向服务政府努力转变。这一时期服务行政、福利行政蓬勃兴起，但干预行政模式也并未失去其主导作用。我国行政法治具有双重性格，即新兴的服务行政与传统的干预行政融合于一身。这种行政法治的双重性格及其所带来的行政法的双重结构影响和精神反射，不仅因应了我们国家社会经济转型的发展，符合我国依法行政的法治国家宪法的

---

① 姜明安：《行政法与行政诉讼法》(第6版)，北京大学出版社、高等教育出版社2015年版，第13页。

发展,也因应了我国人民对法律理念和法律情感的接受与转变。

中华人民共和国成立后,特别是改革开放以来,因应行政国家的世界潮流与发展趋势,加上我国经济社会前所未有的转型和变革发展带来的影响,我国行政法治也正在发生急剧的变化和更新。

首先,从依法制定法律和行政机关制定行政规则的角度来看,我国在2010年时已经基本建成中国特色社会主义法律体系,可以说,行政法治方面基本上具备了秩序行政国家的法律体系。尽管我国目前没有制定行政程序法,但是我国在限制行政权、防止行政肆意与专断方面也作出了许多规范性立法及其修改完善,体现我国行政法治在秩序行政和服务行政的协同演进混合局面下,政府部门通过程序法治化方式更多地提供服务行政、福利行政的发展趋势。在实体法方面,如2003年《行政许可法》的出台及2019年国务院制定的《优化营商环境条例》,展现了服务行政下国家对提供行政许可服务进行了进一步深化;2011年制定的《行政强制法》对秩序行政下行政强制措施和行政强制执行权力进行了实体和程序的全面规范化;1996年制定的《行政处罚法》于2021年1月进行了修订,其中行政处罚权下放到乡镇、行政处罚程序全程记录、行政处罚与教育相结合首违可不罚等法律规定也体现出了我国秩序行政向服务行政倾斜的内容趋势。在行政救济方面,1989年制定的《行政诉讼法》最新修正于2017年,1994年制定的《国家赔偿法》于2012年进行了修正,1999年制定的《行政复议法》于2023年修订,实务界和学术界当前正在对其全面修订进行热烈的讨论。此外,我国学界也正在紧锣密鼓地进行行政法总则的建设和探讨。

其次,从依法行政的角度来看,制定的法律以及行政机关制定的行政规则基本上都能得到实施。行政法治的关键在于制定的法律和行政规则能得到实施,而法律和行政规则得到实施的关键则在于政府。政府是否尊重法律,对于法治的发展举足轻重,政府不尊重法律将会破坏法治甚至造成严重灾难。政府和公民均受到法律的约束。公民违法产生的影响一般比行政机关违法产生的影响要小。因此,政府守法才更是依法行政的基本判断标准。政府一旦违法也需要承担法律责任,我国《国家赔偿法》等法律机制对行政机关适用赔偿责任。从本章第一节"行政规则制定的现状及其困境”立法方面、行政方面和司法方面的有关案例和材料可以看到，当前行政法治的依法行政方面还有待进一步提高。

再次，从司法机关依法裁判来看，人民法院主要对行政行为进行合法性判断。我国《行政诉讼法》修订后，受案范围进一步扩大，特别是修改行政行为概念，将行政规范性文件作为附带审查机制纳入了司法审查范畴，这预示着司法对行政机关制定的行政规则的合法性审查的尝试和拓展。特别是司法改革的持续推进，如跨区域行政案件审理制度等，人民法院对行政机关的行政行为进行合法性审查的力度更加强大，法院的司法权威不断增强。

最后，从公民权利与行政法治意识来看，随着我国行政法治进程的发展以及普法宣传的推广，公民的权利意识和法治意识都得到了很大提升。公民一般都具有了运用法律武器维护自身合法权益的意识。对于行政机关涉及自身权利和利益的重大事项，公民常常运用表达权、知情权、参与权，积极参与到行政机关的相关程序机制中维护自身的合法利益。在遇到行政机关非法行政或者不合理的行政手段时，公民运用监督权和建议权，对行政机关进行批评和监督。

随着一代又一代中国人民的不懈努力，我国行政法治情况与政治经济社会环境整体上同样已经发生了翻天覆地的变化。我国经济体制已经从计划经济转轨市场经济，国家治理方略从人治理念转化为法治理念且已经深入人心，政府由全能政府、管理型政府向有限政府、服务型政府转变已经展现了不少成效。习近平总书记在党的十九大报告中宣告，经过长期努力，中国特色社会主义进入了新时代，这是我国发展新的历史方位。① 中国特色社会主义进入新时代，我国社会主要矛盾已经转化为人民日益增长的美好生活需要和不平衡不充分的发展之间的矛盾。我国稳定解决了十几亿人的温饱问题，总体上实现小康，不久将全面建成小康社会，人民美好生活需要日益广泛，不仅对物质文化生活提出了更高要求，而且在民主、法治、公

---

① 参见习近平：《习近平谈治国理政》（第3卷），外文出版社2020年版，第8页。

平、正义、安全、环境等方面的要求也日益增长。[①] 习近平总书记对中国社会主要矛盾变化的判断，是对中国人民对民主、法治、公平、正义、安全、环境等物质、精神、法治与环境等多方面美好生活的进一步追求的昭示，为中国政府在福利国家时代所承担的新的服务行政任务和目标内容指明了奋斗方向。

二、程序法治发展进路对行政规则制定模式的变革要求

在行政国家和规制国家的发展潮流下，行政权的迅猛膨胀扩张造成传统的立法权、司法权等国家权力结构严重失衡与失调。“民主理论家应当接纳行政，因为行政是现代政府的核心。”[②]但是沃尔多同时也强调“基于专门知识的行政在美国承载了一种新兴的政治角色，而该种政治角色不能与美国民主理论的平等主义相调和”。[③] 正是基于对行政国家下行政权的控制考虑，世界各国经过政治家、法学家持续的理论构造以及各国不同的实践尝试，现代民主法治国家在20世纪中后期纷纷确立行政程序立法，通过程序法治主义机制以控制行政权力的恣意与妄为，试图重新建构行政国家规制下国家权力运行的均衡制度和保障机制。然而，把脱缰的行政权力“巨兽”束缚在法治程序的“牢笼”中，并非易事。行政程序机制的建立常常需要历经艰苦的历史过程。典型的程序法治主义国家如美国行政程序法机制的建立亦是如此，美国宪法在立国时就对权力分立机制进行了设定，其规范权力运行的行政程序法的颁布也历经两个世纪之后才确立。

我国现代意义上行政程序法治建设之路开启于改革开放以后，尽管起步晚，但基于对现代民主法治理念和程序法治理念的学习和消化，我国行政程序法治建设机制发展较快，《行政处罚法》《行政许可法》《行政强制法》对程序法治主义的理念与要求内化为具体的法律规定和机制，以约束行政权

---

① 参见习近平：《习近平谈治国理政》（第3卷），外文出版社2020年版，第9页。

② ［美］德怀特·沃尔多：《行政国家：美国公共行政的政治理论研究》，颜昌武译，中央编译出版社2017年版，“米勒序”第5页。

③ ［美］德怀特·沃尔多：《行政国家：美国公共行政的政治理论研究》，颜昌武译，中央编译出版社2017年版，“米勒序”第5页。

的扩张与肆意。特别是党的十八届四中全会《关于全面推进依法治国若干重大问题的决定》提出了“完善行政组织和行政程序法律制度”“健全依法决策机制”的程序法治理念,为我国程序法治主义的建设发展提供了顶层设计和强大推动力。我国行政规则制定机制作为政府行政权行使的重要工具和手段,也必然体现出程序法治主义的要求和精神。

(一)行政规则制定程序变革是我国行政法治发展的内在要求

当前我国正处于全面深化改革和全面依法治国的关键时期,国家治理体系和治理能力现代化建设在加快推进的攻坚时期,行政机关的行政规则制定机制作为政府规制和治理的重要机制和工具手段,需要及时与经济社会的发展变革相适应,与全面依法治国和治理能力现代化相协调。我国行政法治在法律制定和行政规则制定方面要求行政规则制定机制科学反映经济社会需求,保障公众在行政规则制定机制中的民主参与权利,同时还强烈要求行政机关制定的行政规则具有高效性、便于实施性,以有效达成行政规制的目标和任务。基于传统行政规则制定模式的缺陷与不足,对传统行政规则制定程序进行变革成为我国行政法治发展内在要求。

(二)行政规则制定程序变革是行政多元争议解决制度的发展需要

行政多元争议解决机制是行政法治体系的重要组成部分,也是国家治理体系和治理能力现代化建设的重要目标。中共十八届四中全会提出“健全社会矛盾纠纷预防化解机制,完善多元化纠纷解决机制”,为多元争议解决机制建设提供了制度设计要求和战略部署。行政多元纠纷解决机制为利害关系人在与行政机关的相关争议中参与、表达观点以及利益平衡与磋商提供了平台与便利。传统的行政规则制定由于其行政主导性和公众参与的间接性非实质参与性,常常导致行政相对人在行政规则出台后与行政机关就相关行政决策决定进行对抗与博弈,引发诉讼或者信访等救济方式的出现,造成行政机关与利害关系人双方大量资源和时间精力的耗费。这与多元争议解决机制的精神内核不吻合。因此,适当考虑在行政纠纷发生之前以和谐的方式和协商沟通的方式进行预防和化解,需要对传统行政规则制定方式进行变革。

（三）行政规则制定模式变革是行政程序法典化的必要考虑

受现代民主法治国家程序法治主义的影响，我国在利用行政程序法治机制限制行政国家下行政权力恣意与专断方面的实践和措施非常多，程序法治主义的理念已经深入人心。法学界对行政程序法的研究和探讨已经达数十年之久，如姜明安教授、应松年教授、马怀德教授等都对行政程序法立法做了详尽的论证并草拟了有关行政程序法典草案。[①] 从当前主要的行政程序法立法讨论与设计来看，并没有考虑传统行政主导型行政规则制定模式的缺陷与不足，仍然坚持的是一种秩序行政国家下的管理命令性行政规则制定模式，不能与当前的经济社会发展需要与法治发展要求相协调。因此，适当考虑行政规则制定的模式变革以适应全面改革开放和全面依法治国新时期新时代的特征，是我国当前行政程序法典化问题讨论的应有之义和必要考虑。

（四）行政规则制定模式变革具有域外经验借鉴可能

行政国家和规制国家背景下行政权的约束与限制是一个全球性的问题，不仅仅是我国在行政规则制定的模式与机制上会遇到挑战。考察其他民主法治国家的行政规则制定的经验，对我国行政规则制定模式的变革提供思路指引与技术参考，是具有意义的。对西方国家如美国自20世纪70年代以来的行政规则制定程序改革以及欧盟21世纪初期《欧盟模范程序法典》行政规则制定的内容与思路进行分析和借鉴，能为我国行政规则制定机制的变革提供有益进路。

第三节　我国行政规则制定的出路选择

一、现行行政规则制定困境的原因分析

中国当代社会进入全面深化改革关键时期，社会转型尚未完成，面临

---

① 参见应松年主编：《行政程序法立法研究》，中国法制出版社2005年版；马怀德主编：《行政程序法立法研究》，法律出版社2005年版；姜明安等：《行政程序法典化研究》，法律出版社2016年版。

的是秩序行政国家、福利行政国家遭遇到的各种规制问题的妥善处理矛盾加上新近以来风险社会引发的各种挑战，正如马怀德教授指出的，"新时代中国行政法学面临三大重要挑战，即传统行政管理向公共治理转化、党和国家机构改革带来的冲击以及现代科技对传统的行政管理形成的挑战"。① 行政规则制定作为行政机关常常采取的能有效且灵活应对这些挑战的措施，在当代中国国家治理工具和手段中占据越来越重要的地位，发挥越来越重要的功能。我国行政规则制定模式也和美国传统行政规则制定程序模式一样，是一种由行政机关主导的、由受影响的利害关系人力主向行政机关作出证明和主张最终由行政机关单独作出决策的一种行政规则制定模式，这种由行政机关主导的行政规则制定模式同样具有强烈的对抗性、敌对性特征。

这种具有对抗性特征的传统的行政规则制定模式越来越不能适应中国的经济社会发展以及复杂多元化的行政规则制定需求，其成因可以从以下几个方面进行分析：

第一，利害关系人的行政规则制定立场的极端化、敌对化。行政机关和利害关系人倾向于采取极端的立场，期待他们的利益和观点可以得到重视，从而在行政规则制定的制度安排中可以取得收获。比如，行政机关可能提出一个比其最终颁布预期要远过于严格的规章，因为它期望通过传统对抗性程序对其产生可观的压力从而调整它的立场。而且，如果行政机关缓和了其原始的观点和建议，行政机关就变成了具有合理的和回应性的行政管理者。受规制的当事人倾向于采取极端的立场是因为他们也期望能在行政规则制定的过程中经过博弈，最后极端的意见能被均衡地采纳。这可以说是一种行政规则制定的双方默认的策略或者称为传统行政规则制定的既定套路。参加者反对任何规制或者希望获取最小侵害的规制，认为没有规制或者认为最多可以有一个轻微程度规制，并且根据需要而裁减他们的证据材料。因为当事人提倡极端立场，他们可能不情

① 马怀德、张雨田：《行政法学：面向新的实践需求不断自我更新》，载《检察日报》2020年1月4日，第3版。

愿提供数据给行政机关以及给彼此,因为他们惧怕数据可能错误使用以及在极端立场中揭示了弱点。因此,对于当事人共同合作并且直接地解决事实和政策问题是非常困难的。相反地,当事人通常都采取掘壕固守的方式并为他们极端的立场做防御。

第二,行政机关无法了解把握真正需要规制解决的问题。当受规制影响的利害关系人处理问题是相互敌对的立场时,行政规则制定的建议方案或者陈述必然也是带有偏见或敌对故意的。相关当事人在表达其真实的关切时可能面临困难,因为他们可能会觉得会失去有关利益而没能获得最大优势。而且,当事人可能会发现必须去提议一个在当时可能并不实际的观点和立场以保证在未来能提议这个立场的选择可能性。因此,当事人的真实观点立场出现了这样一种情况:他们在行政规则制定时反映或者提出的每一个问题,几乎都是同等重要的并且提出有关联的尽可能多的问题,尽管有些议题是不必要的问题。当事人在传统行政规则制定程序中不直接与另一方当事人处理这些问题,相反,是他们各自向行政机关的决策者做陈述提出意见建议。基于这个陈述意见建议的环节,行政规则制定矛盾的议题可能表面上限于各自陈述的议题的讨论范围。但是,这些议题,可能并不是当事人真正关心的问题。如果行政规则制定者和相关利害关系当事人不能界定真正的问题,当制定以事实为基础的行政规则以及作出符合各方内在需要的政策选择时,行政机关的决策者将会在解决当事人的立场以及依据其掌握的现有信息资料作出决策时遇到重大困难。

第三,传统行政规则制定不适合解决多元化的争议问题。传统行政规则制定程序中当事人敌对的关系和立场决定了它不适合解决涉及许多当事人、涉及具有多种可能性结果的多元化的争议问题的处理。而且,在多元化多中心利益化的问题中,行政机关对任何一个问题的处理决定都会影响到跟他相关的涉及该具体争议的其他议题的处理。在错综复杂的利害关系人之间处理多中心的争议问题,必然需要一定的沟通技巧;而行政机关仅通过传统对抗性行政规则制定程序予以解决的话,对抗制定程序的天然属性排除了权衡多中心利益关系的可能性,这种进路必然遭遇挫折或者失败。

第四,传统行政规则制定模式容易造成资源的浪费。利害关系当事人为了向决策行政机关证明自己提议的观点和主张的合理性,将为此作出针对性的研究和处理。在这种情况下,行政机关和其他受影响的当事人也会不得不针对性地进行数据信息收集和研究论证以反击另一方,并且尽可能提出相反的事实材料或者案例情况。从行政机关就规制的真正目标来看,当事人的这些信息在最终作出决定时可能微不足道甚至丝毫不具有相关性。当事人的研究,可能需要收集材料、付出体力甚至聘请专家论证等,耗费大量的时间和金钱。而且,传统行政规则制定模式的敌对性特点使当事人相互倾向于隐藏提交科学的富有质量的信息资料,因为当事人必须为自己主张的立场提供最好的辩论,提供给行政机关的数据资料和信息的质量会被对方当事人掌握和知晓从而导致自身诉求的失败。

第五,容易形成行政规则制定的职业中介团体。在传统行政规则制定程序中,利害关系当事人对于行政机关采纳其观点和立场的需要,倾向于培养专注于行政规则制定程序本身的专家以便为自己提供服务。这些专家在利害当事人的聘请要求下相互争斗并提供对方当事人及有关专家相关行动的主要情报。这些专家成为行政规则制定活动中一方利益的倡导者与缔造者。他们使用有用的程序达成规则制定目标并且拥有塑造最终决策的政治关系。某种程度上,在规则制定程序中,这些专家的出现和使用反映了一种特别的专业化倾向。这些专家售卖矛盾,反过来加剧了传统行政规则制定程序对抗性的问题。职业中介专家团体不仅很少有能力减少冲突,他们通常也缺乏实质性的能力和权力与另一方利害关系人参加者进行交易。因此,尽管行政机关的负责人他们自身承担着作决策的责任,但他们的责任通常通过这些专家过滤分流。比如,一旦一项行政规则制定程序开始,公司的高级管理者倾向于将决策责任转移给法律事务工作人员。尽管管理者是训练用来决定什么是对公司最有利的政策,但是一旦行政规则制定程序开始之后他就扮演了一个不积极的角色。

第六,当事人对行政规则制定的结果不接受。在传统行政规则制定程序中,由于行政机关负责人不直接面对利害关系人,以确保行政机关在组织机制问题上获得有利的回旋空间,导致行政机关负责人通常不是直接的参与者。律师和其他职业专家等形塑了需要讨论的问题并且为行政机关的决策者提供建议。这样一种运作机制使行政规则制定增加了仪式性和程序结构性,并且进一步破坏了行政规则制定程序直接解决问题的能力。最终,因为传统行政程序使当事人一方与另一方针锋相对,竞争中失败的一方倾向于认为该行政规则制定方案的决策不合法不合理,因为它没有充分考虑他们的立场。在这种状态下,当事人的自愿守法性大大降低,甚至对制定的行政规则提出申诉或者提起诉讼。

二、协商行政规则制定作为一种可选的新兴出路方案

协商行政规则制定是指行政机关主持召集进行的、由行政机关与利害关系人的代表组建协商行政规则制定委员会就行政规则草案的制定进行协商并努力达成一致合意的一种行政程序机制。[①] 与传统行政规则制定方式相比,协商行政规则制定当事人直接参与行政规则制定决策的决定,并且当事人的意见能够决定行政规则制定草案是否能够顺利通过从而进入下一步通常的行政规则制定程序,而不仅是作为行政程序的外部参加者参与决策。他们与行政机关共同参与行政规则的制定并且保持一致方向,而不是通过提交信息形式上参与而最终由行政机关决策者单独作出决定。通常这些参与协商的当事人更加接近最终决策代表自己利益的行政机关而不是在传统程序中代表一方利益的传统职业中间人。因此,参加者在协商中能够作出实质性的决策,而不是在决策程序中作为参与者或者专家,仅有建议权或者提议权而没有决定权。另外,协商是一种更经济的决策方法,因为它降低了预估敌对一方观点而作出的针对性防范性研究等成本。

---

① See Philip J. Harter, *Fear of Commitment: An Affliction of Adolescents*, 46 Duke Law Journal 1389(1997).

协商行政规则制定思想的提出者约翰·邓洛普(后来担任美国劳工部的部长)曾精练地概括协商行政规则制定发挥优势作用的场域和原因:“行政规则制定和裁决程序不包括一种在冲突的利害关系人之间可以进行多元调解的机制。支持利害关系人向政府部门讨论他们的案件,而不是利害关系人相互之间探讨。在支持的观点中直接讨论和协商,多方调解是多方的需要——如集体协商谈判一样——使当事人在他们的需求中设定优先顺序,与另一方进行权衡利弊,给他们创造一种激励使他们去寻找共同基础。在协商过程中每一方的价值、观念以及需求都变成了透明的,而一些多元的理解的措施就成了一种协商的副产品。”[①]邓洛普教授是从美国传统行政规则制定的比较视角来开启协商行政规则制定的,其论述是对美国传统行政规则制定程序机制运行问题的深刻把握。美国《行政程序法》规定了正式规则制定程序和非正式行政规则制定程序。正式行政规则制定程序类似于立法性程序,需要进行严格的立法听证程序进行行政规则制定;而非正式立法程序则不需要采用立法听证的形式,但一般按照公告—评议规定程序规则进行。在行政规则制定的公告—评议行政规则程序实践中,制定行政机关与利害关系人即受规制的对象形成了一种越来越明显、严重的对抗性、对立性状态。美国传统行政规则制定过程中行政机关作为政策制定者,任由受影响的利害关系人之间相互竞争、对抗最终做出行政规则制定的方案选择,这种对抗型行政规则制定程序跟中国当前的行政规则制定模式是非常类似的。这种对抗型行政规则制定程序在传统秩序行政时期有其时代适应性。比如,传统行政规则制定程序提供给利害关系人强烈的动力向政策制定者陈述事实和政策观点以供其考虑,使传统行政规则制定程序能非常有效地生产和收集信息。由于传统行政规则制定确保了每一个当事人知道另一方的争论事项,每一方当事人能够在竞争的状态中展示对方的错误与缺陷,因而使传统行政规则制定程序像质量控制一样指出任何一方的错误和弱点,受政府决

① Dunlop, *The Limits of Legal Compulsion*, reprinted in 1975 O. S. H. REP. (BNA) 884, 886 (Nov. 12, 1975).

策影响的任何人有机会表达观点迫使政府考虑其观点,从而在竞争中说服政策制定者占据上风。传统行政规则制定模式这种优点在当前法治发展时代却无法更新,面对多元主体的多元利益诉求、各种不确定问题的应对风险。政府在行政规则制定中仅基于自身规制管理所获知的信息和情况无法洞察真实的变化趋势,无法以传统对抗性、对立性的行政规则制定模式完成政府规制治理的行政目标和任务。发端于对传统行政规则模式缺陷的改进与变革的协商行政规则制定模式,恰好提供了对传统行政规则制定模式缺陷的治愈和更新,这主要表现在以下几个方面:

第一,协商行政规则制定参加者能直接聚焦于自身代表的真实利益。参加者不需要在政府领导和其他决策者之前倡导和维持极端的立场。因此,参加者能够发现存在于极端立场的持有者与维持自身核心利益之间的真正问题。比如,有环保公益组织反对某大坝的修建因为他们担心大坝建好后将会导致附近部分低谷被淹没从而不利于发展。支持建大坝的人则是被洪灾袭击过受过不利影响的农民。在相关政府部门的主持下,协商在支持建大坝与反对建大坝的两方之间进行,最后大家发现保存大坝是双方的共同利益,从而妥善协调解决了争议。毋庸置疑,如果按传统行政主导型行政规则制定模式由政府直接决策建或者不建大坝,后果将是总有一方不满意政府的决策结果,总会引发矛盾冲突。但是,通过协商程序,展示了当事人之间真正的利益诉求并且使他们能够达成和解。

第二,协商行政规则制定参加者通过协商能够实现最大化利益选择。在传统的行政规则制定程序中行政机关不可能关注到每个当事人在草案中的提议。行政机关一般聚焦于草案中某些利害关系人对其提出尖锐批评的某些条款,但是对另一些当事人来说这些条款却是无关紧要的问题。行政机关只能通过猜测协调这样的问题,因为它本身不知道如何把握对当事人的关注关切事项进行排序。但是,作为一个对行政规则草案提出与自身相关的关键问题的利害关系人,能够很容易决定与另一个当事人是否联合行事或者进行协调行事。如政府拟订了一个行政规则草案倾向于认为受规制的企业应当严格遵从行政机关制定的标准。需要遵从该行政规则约束的企业则会反驳说从长期遵守的角度来看这份行政标准应当规定得更宽松才更有利于行业和企业发展。那么,行政机关面对这样一个情况即究竟是规定一个宽松的标准以回应企业的过重负担的诉求还是规定较短的截止时间以回应企业直接保护的诉求。但是为难之处在于,行政决策机关在两个诉求之中决定偏向相关的任何一方,都可能会招致另一诉求方对行政机关作出的相反的结果更加满意。如果行政机关修改行政规则允许一个更长的时间来实施更严格的标准可能有利于双方当事人,这样可能更加有利于实现各方利益的最大化选择。

第三,协商行政规则制定能够减少制定行政规则的时间和成本。协商行政规则制定成本的减少和时间的降低,主要通过强调实践经验而不是理论模型的预测达到的。在当前的行政体制下制定一项行政规则,行政机关必须证明拟制定规则的事实情况及说明相关的理由,换言之,提供行政规则制定的必要性、可行性方案等论证材料。行政机关如果缺乏认真调研或者无法直接获取相关真实数据,则常常运用源自模型理论和推测的数据展开论证。而在协商行政规则制定程序中则是由当事人共同讨论分享相关信息,资料皆来自一线的一手资料。因此,在协商中运用的数据可能不需要像传统行政规则制定程序一样具有理论性和科学计算预测性。比如,行政机关基于高科技和理论的数据模型提出了一项行政规则。当事人则可能认为这些理论数据是不靠谱的,因为它没有反映出当事人实际实践的经验情况或者其他行政机关的经验信息。通过协商沟通行政机关最终可能决定放弃理论推测并且根据实际情况修改其行政规则草案。这个案例的经验是理论数据能够突出实践经验的关注点,而不是理论预测本身有优势。相反,实践经验强调减少时间以及通过减少形成外部理论数据的需求从而来降低制定行政规则的成本。

第四,协商行政规则制定能够使参加者聚焦于制定的行政规则的细节。在传统行政规则制定程序中,重要的观点可能能够得到激烈的讨论,然而微妙之处及细节频繁地被忽视。或者,即使细节没有被忽视,决策者也可能不能领会到它们的重要性。但是,在协商行政规则制定程序中,有利害关系的当事人能够直接解决问题的所有方面以形成有效的方案。

第五,协商行政规则制定增加了行政规则的合法性。哈贝马斯指出,

"法律的合法性最终依赖于一种交往的安排,作为合理商谈的参与者,法律同伴必须有可能考察一个有争议的规范是否得到,或者有无可能得到所有相关者的统一"。[①] 协商行政规则制定的核心优势是增加了行政规则的合法性。如果协商行政规则制定的所有当事人经过协商并充分讨论达成合意,行政规则将被认为是合理的、不存在异议的,当行政规则实施时该行政规则将会具有巨大的可接受性。受利害关系影响的当事人代表参加了协商行政规则制定,他们能够通过分享其委托人的决定,将委托人的关注和需求进行优先排序后和其他当事人进行协商谈判。无论最终的行政规则草案作出了什么样的妥协或者折中,只要最终的规则草案经过协商全体成员的一致同意,这份行政规则具有合法性和有效性的情况就是其他形式的规则制定无法媲美的。而且,事实上也没有任何案例表明有什么协商行政规则制定结果会比传统行政规则制定结果更差。

总而言之,在当前我国社会急剧转型变革以及全面深化改革攻坚关键时期,基于协商行政规则制定模式对传统行政规则制定模式的变革与更新,协商行政规则制定模式以其所具有的功能优势,为我国行政规则制定提供了一种新兴可能性出路方案选择。

① [德]哈贝马斯:《在事实与规范之间:关于法律和民主法治国的商谈理论》(修订译本),童世骏译,生活·读书·新知三联书店2014年版,第128页。

第三章　建构协商行政规则制定的现实可行性

前一章论述了我国行政法治变革时期基于经济社会的发展需要以及现代民主法治发展进步的要求，协商行政规则制定模式应运而生并推动传统行政规则制定模式的变革与更新。基于传统行政规则制定模式形成发展起来的协商行政规则制定模式，其所具有的功能优势为我国行政规则制定提供了一种可选择的出路。协商行政规则制定作为一种新型的行政规则制定方式和技术，在我国现行法律体系下有无制度化发展的可能性或者建构依据？在实践中有无协商行政规则制定的经验与案例可供总结分析以展望未来？本章从我国现行法律制度框架和行政法治实践案例经验两个方面对协商行政规则制定模式在我国建构发展的现实可行性进行分析。

第一节　我国协商行政规则制定的现有制度资源

与大陆法系国家以及欧美国家行政规则制定具有

行政程序法规范作为依据不同,[①]我国目前并未制定相关的行政程序法对行政规则制定程序作出统一安排。从我国目前行政规则制定的实践来看,行政规则制定的实定法上的法律依据主要有《立法法》《行政法规制定程序条例》《规章制定程序条例》以及各省市自身制定的行政规范性文件管理规定如《上海市行政规范性文件管理规定》。因此可以从我国现行的法律制度体系中发现和挖掘相应的法律规范和制度资源作为协商行政规则制定实定法上的依据。本书从以下几个方面详细予以分析和探讨。

一、宪法法律性制度资源

(一)宪法

宪法是我国的根本法,也是我国法律和行政规则制定的根本依据。我国现行宪法自 1982 年 12 月 4 日由第五届全国人大第五次会议通过并公布施行以来,至今已经历经 5 次修正。[②] 其中对于法律和行政规则制定修改的地方并不多,有重大修改的地方在于新近 2018 年的宪法修正案增加了设区的市制定地方性法规的规定。现行《宪法》第 100 条第 2 款规定:“设区的市的人民代表大会和它们的常务委员会,在不同宪法、法律、行政法规和本省、自治区的地方性法规相抵触的前提下,可以依照法律规定制定地方性法规,报本省、自治区人民代表大会常务委员会批准后施行。”由此,宪法赋予了设区的市制定地方性法规的权力。宪法赋予设区的市行政法规制定权,根据宪法修正案草案说明人的解释,增加这一规定,基于有利于设区的市在宪法法律的范围内制定体现本行政区域实际的地方性法规,能够更为有效地加强社会治理、促进经济社会发展,也有利于规范设区的市制定地方性法规的活动。[③] 可见,我国现行宪法根据

① 比如,美国行政规则制定程序的法律依据是 1946 年颁布的《行政程序法》,德国 1976 年制定的《联邦行政程序法》,日本 1993 年颁布的《日本行政程序法》,等等。

② 我国现行宪法至今历经 1988 年修正、1993 年修正、1999 年修正、2004 年修正以及 2018 年修正,总计 5 次修正。

③ 参见王晨:《关于〈中华人民共和国宪法修正案(草案)〉的说明》,2018 年 3 月 5 日在第十三届全国人大第一次会议上的报告。

社会经济的发展情况通过宪法修改的方式动态调整地方省市法律制定权。

从现行宪法对行政规则制定权的规定角度来看，行政规则制定的主要宪法依据是《宪法》第85条和第89条。《宪法》第89条规定了国务院的18项职权，其中第1项即明确了国务院“根据宪法和法律，规定行政措施，制定行政法规，发布决定和命令”的行政规则制定权，以及该条第18项“全国人民代表大会和全国人民代表大会常务委员会授予的其他职权”也为国务院依法律授权进行行政规则制定工作提供了依据。此外，《宪法》第85条规定，“中华人民共和国国务院，即中央人民政府，是最高国家权力机关的执行机关，是最高国家行政机关”，可以理解为统括了《宪法》第三章第三节之下的所有条款规定，也可以作为国务院行政规则制定的宪法依据。[①] 因此，协商行政规则制定的根本法律依据可以从《宪法》的第85条和第89条寻根溯源。“国家维护社会主义法制的统一和尊严”“一切法律、行政法规和地方性法规都不得同宪法相抵触”，[②]宪法作为我国一切法律制度的根本法，是我国协商行政规则制定机制的依据。

（二）立法法

从行政规则制定的实践角度讲，我国现行《立法法》（2023年修正）是我国行政规则制定的最重要的实定法依据。《立法法》是我国法律和行政规则制定的宪法性法律，规定了我国统一而又分层次的立法体制以及各种法律规范制定的具体程序。从行政规则制定的角度讲，现行《立法法》总则第2条明确规定行政法规、国务院部门规章和地方政府规章制定、修改、废止的活动依照《立法法》执行。[③]《立法法》第三章规定了行政法规的制定，具体来讲，对行政法规制定的法律依据和事项范围（第72

---

① 参见王贵松：《国务院的宪法地位》，载《中外法学》2021年第1期。

② 参见《宪法》第5条法制统一原则的规定。

③ 《立法法》第2条规定：“法律、行政法规、地方性法规、自治条例和单行条例的制定、修改和废止，适用本法。国务院部门规章和地方政府规章的制定、修改和废止，依照本法的有关规定执行。”

条)、立法计划和立项(第 73 条)、起草以及听取意见(第 74 条)、草案及其说明的审查(第 75 条)、决定程序(第 76 条)、签署公布程序(第 77 条)、信息公开刊载(第 78 条)等作了明确规定。《立法法》第四章第二节规定了规章的制定,包括国务院层面规章制定的主体和事项范围(第 91 条、第 92 条)、地方政府规章制定主体及事项范围(第 93 条)、规章制定程序(第 94 条)、决定程序(第 95 条)、公布程序(第 96 条)、刊载程序(第 97 条)。

从行政规则制定层面来看,行政规则所包含的行政法规、规章的内容已经有了规定,但没有将本书提及的行政规则中的行政规范性文件及具有普遍约束力的决定、命令内容纳入《立法法》规范调整的范畴。这表明我国对于行政规则制定程序的统一安排存在法律上的制度安排缺陷。我国《立法法》第 74 条对协商行政规则制定具有实定法的规范依据意义。[①]"行政法规在起草过程中,应当广泛听取有关机关、组织、人民代表大会代表和社会公众的意见。听取意见可以采取座谈会、论证会、听证会等多种形式。""行政法规草案应当向社会公布,征求意见"与协商行政规则制定程序内容紧密相关。

二、行政法规制度资源

(一)行政法规制定程序条例

《行政法规制定程序条例》是国务院对行政法规制定程序作出专门规定的行政法规,并于 2017 年对《行政法规制定程序条例》进行了修订。该条例分为七章总计 40 条,分别为第一章"总则"(第 1 ~ 6 条)、第二章"立项"(第 7 ~ 10 条)、第三章"起草"(第 11 ~ 17 条)、第四章"审查"(第 18 ~ 25 条)、第五章"决定与公布"(第 26 ~ 30 条)、第六章"行政法规解释"

---

① 《立法法》第 74 条规定:"行政法规由国务院有关部门或者国务院法制机构负责起草,重要行政管理的法律、行政法规草案由国务院法制机构组织起草。行政法规在起草过程中,应当广泛听取有关机关、组织、人民代表大会代表和社会公众的意见。听取意见可以采取座谈会、论证会、听证会等多种形式。行政法规草案应当向社会公布,征求意见,但是经国务院决定不公布的除外。"

（第31～33条）、第七章“附则”（第34～40条）。[①]

从协商行政规则制定的实定法依据基础来看，主要是该条例第三章“起草”的规定对协商行政规则制定具有法源意义。该条例第13条规定：“起草行政法规，起草部门应当深入调查研究，总结实践经验，广泛听取有关机关、组织和公民的意见。涉及社会公众普遍关注的热点难点问题和经济社会发展遇到的突出矛盾，减损公民、法人和其他组织权利或者增加其义务，对社会公众有重要影响等重大利益调整事项的，应当进行论证咨询。听取意见可以采取召开座谈会、论证会、听证会等多种形式。起草行政法规，起草部门应当将行政法规草案及其说明等向社会公布，征求意见，但是经国务院决定不公布的除外。向社会公布征求意见的期限一般不少于30日。起草专业性较强的行政法规，起草部门可以吸收相关领域的专家参与起草工作，或者委托有关专家、教学科研单位、社会组织起草。”该条例第14条规定：“起草行政法规，起草部门应当就涉及其他部门的职责或者与其他部门关系紧密的规定，与有关部门充分协商，涉及部门职责分工、行政许可、财政支持、税收优惠政策的，应当征得机构编制、财政、税务等相关部门同意。”这些规定内容与协商行政规则制定的程序内容紧密相关，具有实定法规范上的意义内涵。

（二）规章制定程序条例

国务院2017年在对《行政法规制定程序条例》进行修订的同时，也对专门规范规章制定程序的《规章制定程序条例》进行了修订。2017年修订后的《规章制定程序条例》分为七章总计41条，分别为第一章“总则”（第1～9条）、第二章“立项”（第10～13条）、第三章“起草”（第14～18条）、第四章“审查”（第19～26条）、第五章“决定和公布”（第27～32条）、第六章“解释与备案”（第33～35条）、第七章“附则”（第36～41条）。[②]

---

① 《行政法规制定程序条例》于2001年11月16日颁布，2017年12月22日进行了修订，修订后合计40条，比修订前增加了3条规定。

② 《规章制定程序条例》于2001年11月16日颁布，2017年12月22日进行了修订，修订后合计41条，比修订前增加了2条规定。

与《行政法规制定程序条例》一样，从《规章制定程序条例》角度来分析，协商行政规则制定的实定法依据也主要在该条例第三章“起草”的内容规定中。该条例第15条跟《行政法规制定程序条例》第13条的规定内容一样规定了起草时听取意见、征求意见及吸收和委托专家参与起草。其中，特殊的规定在于《规章制定程序条例》第16条具体规定了听证会的组织程序，即“起草的规章涉及重大利益调整或者存在重大意见分歧，对公民、法人或者其他组织的权利义务有较大影响，人民群众普遍关注，需要进行听证的，起草单位应当举行听证会听取意见。听证会依照下列程序组织：(一)听证会公开举行，起草单位应当在举行听证会的30日前公布听证会的时间、地点和内容；(二)参加听证会的有关机关、组织和公民对起草的规章，有权提问和发表意见；(三)听证会应当制作笔录，如实记录发言人的主要观点和理由；(四)起草单位应当认真研究听证会反映的各种意见，起草的规章在报送审查时，应当说明对听证会意见的处理情况及其理由”。这为本书研究的协商行政规则制定提供了实定法参照依据。

(三)政府信息公开条例

行政规则制定离不开公民、法人和其他组织的参与，行政规则制定的信息来源的重要途径就是政府信息公开。因此，《政府信息公开条例》是协商行政规则制定重要的实定法依据。国务院现行《政府信息公开条例》(2019年修订)分为六章总计56条。[①] 该条例第2条对政府信息概念作了规定，政府信息是指行政机关在履行行政管理职能过程中制作或者获取的，以一定形式记录、保存的信息。该条例第19条规定的“对涉及公众利益调整、需要公众广泛知晓或者需要公众参与决策的政府信息，行政机关应当主动公开”以及第20条第1项明确列举的“行政法规、规章和规范性文件”是行政机关应当主动公开的信息。可以看出，行政规则的制定以及协商行政规则制定中公众获得行政规则制定的信息来源的实定法依

① 《政府信息公开条例》于2007年4月5日颁布，2019年4月3日修订，修订后总共56条，比修订前增加了18条规定。

据即在此。

（四）重大行政决策程序暂行条例

2019年国务院公布了《重大行政决策程序暂行条例》，对县级以上地方人民政府作出和调整重大行政决策的程序进行了规定。尽管该暂行条例第3条明确了重大决策的事项范围并排除了行政规则制定的适用[①]，但是根据本书后文对行政决策与行政规则制定的区别的分析和探讨，本书认为重大行政决策程序中的部分内容也属于行政规则制定，因此《重大行政决策程序暂行条例》也是协商行政规则制定实定法的依据。该暂行条例第6条规定了重大行政决策"应当遵循民主决策原则，充分听取各方面意见，保障人民群众通过多种途径和形式参与决策"。该暂行条例第二章"决策草案的形成"规定了四个程序步骤，即第一节规定了"决策启动"、第二节规定了"公众参与"、第三节规定了"专家论证"、第四节规定了"风险评估"。其中"公众参与"一节中第14条规定了听取意见的形式可以采取"座谈会、听证会、实地走访、书面征求意见、向社会公开征求意见、问卷调查、民意调查等多种方式"。"决策事项涉及特定群体利益的，决策承办单位应当与相关人民团体、社会组织以及群众代表进行沟通协商，充分听取相关群体的意见建议。"而且，该条例第16条、第17条还详细规定了听证会及其召开程序。这些规定与协商行政规则制定程序内容具有紧密相关性，属于协商行政规则制定的法律内容范畴。

三、国家和地方有关行政规范性文件制定的制度资源

（一）国家层面关于行政规范性文件制定的制度规定

作为行政规则制定内容的行政规范性文件制定在《立法法》中没有

① 《重大行政决策程序暂行条例》第3条规定："本条例所称重大行政决策事项（以下简称决策事项）包括：（一）制定有关公共服务、市场监督、社会管理、环境保护等方面的重大公共政策和措施；（二）制定经济和社会发展等方面的重要规划；（三）制定开发利用、保护重要自然资源和文化资源的重大公共政策和措施；（四）决定在本行政区域实施的重大公共建设项目；（五）决定对经济社会发展有重大影响、涉及重大公共利益或者社会公众切身利益的其他重大事项。法律、行政法规对本条第一款规定事项的决策程序另有规定的，依照其规定。财政政策、货币政策等宏观调控决策，政府立法决策以及突发事件应急处置决策不适用本条例。"

任何规定,也没有像行政法规或者规章那样获得国务院行政法规的专门规定,但是近年来,国务院对行政规范性文件的制定和管理工作作出了系统规定安排。如2018年国务院办公厅发布了《关于加强行政规范性文件制定和监督管理工作的通知》(国办发〔2018〕37号)、《关于全面推行行政规范性文件合法性审核机制的指导意见》(国办发〔2018〕115号),2019年国务院办公厅发布了《关于在制定行政法规规章行政规范性文件过程中充分听取企业和行业协会商会意见的通知》(国办发〔2019〕9号)三个文件。国办2018年37号文规定了行政规范性文件的制定需要严格执行评估论证、公开征求意见、合法性审核、集体审议决定、向社会公开发布等程序。国办2018年115号文对行政机关进行行政规范性文件合法性审核进行了具体规定。国办2019年9号文规定了行政规则制定过程中应当充分听取企业和行业协会商会的意见,充分保障企业和行业协会商会在行政规则制定过程中的知情权、参与权、表达权和监督权。

这些规定是国务院从中央政府层面对行政规范性文件的制定和管理作出的统一部署和安排,是对我国现行行政规则制定制度体系的重大补充和完善。尽管三个规范行政规范性文件制定的文件性质是国务院发布的行政规范性文件,不具有行政法规和规章的效力,但是其发挥的实质功能和作用在我国当前的法治发展建设过程中是极为重要的。这三个国办规定文件也从根本上协调整合了我国行政规则制定制度体系。协商行政规则制定的制度可行性依据可以从这三个文件中找到实定法依据。

(二)地方层面关于行政规范性文件制定的制度规定

地方各省市对行政规范性文件一般制定了各自的行政规范性文件制定和管理规定。如上海市2019年制定了《上海市行政规范性文件管理规定》[①]、广东省2020年制定了《广东省行政规范性文件管理规定》[②],它们

---

① 《上海市行政规范性文件管理规定》经2019年5月27日市政府第52次常务会议通过,自2019年8月1日起施行。此前,上海市于2003年、2010年、2016年曾制定了相关的行政规范性文件制定和管理规定。

② 《广东省行政规范性文件管理规定》经2020年6月17日第十三届广东省人民政府第102次常务会议通过,自2020年9月1日起施行。

均对行政规范性文件制定的起草、审核、审议决定、公布、备案、评估、清理以及监督管理等程序作出了具体规定。这些规定在法律性质上属于地方政府规章，对结合当地实际制定行政规则的具体情况作出了详细的程序规定安排。这些地方政府关于行政规范性文件制定程序的规定，对协商行政规则制定程序也具有实定法上的规范性意义。

（三）行政规则制定中的法律顾问制度规定

2016 年中共中央办公厅、国务院办公厅印发的《关于推行法律顾问制度和公职律师公司律师制度的意见》积极推行法律顾问制度和公职律师、公司律师制度，以提高依法执政、依法行政、依法经营和依法管理的能力水平。该意见第 7 条第 1 项规定法律顾问应当“为重大决策、重大行政行为提供法律意见”，第 2 项规定法律顾问应当“参与法律法规规章草案、党内法规草案和规范性文件送审稿的起草、论证”。这些规定确立了行政规则制定程序中的法律顾问制度，法律顾问在行政规则制定的起草、论证和审查中将发挥关键的作用。从行政法治现状来看，区县下的乡镇、街道办事处现今均设置了法律顾问团或者聘请了法律顾问专家对行政规则制定问题进行把关。比如，上海市奉贤区人民政府聘任了法律顾问，奉贤区各镇、各街道办事处也均聘请了法律顾问，在制定相关行政规则时必须经由法律顾问提出意见和建议的程序才能予以决策。行政规则制定程序中的法律顾问制度的设置，对协商行政规则制定也具有实定法的参照意义，法律顾问的意见和建议对协商行政规则制定的合法性问题具有重要的作用。

第二节　我国协商行政规则制定的初步实践经验

一、协商行政规则制定的萌芽与兴起

进入 21 世纪，随着我国法治政府建设由管理命令型政府向开放服务型政府转化，政府制定行政规则或者进行行政决策主动向社会各界征求意见的行政实践也广为政府和社会公众所接受。通过对以下两个案例的

考察，以对我国协商行政规则制定模式在我国行政法治实践中的萌芽和兴起状况作一个描述和分析，对行政机关应对传统行政规则制定模式的不足采用的方法和进路进行总结，以期未来对协商行政规则制定机制进行完善和改进提供经验和思考空间。这两个案例一是民生领域政府部门与小区业主以及停车物业经营者就住宅小区停车收费价格问题协商制定行政规则的案例。二是政府道路基础设施建设领域政府与公众就建设工程方案进行对话协商的案例。

(一)21 世纪 10 年代末期广州市住宅停车场机动车停放服务收费协商议价规则案

住宅小区停车难、收费贵是城市居民特别是超大、特大城市和大城市居民经常遇到的生活难题。如何应对解决住宅小区停车乱收费、乱涨价的难题也是行政机关需要解决的重大民生问题和艰巨行政任务。所谓住宅小区停车场收费，是指住宅停车场经营者依法为业主或者使用人提供停车场地、设施、秩序管理等服务所收取的费用。住宅停车场经营者是指依法办理注册、登记、税务等手续，以自由产权车位或者接受车位所有权人的委托提供住宅小区机动车停放服务的法人、其他组织和个人。2018 年 10 月 1 日施行的《广州市停车场条例》已经对住宅小区停车问题进行了规定，并授权广州市价格行政管理部门会同有关部门制定住宅停车场议价规则，经市人民政府批准后公布。

2019 年 1 月 8 日，广州市发展和改革委员会起草了《广州市住宅停车场机动车停放服务收费协商议价规则(公开征求意见稿)》(以下简称《议价规则》公开征求意见稿)，并在其官网发布《广州市发展和改革委员会关于公开征求〈广州市住宅停车场机动车停放服务收费协商议价规则(公开征求意见稿)〉意见的公告》。在该征求意见稿发布之前，该行政机关已经与多方利益代表进行了调研座谈，协商征求意见。如 2018 年 5 月 31 日至 6 月 1 日上午，副巡视员李小聪带队对广州市不同区域有代表性的住宅小区停车场收费情况进行调研，并分别与物业公司负责人及业主代表座谈交流。价监局、价管处、监测中心相关同志随同参加本次调研。该次调研主要针对市住宅小区停车位供求比例、经营者管理成本以及收费标准放开后经营者的调价行为应如何规范等问题广泛收集了各方面的意见。①

广州市发展和改革委员会出台的《议价规则》公开征求意见稿总计10条,其主要内容是:第1条对住宅停车场机动车停放服务费、住宅停车场、停车场经营者的概念进行了界定;第2条规定了议价规则的适用范围;第3条规定了住宅停车场收费实行市场调解价管理,本规则为业主与停车场经营者协商议价提供了程序规范;第4条、第5条规定了代售住宅、已售住宅的住宅停车场收费标准协商程序;第6条规定了住宅小区自有产权车位向他人提供车位使用的自行处理;第7条规定了街道办事处、镇人民政府对停车费议价协商过程的指导和协调作用;第8条规定了各相关主管行政部门为停车费议价协商创造便利条件的职责;第9条规定了未经协商议价程序擅自制定或者提高住宅停车场收费标准的行为的处理措施;第10条规定了该规则生效日期及有效期限。该公告指出征求意见公告期为10个自然日,公开征求意见的社会意见需要以书面形式反馈至广州市发展和改革委员会(价格管理处),并提供了邮寄地址、传真和电子邮箱三种书面联系方式,规定了书面反馈内容要求包括意见内容、意见人(单位)和联系方式三个方面内容。

广州市发展和改革委员会发布该《议价规则》公开征求意见稿的公告后,收到了一条书面反馈意见。② 根据广州市发展和改革委员会的公开新闻报道,该委在《议价规则》公开征求意见稿出台前后已经进行了多场调研。2019年1月23日,广州市发展和改革委员会李小聪副巡视员主持召开座谈会,与市政协曹志伟常务、唐激杨委员及省房地产行业协会、市房地产行业协会、市停车场行业协会沟通关于进一步完善市住宅停车

① 参见《李小聪副巡视员带队调研我市住宅小区停车场收费情况》,载广州市发展和改革委员会官网2020年12月20日,http://fgw.gz.gov.cn/zfxxgk/zfxxgkml/zfxxgkml/gzdt/content/post_3883070.html。

② 参见《广州市发展和改革委员会关于公开征求〈广州市住宅停车场机动车停放服务收费协商议价规则(公开征求意见稿)〉意见的公告公众参与情况的说明》,载广州市发展和改革委员会官网2020年12月20日,http://fgw.gz.gov.cn/zmhd/gzcyqksm/content/post_2340383.html。

场机动车停放服务收费协商议价规则的有关意见和建议。市人大和市政协与市住房和城乡建设局、交通运输局、规划和自然资源局以及发改委价格管理处、法规处有关负责同志参加了会议。该次座谈会主要就住宅小区停车场收费管理的合法性、合理性、可行性、有效性等问题进行了讨论，就协商议价主体、优化议价程序、议价规则实施后的影响等问题进行了研究。①

2021 年 2 月 2 日，广州市发展和改革委员会发布了《关于印发广州市住宅停车场机动车停放服务收费协商议价规则（试行）的通知》[以下简称《议价规则》（试行）]。广州市发展和改革委员会自发布《议价规则》公开征求意见稿到出台《议价规则》（试行），历时一年多，采用了书面征求意见加上召开座谈会、进行实地调研等方式，制定了一项反映各方意愿的住宅停车场收费的行政规则。广州市发展和改革委员会最终的《议价规则》（试行）条款总计仍然为 10 条，但规则内容有大量修改，主要修改的内容在于：第 2 条修改确定了住宅停车场收费的适用范围和不适用的范围。第 5 条修改明确了启动住宅停车场收费协商议价程序是由住宅停车场经营者向业主主动提出书面要求，并且住宅停车场经营者应当向所在地的街道办事处、镇人民政府书面报告有关启动协商议价程序的情况；另外，在协商公示期满后，增加了住宅停车场经营者与业主应当根据协商结果签订停车服务合同并明确相关合同权利义务的内容。第 8 条修改明确了价格行政主管部门应为住宅停车场收费协商议价提供信息参考，交通行政主管部门应建立健全停车场服务规范及行业信用记录等。第 10 条修改明确了该规则有效期为一年。

（二）21 世纪初期深港西部通道深圳侧接线工程方案行政决策对话协商案

20 世纪 90 年代，由于广东东莞和深圳关外的工厂生产的产品需经由深圳中心市区到达深圳皇岗口岸等货运口岸后从而运往香港特别行政

---

① 参见《李小聪副巡视员主持召开我市住宅停车场机动车停放服务收费协商议价规则座谈会》，载广州市发展和改革委员会官网 2020 年 12 月 20 日，http://fgw.gz.gov.cn/tpxw/content/post_2337803.html。

区,深圳和香港特别行政区之间这一货物运送通道经常导致深港交通堵塞并且导致深圳市区环境污染严重。经过多年论证,“东进东出、西进西出”方案即深圳西部蛇口半岛到香港特别行政区元朗建设西部通道,深圳东部莲塘地区建设东部通道的方案获得广泛支持。2002 年 12 月国家计划委员会(现为国家发展和改革委员会)批准了西部通道工程即深圳湾公路大桥深圳侧工程和深圳湾口岸(监管区)工程两部分的可行性研究报告。深圳侧接线工程作为市政配套工程项目,2003 年 3 月深圳市发展计划局批复同意深圳侧接线工程可行性研究报告。2003 年 8 月深圳市政府公布侧接线工程方案。侧接线方案道路由高架桥路段、下沉式全敞开路段、下沉式半敞开路段、下沉式全封闭路段等组成,其中在大南山脚下兴工路段隧道开有一个长度 361 米的敞开口以设计排放汽车尾气。兴工路段隧道位于南山区招商街道,受敞开口直接影响的居民小区(距离敞开口最近的小区居民户为 30 米)以及其对面的居民小区开始联合维权反对该敞开口的设计。

2003 年 9 月 26 日,深圳市政府、南山区政府在南山区招商街道办与两个社区业主进行第一次谈话。2003 年 10 月 14 日,深圳市政府邀请市民代表参加侧接线新方案论证会。两次谈话及论证会市民与政府部门双方均坚持不同意见。10 月 28 日西部通道工程办公室邀请业主代表赴香港特别行政区考察。遭受敞口环境影响小区的业主坚持表示反对侧接线方案。2003 年 11 月 20 日,深圳市政府邀请受影响居民参加环境影响报告书公示会议,会上深圳市政府决定将兴工路段 361 米全敞开路段西移 320 米,开口减缩为 100 米长,隧道在工程东段填海区新增开一个 200 米长的敞口。2004 年 7 月,东段填海区受影响小区居民加入维权行动,侧接线工程东线、西线居民开展全线维权行动。2004 年 12 月,部分居民不服《深圳市环保局关于〈深港西部通道深圳侧接线工程方案调整环境影响报告书〉的批复》的内容,向广东省环保局申请行政复议。2005 年 4 月 22 日,深圳市环保局再一次组织规模较大、规格较隆重的对话会,政府部门邀请来自北大、清华的专家和沿线居民代表参加对话会协商。参会专家普遍认可环评报告符合相关规范的要求,相关结果和结论可靠。同月

28 日，深圳市政府召开会议将侧接线工程全部情况进行汇总梳理，同时深圳市政府法律顾问出具了《关于西部通道深圳侧接线工程若干问题的法律意见》，该法律意见认可深圳市政府及其部门的决策行为和程序的合法性。2005 年 5 月 10 日，深圳市政府再次对侧接线工程有关情况在沿线主要社区进行公示。3 天公示期满即 2005 年 5 月 13 日侧接线工程动工。[①]

（三）对协商行政规则制定初步兴起的两则案例的分析

广州市住宅停车场机动车停放服务收费协商议价规则案是政府部门与业主代表、物业公司代表以及房地产行业协会、停车场行业协会专家等协商共同制定停车场收费议价规则的典型案例。深港西部通道深圳侧接线工程方案行政决策对话协商案中业主居民主动参与环评报告项目并与政府部门对话、协商侧接线工程方案，反映了我国行政规则制定程序以及环境行政实践中公众与政府部门进行协商，通过协商参与机制因素发挥公民、相对人作用和意见的情况，展现了行政相对人对行政机关制定规则及作出相关重大决策的影响作用。

首先，从协商过程的主体角色和地位来分析。关于停车场收费的议价规则制定过程中公众（包括业主代表以及停车场经营者或物业公司代表）既是该行政规则制定的参与者，也是该行政规则制定后实施时的规则实际施行的一方主体，该行政规则的制定与生效与其切身相关，政府部门是该规则制定的引导者和协调者，当然也是该行政规则制定后实施监管的行政主体。在该行政规则制定过程中，行政机关和公众代表均充分表达了其意见，维护了自身利益和立场，最终政府部门协调各方利益和意见颁布出台了《议价规则》（试行）。而在深港西部通道深圳侧接线工程方案行政决策对话协商案中，受敞口影响的业主代表是道路敞口附近环境的利益攸关者，也是环评影响评估报告的质疑人，在利益受损时积极寻求与政府对话、协商沟通意见，深圳市政府则是侧接线工程的决策者和环评

① 参见陈善哲、金城：《“深港西部通道接线工程”环评事件调查》，载《21 世纪经济报道》2005 年 5 月 14 日，第 2 版。

报告的审批人，也是公众反对意见强烈后的对话会议、听证会议等的组织者。与前述停车场收费议价案不同，公众与政府在西部通道侧接线方案中是管理者与被管理者的角色。

其次，从协商过程的公众参与情况来看，广州市住宅停车场机动车停放服务收费协商议价规则案在《议价规则》公开征求意见稿起草之前即已经由政府部门跟业主代表、物业公司代表等进行了前期沟通和协商，且政府部门吸收听取了其意见反馈。在《议价规则》公开征求意见稿草案拟定后，公布之后又进行了公告和公开征求意见，在社会公开征求意见之后行政机关最终颁布了《议价规则》(试行)。从起草之前调研协商、草案颁布后公开征求社会意见到最终颁布行政规则的整个过程，政府部门与业主代表、物业公司代表等保持了良好的联系与沟通，整个行政规则制定过程十分公开透明。深港西部通道深圳侧接线工程方案行政决策对话协商案在公众对侧接线工程方案提出反对意见以前，行政机关已经按照法定程序完成了公众意见调查、征求意见工作，并且作出了侧接线工程可行性报告和环境影响评估报告。因行政机关法定程序上具有合法性，但公众并没有实质上参与，导致公众知情后强烈反对。在公众提出反对意见后，深圳市政府再次开展侧接线工程的方案论证会、对话会、座谈会、释疑会等，与业主代表、技术专家进行协商处理，调整整个侧接线工程方案。通过公示最终才启动侧接线工程。

最后，从协商的结果来分析。在广州市住宅停车场机动车停放服务收费协商议价规则案中，广州市发展和改革委员会经过与业主代表、物业公司代表、房地产行业协会和停车场行业协会等相关利益群体进行协商制定的《议价规则》(试行)，是各方利益和意见的一致反映，在《议价规则》草案出台公开征求意见时以及行政规则颁布后均没有反对意见。各方对该行政规则的接受度与遵从度非常高，从这个角度协商制定的《议价规则》是非常成功的。

二、协商行政规则制定初步实践的缺陷与不足

从广州市住宅停车场机动车停放服务收费协商议价规则案与深港西

部通道深圳侧接线工程方案行政决策对话协商案中政府与公众代表协商的主体地位、协商过程以及协商结果可以看出,协商行政规则制定在规则制定以及行政决策中具有增强行政规则和行政决策民主性与合法性的作用,正如哈贝马斯所指出的,“归根结底,作为私人的法权主体,若他们自己不通过对其政治自主的共同运用而澄清正当的利益和标准,并且就在哪些相关方面平等者应该受平等对待、不同者应该受不同对待达成一致,是无法充分享受平等的主观自由的”。[①] 通过协商程序制定的行政规则或者行政决策能使行政相对人各方更愿意和更乐于主动接受和遵循规则,有利于政府行政决策和有关规则制度的有效实施,实现政府的行政目标和行政任务。

但是,从以上两则案例来看,我国协商行政规则制定制度具有不足之处:

第一,协商程序的参加者地位并非同等。相关政府部门没有将公众视为行政法律关系中具有同等法律地位的主体一方,这种参加者地位的不对等会导致协商程序及结果的不利结果风险。

第二,行政机关协商意识不强。受我国传统行政模式的影响,我国行政机关管理者与被管理者的角色定位、命令与服从行政关系的思想根深蒂固,将公众及相对人视为具有同等地位目标一致的行政主体一方,目前没有达成基本共识,往往只是在作出与公众利益密切相关的规则或者行政决策以及实践时将公众和相对人作为形式上的参加人,虽然遵循了法定的程序但并没有真正地听取和吸收公众和相对人的意见和建议。

第三,协商的程序不完善,缺乏正式程序制度。在本书提到的两个案例中,协商过程均没有可遵循的统一适用的程序,在广州市住宅停车场机动车停放服务收费协商议价规则案中,协商制定规则的程序主要由广州市发展和改革委员会主导进行,其官员做了协商座谈、调研等工作。而在深港西部通道深圳侧接线工程方案行政决策对话协商案中,座谈会以及

---

① [德]尤尔根·哈贝马斯:《交往行为理论·第一卷 行为合理性与社会合理化》,曹卫东译,上海人民出版社2018年版,“序言”第5~6页。

对话程序等也都是由政府部门组织和主导的,公民代表仅受邀请参加,当前的协商程序并无固定章程或者法定程序可以依照和参考。

总而言之,协商行政规则制定制度在我国仍存在许多不足之处,协商行政规则制定程序的研究和完善,急需我国行政法学研究者和专业人士投入精力钻研国内外相关理论和总结相关实践经验,以便更好地为法治国家、法治政府和法治社会建设提供理论和实践经验支撑。

第四章　协商行政规则制定的基本原理

第一节　协商行政规则制定的概念与内涵

一、行政规则的概念

本书所使用的行政规则概念包括行政法规、规章以及行政规范性文件等内容。换言之，行政规则概念不仅包含当前行政法学界通说所采用的行政立法的概念（行政法规和规章制定）和范畴，也包含了行政规范性文件制定的内容范畴。行政规则概念将传统行政立法概念的内涵扩展到行政规范性文件和具有普遍约束力的决定和命令的内容，旨在以行政规则这一概念统合整个行政机关制定的具有普遍约束力的法律规范。这一统合行政机关制定的具有普遍约束力的法律规范的努力，主要从传统的行政立法、行政规范性文件以及行政规则三个方面来进行详细论述。

首先，对传统行政立法概念进行分析。众所周知，立法的概念与内涵学界基本上达成了一致的认识。立法是由特定主体依据一定的职权和程序，运用一定技术制定、认可和变动法律这种特定的社会规范的活动。[1] 按照当前学界通说,行政立法是指行政机关根据法定权限并按法定程序制定和发布行政法规和规章的活动。[2] 行政立法是行政国家时代行政权扩张,行政权介入立法领域并经授权或者依行政职权实施行政规制活动并进行相应行政规则制定的结果。因此,关于行政立法概念的理解,关键在于立法前面的"行政"二字。行政即执行、管理。从行政立法的制定主体的角度讲,行政立法活动指享有立法权的行政机关依法定职权和法定程序制定行政法律规范的活动。或者,也可以从行政是执行法律或者行政管理活动的含义着手,行政立法可以理解为规范行政管理活动的立法,包括法律、行政法规、规章、行政规范性文件等整个政府执行分支行政活动的法律规范。"从动态的角度讲,行政立法是享有行政法规和规章制定权的行政主体制定行政法规和规章的活动。从静态的意义讲,行政立法就是行政法规和规章。"[3]有学者支持我国行政立法应当排除行政规范性文件的制定:"包括国务院制定(修改、废除)行政法规、国务院部门制定(修改、废除)规章和有权的地方政府制定(修改、废除)规章的活动,而不包括行政机关制定其他行政规范性文件的活动。"[4]刘莘教授认为行政机关制定规范性文件的活动分为两类:一类是享有行政立法权的行政机关制定行政法规和规章的行为,即行政立法行为;另一类是行政机关包括没有行政立法权的行政机关制定其他行政规范性文件的行为。行政立法大多数情形是指立法活动产生的后果,即行政规范性文件本身,但在有些情况下,行政立法是指称活动,即制定行政规范性文件的活动。可见,动态使用这一词汇是指行政立法活动,静态使用这一词汇是指活动所产生的后果,即行政规范性文件。[5] 王锡锌教授对行政立法进行界定则包括了行政规范性文件的制定活动:"行政机关、行政管制性机

---

① 参见周旺生:《立法学》(第2版),法律出版社2009年版,第55页。

② 参见姜明安主编:《行政法与行政诉讼法》(第6版),北京大学出版社、高等教育出版社2015年版,第160页。

③ 应松年:《当代中国行政法》(上卷),中国方正出版社2005年版,第546页。

④ 方世荣、邓佑文、谭冰霖:《"参与式行政"的政府与公众关系》,北京大学出版社2013年版,第243页。

⑤ 参见刘莘主编:《行政立法原理与实务》,中国法制出版社2014年版,第2页。

构以及其他具有公共管理职能的组织或者机构制定具有法定的或者实际的普遍约束力之规范的行为；包括行政法规制定过程、行政规章制定过程、具有普遍约束力的决定、命令的制定过程、各种行政规范性文件的制定过程。”①综上所述，按照学界当前对行政规则制定及传统行政立法概念的界定情况来看，行政立法仅指行政法规、规章的制定行为，即学界采取狭义的行政立法概念作为学界的通说。广义的行政立法包括行政机关所有制定规则的活动，不仅包括行政法规、规章制定，也包括制定行政规范性文件的行为。同时，行政立法又可以分为动态的行政立法与静态的行政立法。动态的行政立法指将行政立法作为一种行政活动过程；静态的行政立法，指通过这些过程而产生的行政法规、规章或行政规范性文件。

其次，对行政规范性文件概念进行详细分析。与行政立法概念相比，行政规范性文件目前在学界、实务界的称谓更加复杂和混乱。有学者将行政规范性文件称为“行政措施”②，有学者将行政规范性文件界定为“行政规范”，因为“行政”一词将其限定于行政法领域中，揭示出其“行政性”，“规范”二字则说明其具有“规范性”，同时也表明其规范性不如行政法规和行政规章，还达不到法律规范的程度。③ 有学者则使用“行政规定”概念指称行政法规和规章之外的行政文件，因为 1999 年《行政复议法》规定了行政机关所制定的“规定”可以进行附带审查。④ 有学者则直接使用了规范性文件概念，“规范性文件是指行政主体为了执行法律、法规和规章及实现行政目的所作的，除行政法规和规章以外的，规范行政主体和不特定相对人双方权利义务的抽象行政行为”。⑤ 也有学者用一般

---

① 王锡锌主编：《行政过程中公众参与的制度实践》，中国法制出版社 2008 年版，第 1 页。

② 张焕光、胡建淼：《行政法学原理》，劳动人事出版社 1989 年版，第 249 页。

③ 参见叶必丰、周佑勇：《行政规范研究》，法律出版社 2002 年版，第 33 页。

④ 参见乔晓阳主编：《中华人民共和国行政复议法条文释义及实用指南》，中国民主法制出版社 1999 年版，第 60 页；朱芒：《论行政规定的性质——从行政规范体系角度的定位》，载《中国法学》2003 年第 1 期。

⑤ 马怀德主编：《行政法与行政诉讼法学》，中国法制出版社 2000 年版，第 208 页；叶必丰、刘道筠：《规范性文件的种类》，载《行政法学研究》2000 年第 2 期。

规范性文件概念,指"行政主体主要是各级行政机关为执行法律、法规和规章,实现行政管理的目的而制定的,对相对人利益产生影响的,可以反复适用具有普遍的约束力的文件(不包括行政法规、行政规章、地方政府规章)"。[①] 有学者采用"非立法性行政规范"[②]概念,还有学者使用"规章以下其他行政性文件"[③]和"其他规范性文件"[④]等概念的。学界的通说采用行政规范性文件的概念,指行政主体为实施法律和执行政策,在法定权限内制定的除行政立法以外的决定、命令等普遍性行为规则的总称,俗称"红头文件"。它在法律文件中表现为"行政措施""决定""命令""公告""通告""报告""会议纪要""通知"等。[⑤] 我国行政规范性文件概念含义理解的现状存在诸多弊端,有可能损害法治的权威和行政法治体系的稳定。因此,有学者指出需要探讨行政法中"法"的含义,给行政法中的"法"以重新定位,理性构造行政法中的"法",将造法主体的法律人格归于立法系统,造法主体的权力维度归于中央机关,为法律渊源确定严格标准,使行政法造法过程民主化。[⑥]

最后,从行政规则概念的域外界定情况来进行分析。从德国行政法学上的行政规则的概念来看,行政规则指上级行政机关向下级行政机关、领导向下属行政工作人员发布的一般——抽象的命令,或者针对行政机关内部秩序,或者针对业务性的行政活动。[⑦] 与行政规则相对,行政主体制定的具有外部效力的法律规定主要是法规命令。法规命令具有法律外部效力,是德国法上的法律渊源。"法规命令是指行政机关(政府、部长和行政机关)颁布的法律规范。""作为法律规范(实质意义上的法律),法

① 王保成:《一般行政规范性文件质量监控制度研究》,载《现代法学》2003 年第 5 期。

② 陈丽芳:《非立法性行政规范研究》,中共中央党校出版社 2007 年版,第 1 页。

③ 湛中乐:《论行政法规、行政规章以外的其他规范性文件》,载《中国法学》1999 年第 2 期。

④ 叶必丰、周佑勇:《行政规范研究》,法律出版社 2002 年版,第 33 页。

⑤ 姜明安主编:《行政法与行政诉讼法》(第 6 版),北京大学出版社、高等教育出版社 2015 年版,第 174 页。

⑥ 关保英:《行政法中法涵义的重新认识》,载《当代法学》2012 年第 3 期。

⑦ [德]哈特穆特·毛雷尔:《行政法学总论》,高家伟译,法律出版社 2000 年版,第 591 页。

规命令对公民和其他规范收件人的影响与议会通过的法律相同。”[①]可见,德国法上行政规则与法规命令在法律渊源和法律效力上存在巨大的悬殊。考察两者巨大差异的原因,与德国法治国家发展演进的历史背景和法治理念变革相关。19 世纪的夜警国家议会主权时代,行政规则作为内部行政法或行政机关的内部规则一直是被排除在法律之外的。随着行政国家的发展,行政规则作为法律特征的法律规定当前已经得到普遍认可,但其是否具有法律外部效力是其在德国行政法上是否拥有法律渊源的前提。根据毛雷尔的判断,“法理上并没有一定(尽管没有排除)要将行政规则纳入外部法的范畴”。[②] 德国法上行政规则如果想要产生外部法律效果,需要符合两个条件:一是事实上存在外部法律效果;二是行政机关保持有自主选择的空间。在行政实践中,行政机关的裁量基准与替代法律的行政规则中往往存在行政规则法律效果外部化的情况。因此,行政规则事实上往往具有实质意义上的法律效力。因此,德国法上行政规则与法规命令的区分也经常遭遇概念区分困境。德国法上采用的通行判断标准是实体标准,即综合衡量具体规定的对象、内容和法律效果,其中最重要的衡量因子是分析对象的范围,判断其究竟是行政机关还是任何不特定的人。根据毛雷尔的观点,在德国《联邦行政程序法》第 9 条对行政行为适用的限制下,德国行政程序法排除了行政机关对法规命令和行政规则的适用。[③]

日本行政法承袭了德国行政法学理论,行政立法的概念与德国一脉相承,但在发展过程中又发生了部分变革。在 2005 年《日本行政程序法》制定之前,日本行政法学理论上根据政府相应的规定将行政立法分为法规命令和行政规则,具有外部法律效力的规定是法规命令,仅具有内部法律效力的是行政规则。学理上法规命令是指行政机关制定的、关于行政

---

① [德]哈特穆特·毛雷尔:《行政法学总论》,高家伟译,法律出版社 2000 年版,第 58 页。

② [德]哈特穆特·毛雷尔:《行政法学总论》,高家伟译,法律出版社 2000 年版,第 592 页。

③ 参见[德]哈特穆特·毛雷尔:《行政法学总论》,高家伟译,法律出版社 2000 年版,第 94 页。

主体和私人的关系中的权利和义务的一般性规范，它与仅作为内部性规范的行政规则显然不一样。日本法学界将法规命令和行政规则统称为行政立法。[①] 根据盐野宏教授行政过程论的观点即充分考虑导致法律效果产生的过程来认识行政行为，采取这样一种行政法模式和进路，日本行政立法作为具有直接产生法律效果的行为方式之一，成为盐野宏教授行政行为考察的内容之一。盐野宏教授将行政规则的概念沿袭传统日本行政法的界定，但是明确指出，"在行政法学中，行政规则论本身是不存在的，为了避免其和法规命令的混同，只要能够明确什么样的规范属于行政规则，那么，行政法学的任务也就完成了"。[②] 他指出行政规则的研究由来在于"一是行政规则在现实中发挥着巨大的作用；二是与定义相反，可以发现行政规则的外部化现象"。[③] 可见，日本行政法上对行政规则的概念的界定已经不再沿袭德国法对行政规则概念的界定的路径，同时行政规则的概念除了与形式法上的法规命令相区别，并未在实质上有特定的法律含义，在行政规则外部化的现代法治实践背景下，行政规则的概念拓展已经成为必然趋势。2005 年《日本行政程序法》颁布后，行政程序法上的定义并不是日本传统行政法使用的行政立法概念，根据《日本行政程序法》第 2 条关于各种概念的定义规定，命令是指依据法律制定的命令（含告示），规则是指地方公共团体的执行机关制定的规则（含规程）。[④] 而且，根据 2014 年日本第 58 号法律修改后的《日本行政程序法》，其第 2 条第 8 项明确"命令等"指内阁或者行政机关所制定的 4 项内容，即依法律所制定的命令（包括确定处分要件的告示）或规则、审查基准（指根据法令规定判断是否给予申请的许可、认可等所需的基准）、处分基准（指根据法令规定判断是否作出不利处分或何种不利处分所需的基准）以及行政指导方针（指为实现同一行政目的对符合一定条件的多数人实施行政

---

① 参见［日］盐野宏：《行政法总论》，杨建顺译，北京大学出版社 2008 年版，第 59～61 页。

② ［日］盐野宏：《行政法总论》，杨建顺译，北京大学出版社 2008 年版，第 64 页。

③ ［日］盐野宏：《行政法总论》，杨建顺译，北京大学出版社 2008 年版，第 64 页。

④ 参见［日］室井力等主编：《日本行政程序法逐条注释》，朱芒译，上海三联书店 2009 年版，第 275～276 页。

指导时应当作为这些行政指导共通的事项)。[①] 可见,日本在其现行行政程序法下,法规命令与行政规则在传统行政立法意义上的区分已经在《日本行政程序法》的第2条"命令等"的定义之内进行混合熔炼,传统行政立法中严格区分外部法律效力的法规命令与内部法律效力的行政规则被统一在现代法治国家新的行政实践发展之中。

从美国行政程序法上的行政规则概念来看,行政规则的定义在《美国法典》第5编第5章"行政程序"第551节第(4)项中有规定,即"行政机关发布的具有普遍适用性或特殊适用性的并且是对将来生效的文件的全部或者一部分。目的在于实施、解释、规定法律或者政策,或者规定行政机关的组织、程序或习惯的规则。包括批准或者规定将来的收费标准、工资、法人或者财务结构及其重组、价格、设备、器具及其服务或者分配,还包括批准或者规定和上述各项有关的估价、费用、成本或者手续"。[②] 第551节第(5)项界定了行政规则制定的定义,"行政规则制定,是指行政机关制定、修改或废除行政规则的行为"。[③] 可以看出,在美国行政法上,行政规则、行政规则制定的定义是明确的。行政规则制定是行政机关的制定、修改或废除行政规则的行为,且行政规则是具有普遍约束力的或者具有特定适用性的规则。所谓特定适用性从立法史的角度看,旨在避免争议和调整针对特定个人的特殊的规则制定行为。但美国法实践中是很少制定有特定适用性的规则的。在实践中,与行政规则的概念难以区分甚至经常混同的,是行政裁决的概念。尽管美国《行政程序法》第551节第(7)项界定行政裁决"是指行政机关作出裁决令的行为"[④],而裁决令或者命令,是"指行政机关除规则制定以外所作出的最后决定的全部或者一部分,可以采取肯定的、否定的、禁止的、确认的形式包括批准许可证在内的行为"[⑤]。在实践中政府部门通过处理行政纠纷时确定的一项裁决或者

---

① 参见《日本行政程序法》,王贵松译,载《公法研究》2016年第2期。
② 5 U.S.C. § 551(4).
③ 5 U.S.C. § 551(5).
④ 5 U.S.C. § 551(7).
⑤ 5 U.S.C. § 551(6).

一系列裁决往往也称为行政规则，常常在法律效力上与行政规则制定程序产生的规则具有同样的法律效力。有学者指出，通过行政规则制定或者通过裁决来确立行政规则是产生行政规则的两种方式。① 本书所研究的行政规则在中国法的情境下，是指通过行政规则制定程序产生的行政规则，当然不包括行政裁决所产生的行政规则。

美国行政法上的行政规则可以分为实体性规则和程序性规则。实体性规则是《行政程序法》第553节行政规则制定中规定的需要进行公告评议程序的规则，而程序性规则是该节规定的豁免发布通告或者举行听证的规则，包括解释性规则，一般性政策说明以及关于行政机关的组织、程序或者手续的规则。如果采用程序性规则方式制定的规则对实体权利影响巨大，法院在进行司法审查时可能判定属于实体性规则，该行政规则需要采用公告评议程序。根据第553节行政规则制定的“三步法”程序制定的规则（发布拟制定行政规则的公告、接受公众对拟制定行政规则的评议并进行考虑、发布最终规则并附带规则制定的依据和目的的陈述）②即传统上的立法性规则，具有法律的效力。而不采用第553节“三步法”行政规则制定程序的规则或者豁免该“三步法”的规则，则属于非立法性规则。非立法性规则中包括解释性规则、一般性政策说明、程序性规则以及行政机关有合理理由不经过规则制定程序发布的规则。非立法性规则的法律效力低于立法性规则，如果有当事人提起挑战则经常受到法院的司法审查。

综合上文对德国、日本和美国行政法学上行政规则概念的分析可以看出，德国和日本行政立法统辖下的行政规则和法规命令与我国行政立法及行政规范性文件一样面临概念上的困境和挑战，也不能统括行政实践中新的行政行为和行政方式。作为传统内部行政法上的行政规则概念，在现代德日行政法上都有从实体功能主义角度判断是否具有外部化效力的行政行为功能趋势。两者区别在于，行政规则在1976

① William F. Fox, *Understanding Administrative Law*, 6th ed., LexisNexis 2012, p. 59.

② 5 U.S.C. § 553(b).

年以来的德国行政程序法下都无法适用行政行为的理论框架，而基于行政过程论的视角，行政规则和法规命令在日本行政程序法下则纳入了行政行为的理论框架。美国行政规则制定的概念则直接从行政机关制定、修改或废除行政规则的功能立场进行界定，将行政规则按照行政程序法的“三步法”制定程序分为立法性规则和非立法性规则，并赋予其不同的法律效力和司法尊重程度。从借鉴的比较法角度讲，美国行政规则的概念对我国行政立法概念的体系化和理论化统一发展更具有可能性。

结合我国传统行政立法概念、行政规范性文件概念以及以上域外行政规则概念的分析，本书认为应当统一采用行政规则概念来统称我国行政法学理论上和实定法中的行政立法概念（包括行政法规、规章，行政规范性文件以及具有普遍约束力的决定、命令），主要理由和依据如下：

第一，从我国行政法理来看，我国行政规则指称的是行政机关对不特定对象作出的具有普遍约束力的行政行为，行政规范性文件与行政法规、行政规章的抽象性行政行为是一致的，并不涉及针对特定相对人的具体的行政行为。德国和日本行政法理论上的行政规则概念是基于内部法律效力的传统概念，因而无法纳入行政行为理论体系进行统合，我国行政规则并不是德日行政法上的行政规则的内涵与外延，而是有自身的语境和含义，与美国行政法上的行政规则的概念具有更多的吻合性。因此，在理论上，在我国的行政法学话语体系下，用行政规则统合行政规范性文件、行政规章和行政法规的概念，不存在德日行政法上的逻辑矛盾，行政规则的内涵与外延也不存在误解。

第二，行政规则概念符合现代行政过程论中行政行为理论体系的架构。秩序行政、警察行政时期传统公法与私法二分行政法学的存在方式在福利行政、服务行政的现代法治国家遭遇了两难境地。公私两分法将行政行为的最终法律效果当成立足点，新出现的行政立法、行政契约、行政指导、行政规划、行政裁量等各种行为和方式无法融入传统行政行为理论体系。现代行政过程论从导致发生法律效果的行为过程的角度来分析，从整体性而非局部性来考察行政法的现象和手段，将行政机关单独使用的或者是多个行为形式结合的，甚至是多个行为形式连续实施的行政行为进行宏观动态性考察，这样的行政法学存在方式更有利于对现代行政行为的理解和把握。用章剑生教授的话来讲，"行政程序的本质不是形式，而是过程。以此过程为基础，行政机关和行政相对人得到了一个意见可以互动的'法空间'"。[①] 因此，从行政过程论角度进行抽象概括，无论是行政法规、规章还是行政规范性文件均是我国行政机关制定的具有普遍约束力的法律规范的行政行为，均具有德日行政法上的具有外部法律效力的行政行为，统一用行政规则以定性命名是适当的。张淑芳教授曾明确提出："规章以下行政规范性文件与规章以上行政规范性文件都是用来规范行政权的，都存在于行政权的行使中，从对行政过程关系调整的角度看，两者应当是一个有机统一的事物。"[②]

第三，行政规则应当具有我国法律渊源的地位。法律渊源是法律的形式，是法律内容的体现。行政法规、规章在我国实体上均有明确的规定，是我国的法律渊源体系的一部分。行政规范性文件的法律渊源问题一直存在争议，目前尚未获得公认的法律渊源地位。毛雷尔教授在论及行政规则的法律渊源地位时，曾提供了一条参考标准，"行政规则是否是法律渊源主要是一个术语问题。如果认为法律渊源的概念限于外部法，答案就是否定的。如果认为法律渊源是指一切法律规则，答案就是肯定的；在此基础上可以进一步区分内部法和外部法。如果将行政规则视为外部法的范围，行政规则肯定属于法律渊源"。[③] 可见，在内部法律效力与外部法律效力作为法律规则区分依据的德国行政法中，一旦行政规则具有外部化的法律效力，就获得了行政法的法律渊源地位。在我国行政法理论和实践情境下，行政规则包括行政规范性文件一直具有外部化的法律效果，因而行政规则的概念取得法律渊源地位是毫无疑

① 章剑生：《现代行政法总论》，法律出版社2014年版，第229页。

② 张淑芳：《规章以下行政规范性文件调整对象》，载《东方法学》2009年第6期。

③ ［德］哈特穆特·毛雷尔：《行政法学总论》，高家伟译，法律出版社2000年版，第592页。

问的。

第四,我国行政实践实质上已经采用了行政规则的概念。我国实定法上对行政法规、规章的制定程序有《行政法规制定程序条例》和《规章制定程序条例》进行规定,而行政规范性文件的制定程序目前则没有国家层面性的法律规范,由各个省区市自行进行规定。从各个地方行政规范性文件制定的程序,如 2019 年《上海市行政规范性文件管理规定》和 2020 年《广东省行政规范性文件管理规定》等规定来看,其实质上与行政法规、行政规章制定程序条例相类似,均采用类似的制定程序。因此,从行政实践的角度讲,将行政规范性文件制定的程序与规章、行政法规制定的程序统一规范使用,并不会产生实践方面的问题。行政规则的概念在行政实践操作层面是不存在困难的,行政规则将获得积极的使用率与可接受度。

第五,统一采用行政规则的概念有助于未来行政规则制定行为的监督与审查。在我国现行行政救济体系下,行政法规、规章、行政规范性文件均不能进入司法审查受案范围。我国《行政复议法》也仅对行政规范性文件规定了复议审查申请权利,对行政法规、规章则无法提出复议请求。[①] 2014 年《行政诉讼法》进行了修正,规定了行政规范性文件的附带审查制度。附带审查并非直接审查行政规范性文件的合法性问题,即只有由具体的行政行为个案发现行政规范性文件存在合法性问题时才能与行政行为一并提出司法审查请求。尽管当前我国行政规则的司法审查刚刚起步,但从法治国家建设和发展规律来看,行政规则制定作为行政行为的一个极其重要的方面,通过权力机关的监督或者司法机关的审查监督是法治国家和法治社会的必然趋势。

第六,行政法学学者对行政规则概念的接受与使用度越来越高。比

---

① 参见《行政复议法》第 7 条规定:“公民、法人或者其他组织认为行政机关的具体行政行为所依据的下列规定不合法,在对具体行政行为申请行政复议时,可以一并向行政复议机关提出对该规定的审查申请:(一)国务院部门的规定;(二)县级以上地方各级人民政府及其工作部门的规定;(三)乡、镇人民政府的规定。前款所列规定不含国务院部、委员会规章和地方人民政府规章。规章的审查依照法律、行政法规办理。”

如王锡锌、章永乐的《专家、大众与知识的运用——行政规则制定过程的一个分析框架》①,宋华琳的《论行政规则对司法的规范效应——以技术标准为中心的初步观察》②,沈亚萍的《行政规则制定中的公众参与考量:基于正反两面的双重分析视角》③,郑雅方的《我国行政规则研究中的若干误区之克服》④等,越来越多的学者将眼光和精力投入到行政规则的研究中来,促进了行政规则的研究和使用。

总而言之,本书将行政规则的概念界定为:行政机关制定的具有普遍约束力的法律规范。行政规则的范围从我国现行法律体系的规定具体来看,以中央和地方两个层面展开分析,其范围包括:(1)国务院制定的行政法规;国务院各部、各委员会、中国人民银行、审计署和具有行政管理职能的直属机构制定的规章;国务院各部、各委员会发布的命令、指示。(2)省、自治区、直辖市和设区的市人民政府制定的规章;地方国家行政机关发布的决定、命令;地方各级人民政府以及其部门制定的行政规范性文件。需要特别指出的是,地方各级人大制定的地方性法规,国家监察委员会制定的监察法规以及地方监察委员会制定发布的规范性文件,最高人民法院和最高人民检察院以及地方各级人民法院和检察院制定的规范性文件,制定这些法规和文件的国家机关具有特殊性质,法律上分别属于地方立法机关、监察机关或者司法机关,同时这些国家机关自身也具有一定的制定规则的职权,但它们不是本书研究意义上的行政规则,所以我们不将其纳入本书研究的行政规则制定的范畴。

二、协商行政规则制定的概念

协商行政规则制定是一个源自美国行政法上的概念。英文为

---

① 参见王锡锌、章永乐:《专家、大众与知识的运用——行政规则制定过程的一个分析框架》,载《中国社会科学》2003 年第 3 期。

② 参见宋华琳:《论行政规则对司法的规范效应——以技术标准为中心的初步观察》,载《中国法学》2006 年第 6 期。

③ 参见沈亚萍:《行政规则制定中的公众参与考量:基于正反两面的双重分析视角》,载《河北法学》2014 年第 6 期。

④ 参见郑雅方:《我国行政规则研究中的若干误区之克服》,载《政法论坛》2012 年第 5 期。

“negotiated governance”即“协商治理”,“negotiated rulemaking”即“协商行政规则制定”或者“regulatory negotiation”即“规制性协商”,[①]不同的研究者对它从不同的研究角度有多个指称,本书主要称为协商行政规则制定或者协商行政规则,前者偏重指称协商行政规则制定的行政活动,后者偏重指称协商行政规则制定活动的结果规则。

美国协商行政规则制定概念的提出人菲利普·哈特教授将协商行政规则制定界定为:“协商规则制定程序作为行政规则制定程序的补充性的程序,是允许受影响的利害关系人以及行政机关直接参与拟议行政规则草案的制定并同时预防行政机关恣意和任性行政行为的程序。”[②]皮尔斯教授在《行政法》中对协商行政规则的定义是,“协商行政规则制定是通过协商程序解决制定行政规则草案时引发的政策争议的过程”。[③] 罗纳德·莱文教授认为协商行政规则制定程序在“某种程度上作为一种政治程序承载了决策功能,因此给予了一些行政机关刺激和动力以在不同的竞争性利益群体中利用有组织结构性的谈判来制定和发展某些行政规则。这种寻求共识的经验做法通常称为协商行政规则制定即‘Reg-Neg’”。[④] 朱迪·弗莱曼教授认为协商行政规则制定是行政国家合作治理的一种技术和一个典型例证,“协商行政规则制定程序是以一致意见为基础的程序,一般由行政机关召集协商会议,利害关系人借此机会就行政规则草案的实体内容进行协商”。[⑤] 杰弗里·拉博斯教授将协商行政规则制定定义为:“协商行政规则制定程序是一种在拟议规则草案的内容发布之前,将行政机关和诸多受规章影响的利害关系人群体聚集到一起,为

---

① See Wiseman, Hannah J., *Negotiated Rulemaking and New Risks: A Rail Safety Case Study*, 7 Wake Forest Journal of Law & Policy 207(2017).

② Phillip J. Harter, *Negotiating Regulations: A Cure for Malaise*, 71 Georgetown Law Journal 1 (1982).

③ Richard J. Pierce Jr., *Administrative Law Treaties*, 5th ed., Aspen Publishers, 2010, p. 693.

④ Ronald M. Levin, Jeffery S. Lubbers, *Administrative Law and Process in a Nutshell*, 6th ed., West Academic Publishing, 2016, p. 343 – 344.

⑤ Jody Freeman, *Collaborative Governance in the Administrative State*, 45 UCLA Law Review 1 (1997).

了使行政规则草案达成一致协议的目的而进行协商讨论的方法。”[①]

结合美国法学界对协商行政规则制定概念的界定和典型特征的概括,本书对协商行政规则制定的概念作出如下界定:协商行政规则制定是行政规则制定程序中的一种程序和一种技术方法,是行政机关主持召集进行的、由行政机关与利害关系人的代表组建的协商行政规则制定委员会就行政规则草案的制定进行协商并努力达成一致合意的一种行政程序机制。

协商行政规则制定源于美国20世纪60年代对行政程序法规定的行政规则制定程序的不满。美国《行政程序法》第553节规定的公告和评议程序在实践中与所预期的简洁和高效截然相反,许多行政机关的规则制定实践中使用行政规则制定程序形式僵化,常常遭遇到各种阻碍。到20世纪70年代和80年代,美国行政法学者考虑将多元纠纷争议解决机制(ADR)和理念规范带入到行政规则制定程序中也许能够减轻压力并且在行政机关和利害关系人之间创造一种更加建设性的、合作性的相互作用状态。于是,学者们最终设计了一种名为“协商性的行政规则制定”程序,它将关键的利害关系人群体聚集起来组成一个咨询委员会以合作制定一个拟公告颁布的行政规则的草案。这个委员会通常由ADR专家建立相互同意的协商基本规则,找出具体的利害关系人的观点立场,明确以及收集相关事实问题的信息,并且指导参与者基于群体的合意完成起草文本的撰写。这些专家在协商程序的不同阶段经常被称为“召集人”或者“协调促进人”,召集人是指在一个具体的行政规则制定活动中,以中立地位协助行政机关决定组建协商行政规则制定委员会是否合适的人;[②]协调促进人是指在协商行政规则制定委员会的成员制定规则草案时中立地支持讨论和协商的人。[③] 召集人和协调促进人的角色常常在行

① See Jeffery S. Lubbers, *Enhancing the Use of Negotiated Rulemaking by the U. S. Department of Education*, in Recalibrating Regulation of Colleges and Universities: Report of the Task Force on Federal Regulation of High Education App Ⅳ, p. 32 (2014).

② See 5 U. S. C. § 562 (3).

③ See 5 U. S. C. § 562 (4).

政机关行政规则制定的实践项目中由同一个人担任。协商行政规则制定是行政机关能够利用其来实现公众参与,达到提高行政规则质量的众多工具中的一种。[①] 汉娜·怀斯曼教授指出,当今法学界忽视了这种通过行政机关与受影响的利害关系人在起草行政规则草案时紧密合作的程序。[②] "以协商行政规则制定方式制定的行政规则是最根本的公众参与,因为公众本身决定了参与的行政规则的内容,而行政机关仅作为该程序当中的一个参与者。"[③]

协商行政规则制定程序的设计旨在利用行政机关积极的属性,处理当行政机关无法充分吸纳各种利害关系人参与到行政规则中时产生的问题,并且能够高效地起草有效的、相对更加容易接受的行政规则草案。行政机关使用这种法律规定的技术与相关范围的利害关系人紧密合作以设计出共同接受的内容和行政规则的草案。在美国行政程序法上,协商行政规则制定程序作为一种补充程序,与其他行政规则制定程序一致,行政机关需要颁布拟议规则草案,向公众进行公告并接受公众评议,最终才能确定行政规则。

协商行政规则制定本质上是一种变动的且无法提前安排固定内容的程序。协商行政规则制定在一个具体案件中的有效运作取决于实体上的议题、利害关系人对行政机关观点的认知、当事人之间过去和当前的关系情况、在协商中当事人代表的权力、代表的协商方式、每一个委托人代表的数量和观点差异性以及参加者和调解人的技术等。这些因素绝大部分是动态的并且它们的特征在协商程序中可能不断变化。拉博斯教授指出,协商行政规则制定与传统行政规则制定区别最大的地方在于协商行政规则制定程序中的利害关系人之间相互作用程度更深入并且在行政机

---

① See Cheryl Blake, Reeve T. Bull, *Negotiated Rulemaking* (*Final report*: *June* 5, 2017), Prepared for Administrative Conference of the United States, Recommendation 2017 – 1.

② See Wiseman, Hannah J., *Negotiated Rulemaking and New Risks*: *A Rail Safety Case Study*, 7 Wake Forest Journal of Law & Policy 207(2017).

③ William Funk, *Public Participation and Transparency in Administrative Law—Three Example as an Object Lesson*, 61 Administrative Law Review, 171(2009).

关规则制定草案和最终行政规则颁布之前进行了参与。①

目前,在我国行政规则制定的工作实践中以及法学理论上,没有协商行政规则制定的概念。尽管公众参与在我国已经施行多年,但是在行政规则制定领域,行政主导型、命令控制型行政规则制定模式并没有改变,公民参与行政规则制定的情况和机会比较少,而直接与行政机关在规则起草阶段即可以进行直接的沟通和对话并共同起草行政规则草案这样一种协商行政规则制定模式并未得到推广。因此,借鉴协商行政规则制定的概念与技术,以对我国行政规则制定模式进行改善和促进是非常有价值的。

三、协商行政规则制定概念与几组相关概念的区别

(一)协商行政规则制定与立法协商

立法协商是指政协委员或政协有关专门委员会,针对相关法律法规草案,在立法机关初审之前对草案的论证、协商发表意见和建议的活动。立法协商是人民政协履行政治协商、参政议政职能的重要表现形式。②由前文协商行政规则制定的概念分析可知,协商行政规则制定是指行政机关与社会公众、当事人就行政规则草案进行直接协商沟通的一种程序和技术方法,发生于行政规则起草阶段,与政协机关或者政协委员参政议政方式的立法协商明显是不同的事项和概念。

(二)协商行政规则制定与行政决策、重大行政决策

行政规则制定与行政决策、重大行政决策之间有什么区别?这个问题法学界目前并没有人进行过精准的研究和分析。从概念上看,重大行政决策当然归属于行政决策的范畴,其主要区别在于行政决策之前加了修饰词“重大”,即限定了“重大”条件的行政决策,以与一般的行政决策

---

① See Jeffery S. Lubbers, *Enhancing the Use of Negotiated Rulemaking by the U. S. Department of Education*, in Recalibrating Regulation of Colleges and Universities: Report of the Task Force on Federal Regulation of High Education App Ⅳ, p. 92 (2014).

② 参见侯东德主编:《我国地方立法协商的理论与实践》,法律出版社2015年版,第8~9页。

进行区分。有学者指出重大行政决策和行政决策主要可以从“重大”的“质”和“量”两个方面来把握其构成要件,对其进行具体的定性分析和定量分析。[①] 但是,行政规则制定与行政决策之间的区分有何实质性的差别?

从行政法治层面来看,在实定法和国家政策文件层面,行政决策和重大行政决策的法律依据已经多处有明确规定,如《全面推进依法行政实施纲要》中已经提出了重大行政决策的概念,“重大行政决策在决策程序过程中要进行合法性论证”。《中共中央关于全面推进依法治国若干重大问题的决定》指出,健全依法决策机制,把公众参与、专家论证、风险评估、合法性审查、集体讨论决定确定为重大行政决策法定程序,确保决策制度科学、程序正当、过程公开、责任明确。部分地方省市进行行政程序立法先行先试时也对重大行政决策作出了规定,如 2022 年《湖南省行政程序规定》第 31 条规定,本规定所称的重大行政决策是指县级以上人民政府作出的涉及本地区经济社会发展全局、社会涉及面广、专业性强、与人民群众利益密切相关的下列行政决策事项……2019 年 4 月 20 日国务院发布的《重大行政决策程序暂行条例》于 2019 年 9 月 1 日施行,重大行政决策获得了实体法上的法规依据。[②]

但是,行政法学理论上,我国学界对行政决策的概念目前没有统一界定。行政决策是一个不确定的法律概念,法律对象和法律效果均过于宽泛和抽象,从行政法学的行政行为类型化的角度分析,很难将之归入行政规则制定或者哪一个行政行为领域。特别是我国当前行政法学体系主要承袭大陆法系德日行政法学理论,传统德日行政法学家以及我国经典法学教科书均没有对行政决策进行类型化定性,行政决策在传统的行政行为类型理论上找不到立足点。“行政法学现有的概念群无法给重大行政决策提供容身之所,它只能被作为一个程序性行为加以解释,或者被作为行政立法行为或具体行政行为的替代品加以解释,无论是在概念内涵或

① 参见尹奎杰、王箭:《重大行政决策行为的性质与认定》,载《当代法学》2016 年第 1 期。
② 参见 2019 年 4 月 20 日国务院发布的《重大行政决策程序暂行条例》第 3 条的规定。

者外延上，行政决策都没有独立意义可言。"[①]叶必丰教授指出，行政决策是一个行政学概念而非法学概念，它不能与现有行政行为概念类型兼容，无法实现法学概念的实质功能。"除了行政决策系行政学上的表达和沟通语言，强调过程和效率，行政行为系行政法学的表达和沟通语言，强调法律效果和法秩序外，行政决策与行政行为几乎没什么区别，都指向同一现象。或者说每项行政决策最终都导向一个行政决定，每个行政行为都存在决策过程。"[②]叶必丰教授从行政程序的角度，将行政决策程序在法律表达上概括为公众参与制度、集体审议制度及人大批准和决定三个制度，为行政决策概念法治化提供的方案是"不在于将行政决策类型化为行政行为，关键在于推进行政机关的工作规则建设，并推进公众参与、工作规则与人大批准决定三项制度的对接"。[③]

从目前已有的行政法学者相关研究对行政决策的界定来看，主要侧重于对行政决策的抽象行政行为性质和具体行政行为性质作出描述。有学者认为行政决策是"针对不同利益主体的诉求作出行政机关的决定"。[④] 有学者概括行政决策是行使公权力的行为，行政决策主体是行政机关，对象是国家、社会和地方的公共事务。[⑤] 方世荣教授定义的行政决策"是指除行政主体的行政立法、行政执法之外，针对具有一定公共性的行政事项所作出的直接或间接影响相对人权益的行政行为，包括抽象意义的行政决策和具体的行政决定"。[⑥] 有学者赞同方世荣教授的定义，认为"行政决策是一种复合型的行政行为，具有抽象行政行为和具体行政行为的双重性质"。[⑦] 这一行政决策概念的进路明显试图将行政决策融入行政行为理论中，这一进路通常将行政决策排除行政立法，同时也排除行

---

① 熊樟林：《重大行政决策概念证伪及其补正》，载《中国法学》2015 年第 3 期。

② 叶必丰：《行政决策的法律表达》，载《法商研究》2016 年第 2 期。

③ 叶必丰：《行政决策的法律表达》，载《法商研究》2016 年第 2 期。

④ 杨海坤、李兵：《建立健全科学民主行政决策的法律机制》，载《政治与法律》2006 年第 3 期。

⑤ 参见李迎春：《行政法视角下的行政决策》，载《行政法学研究》2007 年第 4 期。

⑥ 方世荣、邓佑文、谭冰霖：《"参与式行政"的政府与公众关系》，北京大学出版社 2013 年版，第 263 页。

⑦ 魏建新：《行政决策参与问题研究》，法律出版社 2018 年版，第 13 页。

政执法活动中行政处罚、行政许可和行政强制等具体处理决定。

此外,从美国行政法的角度上来看,行政决策的概念,即“decision making”,也并非一个具备严格规范内涵和外延的法学术语,大多数学者也是概括性地、混合性地使用行政决策、行政规则制定以及行政裁决等概念,根据场景的需要进行阐述。例如,卡利·科格里恩内塞、菲利普·哈特、皮尔斯·理查德、卡斯·桑斯坦、杰弗里·拉博斯教授等均在其论文或者著作中混合使用行政决策的概念,有时指代行政规则制定,有时指代行政裁决,有时指代政府相关政策的制定,甚至有时指代具有政治性的政治决策。如美国行政学者威廉·方柯教授在其教科书中即概括性地指出美国学界对这一术语在多种场合使用的情况:美国行政程序法对行政决策亦没有明确的界定,行政决策行为也没有具体类型化适用哪种法律程序。在某一个具体的行政决策发生时,它依据行政决策的情况,可能是一个行政命令,适用行政裁决程序的规则;也可能是一个行政规则,适用行政规则制定程序的规则。①

综上所述,行政决策、重大行政决策本身具有双重行政行为的法律性质。从行政规则制定程序的角度看,行政决策与行政规则制定是可以相互有交叉的,相互共通适用的,两者都对外具有普遍约束力。但是,涉及行政机关针对具体行政行为或者行政事项、活动作出决策的领域,行政规则制定则无法指代,两者不能相互等同。从当前中央政府层面和地方政府层面的相关规定来看,行政决策的作出程序与适用领域并未明确界定,笔者认为两者在本质上具有同一性,均是行政机关制定的具有普遍约束力的行政行为,可以纳入协商行政规则制定程序实定法范畴。

(三)协商行政规则制定与公众参与

公众参与是一个在各个学科如公共行政学、政治学、法学中使用都比较广泛的术语。法学对于公众参与的规范性定义不多,大多数学者按约定俗成直接使用公众参与的概念。有学者从法学方法论的角度尝

---

① See William F. Fox, *Understanding Administrative Law*, 5th ed., Mathew Bender & Co. 2011, p. 139 - 141.

试过将公众参与的分类研究成果融入法学研究范畴以及在法学体系本身中纳入公众参与。[①] 蔡定剑教授对公众参与下过定义，“应当是指公共权力在做出立法、制定公共政策、决定公共事务或进行公共治理时，由公共权力机构通过开放的途径从公众和利害相关的个人或者组织获取信息，听取意见，并通过反馈互动对公共决策和治理行为产生影响的各种行为”。[②] 由此可见，从宪法学角度而言，公众参与对于法律的制定、公共政策的制定以及公共事务管理及公共治理是具有重要影响的一种民主程序机制。

王锡锌教授从行政法学角度对公众参与作出过界定，“指在行政立法和决策过程中，政府相关主体通过允许、鼓励利害关系人和一般社会公众，就立法和决策所涉及的与其利益相关或者涉及公共利益的重大问题，以提供信息、表达意见、发表评论、阐述利益诉求等方式参与立法和决策过程，并进而提升行政立法和决策公正性、正当性和合理性的一系列制度和机制”。[③] 可见，在行政法学上，公众参与的概念既包括公众参加行政规则，即行政法规、规章和行政规范性文件，也包括公众参加政策制定等的制定程序。正如蔡定剑教授所言，公众参与在中国兴起与盛行的主要原因是“公众参与在中国的发展，是中国处于风险社会建设的需要，还因为得到了政治上的认同，也是多元化利益诉求的催生”。[④]

总而言之，从行政法学来说，公众参与是指公众参加行政立法、行政决策或者其他行政活动的行为或过程。这里的公众，是在行政规则制定活动中与行政主体相对的概念，包括公民、法人和其他组织，跟行政主体一起在行政规则制定活动中参与或者影响行政立法、行政决策和其他行政活动。公众参与机制的实质就是公民、法人和其他组织行使民主权利依法参与国家立法、政府公共管理与决策事项的行为，正如美国学者阿恩

---

① 参见朱芒：《公众参与的法律定位——以城市环境制度事例为考察的对象》，载《行政法学研究》2019年第1期。

② 蔡定剑：《中国公众参与的问题与前景》，载《民主与科学》2010年第5期。

③ 王锡锌：《中国行政立法与决策过程中的公众参与：观察与评估》，中国法制出版社2008年版，第1页。

④ 蔡定剑主编：《公众参与－风险社会的制度建设》，法律出版社2009年版，第10～13页。

斯坦(Arnstein)在《公共决策的阶梯》中指出的,"公众参与的实质就是公众权力,即公众在多大程度上分享决策权,公众在形成决策时越享有决策权,其参与的效力就越高"。①

从实定法的角度来看,公众参与在实定法体系中具有重要的地位。在《立法法》《行政法规制定程序条例》《规章制定程序条例》中均有对公众参与的规定。国务院2019年制定的《重大行政决策程序暂行条例》总则中第6条即规定:"作出重大行政决策应当遵循民主决策原则,充分听取各方面意见,保障人民群众通过多种途径和形式参与决策。"在具体的行政部门法领域如《价格法》《环境影响评价法》《城乡规划法》等的规定中均有对公众参与的规定。

部分省市制定的地方行政程序规定也对公众参与进行了详细规定。如《湖南省行政程序规定》(2022年修改)第一章总则第6条第1款规定,公民、法人或者其他组织有权依法参与行政管理,提出行政管理的意见和建议。第二章"行政程序中的主体"第三节规定了当事人和其他参与人,第23条和第27条分别对当事人和公众、专家以及咨询机构等参与行政程序的主体作了界定。《海口市行政程序规定》(2019年修正)第26条规定了参与人的权利和义务,"行政程序参与人在行政程序中,依法享有申请权、知情权、参与权、表达权、监督权、救济权。行政程序参与人参与行政程序,应当履行服从行政管理、协助执行公务、维护公共利益、提供真实信息、遵守法定程序等义务"。

可见,公众参与是一个复杂的描述性概念,描述多个领域的多种活动和过程。它不仅有立法上的公众参与,政治上的公众参与,也有司法上的公众参与。仅从行政法学上行政规则制定角度来讲,公众参与在行政规则制定的立项、起草、听取意见、评论、实施、评估等各个程序阶段均可以适用。公众参与机制重在使社会公众参与到公共权力机关的相关活动和程序中,使社会公众通过提供信息、表达意见从而期望能够影响公权力机

---

① Arnstein S. R. ,*A Ladder of Citizen Participation*,35 American Institute of Planners Journal 216(1969).

关的行动或者决策。但社会公众通常都不具有直接的决策权和表决权，相关活动事项的最终决策权完全由政府公权力机关所掌控。而协商行政规则制定主要是指在行政规则起草阶段，行政机关召集利害关系当事人组成协商行政规则制定委员会，就草案内容直接协商和沟通，共同制定行政规则的程序机制。协商行政规则的协商参与人可以直接对相关活动和程序事项作出决定即享有最终决策权，如果通过协商行政规则制定委员会的协商谈判和各种利益衡量，协商参与人对行政机关的意见或者方案仍然不予认同，协商参与人对行政机关的相关方案可以拒绝达成合意从而使协商失败，行政机关必须尊重协商参与人的意见和决定，承认协商行政规则制定活动的失败并另外寻找替代解决方案。可见，协商行政规则制定中协商参与者与公众参与中的社会公众最大的区别在于协商参与者具有直接的表决权，对行政机关的活动或者程序结果具有决定性影响。换言之，协商行政规则制定中协商参与者的法律地位和法律话语权重是公众参与中的社会公众无法比拟的。两者相似之处在于两者都是社会公众参与到行政活动或者程序中的一种机制，对行政活动或者程序的结果具有重要影响。在某种程度上，如果仅仅从行政规则制定的全过程来看，可以说，协商行政规则制定是公众参与在行政规则制定过程中的众多方式中的一种，协商行政规则制定的概念范畴远远小于公众参与的概念内容。

第二节 协商行政规则制定的演进历史及其主要影响

一、协商行政规则制定的演进历史

协商行政规则制定源于 20 世纪 70 年代美国行政法变革运动时期，随着部分学者将美国多元纠纷争议解决机制和理念规范带入行政规则制定程序中以减轻行政机关的压力并且使行政机关和利害关系人之间有直接的沟通和交流机制，于是有学者提出了协商行政规则制定的概念和理论。自菲利普·哈特教授 1982 年发表第一篇具有影响力的协商行政规则制定论文讨论协商行政规则制定以来,[①]至今已经有 40 多年的历史。为更好地回顾协商行政规则制定在美国的源起、发展演变过程,本书试图将协商行政规则制定分为以下几个阶段。

(一)1946 年美国行政程序法出台前的磋商传统

行政机关和受影响的利害关系人之间有对话和协商是美国行政程序的一个基本特点,它们构成美国行政程序法上的一个民主特征。这一个特征至少已经自 1946 年美国《行政程序法》颁布起被众所周知。比如,1947 年具有重要影响力的《美国司法部长行政程序法操作手册》写道:"在联邦行政程序中通过非正式途径解决案例和问题并非新鲜事情。在最终报告中,联邦行政程序司法部长委员会指出即使正式程序是充分可能的,但非正式程序建构了大量的行政裁决并且是行政程序的真正命脉。"[②]类似地,该手册强调非正式会议(明显是咨询委员会的前身)和磋商在行政规则制定程序中的重要性:"非正式行政规则制定程序可能有许多的形式:非正式的听证(具有或不具有速记手稿)、会议、行业委员会的磋商、书面意见的提交或者任何这些方式的结合。"[③]由此可见,在美国行政程序法颁布出台前的行政国家时代,美国行政机关与利害关系人之间的协商磋商传统和民主程序理念奠定了美国行政程序法中当事人参与协商的思想基础。

(二)20 世纪 70 年代行政规则制定国家时期协商程序的使用

这些非正式的、非结构化的程序,在美国行政程序法颁布后大约 25 年里并没有更进一步的发展。但是,到 20 世纪 70 年代初,许多因素共同重新激发了在行政规则制定和其他政策制定过程中利用磋商和协商的兴趣。随着行政规则制定国家的出现,这些非正式程序滥用的情况变得越来越明显。参加行政规则制定程序的一部分主体以直接参与的名义,能够有效地消除主要的行政政策被狭小的利益群体俘获的不当的影响,开

---

① See Philip J. Harter, *Negotiated Regulations: A Cure for Malaise*, 71 Georgetown Law Journal 1(1982).

② U. S. Dep't of Justice, Attorney General's Manual on the Administrative Procedure Act 48 (1947).

③ U. S. Dep't of Justice, Attorney General's Manual on the Administrative Procedure Act 31 (1947).

始使用协商程序,行政机关不得不采取相关保障措施以保护最终决策的完整性。没有协商程序机制,行政机关的有些程序会被当事人质疑,并且有些程序会被视为非法。同时,在这一时期,调解程序开始适用于解决复杂的环境争议,结构化的协商同样在大量的政策设置中使用并且取得了良好的结果。这些行动举措导致了经验性主体的成长和发展。此外,还不得不提到另一个关键性的角色和推动原因,约翰·邓洛普——美国知名的、经验丰富的公共争议调解专家,当他就任美国劳工部长后,他大力提倡将曾经在劳工领域被证明为成功模式的协商手段运用到政府决策中来。[①] 约翰·邓洛普部长的这一推动,使协商和可替代性争议解决方案作为一种促进当事人更好和更愿意接受争议事项结果的直接参与手段,在法学界以及大量学术论文中开始被讨论。

(三)20 世纪 80 年代美国行政会议的强力推动

20 世纪 80 年代早期,美国行政会议积极支持协商行政规则制定理论的研究,并积极推动协商行政规则制定在美国联邦行政机关和美国国会的广泛实践和使用。1982 年美国行政会议发布了第一个关于利用争议解决方案技术的建议,即建议行政机关与受影响的利害关系人之间直接协商、调解、仲裁以及结合使用这些技术,并随之以必要的参与程序保障它们有效运行。美国行政会议的这些建议结合了 ADR 的优势和保证最终决定的合法性的程序,建立在详细论证基础上,经审查并经美国行政会议的众多成员同意批准,且得到大力支持和拥护。美国行政会议的报告建议促成了联邦行政机关运用 ADR 的架构。此外,美国行政会议还给美国行政机关创办了一系列的培训项目和讲座,以培养行政机关工作人员使用 ADR 的优势以及指导工作人员在行政规则制定项目中成功运用这些技术。美国行政会议甚至还提供给行政机关分享协商行政规则制定实践经验的机会。

(四)20 世纪 90 年代美国国会正式立法后的兴盛时期

由于美国行政会议前期的大量准备和积极推动,加上美国当时的政

---

① See John T. Dunlop, *The Limit of Legal Compulsion*, 27 Labor Law Journal 67 (1976).

治环境等综合作用影响,美国国会于1990年颁布了《行政争议解决法》和《协商行政规则制定法》,行政机关使用ADR程序后,特别是协商行政规则制定法通过授权行政机关使用协商行政规则制定程序之后,在相当大的程度上,大量受影响的利害关系人直接参与到行政规则制定程序中来并且与其他形式的ADR一样,在当时得到了重大关注和重大激励。这些法律修改了美国行政程序法,且两者都使美国国会支持联邦行政机关使用ADR措施。该时期用哈特教授的话说即"美国行政法上使用ADR及协商行政规则制定的'青春期'",[①]用杰弗里·拉博斯教授的话来说即"该时期掀起了协商行政规则制定的浪潮"。[②]

(五)21世纪初期协商行政规则制定的衰落

有权威学者在2007年12月1日通过检索Westlaw联邦公报数据库中的"协商行政规则制定委员会"或者"协商行政规则制定咨询委员会"发现,从1991年(NRA发布后的第一年)到1999年,63个单独的协商行政规则制定委员会被创建,然而从2000年到2007年年末,仅有22个协商行政规则制定委员会成立。可以看出,协商行政规则制定委员会的数量从平均每年7个变为了平均每年3个。1990年,法律规定的协商行政规则制定委员会的数量是23个(23:63),占比约为36.5%,而21世纪10年代同等法律规定的协商行政规则制定委员会的数量是15个(15:22),占比约为68.2%。[③] 这一时期,协商行政规则制定衰落的原因在于美国行政会议的解散、预算经费的缺乏、隶属于联邦预算管理办公室的信息和规制实务办公室关键职员对协商规则制定的不支持、美国联邦咨询委员会对协商行政规则制定程序的可实用性的否定、协商行政规则制定的不重

---

① See Philip J. Harter, *Negotiated Regulations: A Cure for Malaise*, 71 Georgetown Law Journal 1(1982).

② Jeffery Lubbers, *Enhancing the Use of Negotiated Rulemaking by the U. S. Department of Education*, in Recalibrating Regulation of Colleges and Universities: Report of the Task Force on Federal Regulation of High Education App, 2014, p. 92.

③ See Jeffery Lubbers, *Achieving Policymaking Consensus: The (Unfortunate) Waning of Negotiated Rulemaking*, 49 Texas Law Review 987(2008).

视、少数学者对协商行政规则制定的尖锐批评。[①] 皮尔斯教授也指出协商行政规则制定程序自20世纪90年代引起了学术界一阵浪潮之后——对协商行政规则制定积极的或者消极的讨论以及行政机关做出初步实践尝试之后，协商行政规则制定好像从学术文献以及行政机关实践中销声匿迹了。可见，协商行政规则制定在美国的使用在21世纪初期遭到了严重打击和衰退。

（六）21世纪10年代以来逐渐重视恢复活力与生机

21世纪10年代以来，协商行政规则制定在美国又逐渐恢复了活力，不仅实务界对协商行政规则制定的使用不断增多，美国行政法学界对协商行政规则制定的探讨也日渐增多。根据2017年美国行政会议一份报告的统计，自2013年4月29日至2017年5月31日，在美国联邦公报上有23个协商行政规则制定委员会进行公告，平均每年近6个，其中法律强制规定的协商行政规则制定的委员会的数量是11个（11∶23），占比近48%。[②] 可见，21世纪10年代以来，协商行政规则制定在美国重新取得了重要地位和活力，而且非法律强制使用协商行政规则制定的比率还高于法律强制使用的比率，表明协商行政规则制定在行政机关获得了主动适用和受欢迎程度更加明显。学术界对协商行政规则制定的研究也越来越多。有学者通过研究表明，美国食品和药品监督管理局应当采用协商规则制定方法与药品生产商、消费者代表、健康服务提供者以及其他利害关系人提出新的药品规制方案，利用协商规则制定法创建新的药品规制法可能比传统通告评议程序产生更多优势，而且可能最终制定出一项更有效和更合法的行政规则。[③] 有学者通过研究水资源使用的行政规则以及在美国各地挑选珍贵资源的竞争性使用方式，表明使用协商行政规则制定的优势和重要价值。有学者研究发现联邦铁路局和联邦油管及有

---

① Jeffery Lubbers, *Achieving Policymaking Consensus: The (Unfortunate) Waning of Negotiated Rulemaking*, 49 Texas Law Review 987 (2008).

② See Cheryl Blake, Reeve T. Bull, *Negotiated Rulemaking (Final report: June 5, 2017)*, Prepared for Administrative Conference of the United States, Recommendation 2017 - 1.

③ See Marie Boyd, Unequal Protection Under the Law: *Why FDA Should Use Negotiated Rulemaking to Reform the Regulation of Generic Drugs*, 35 Cardozo Law Review 1525 (2014).

害物质管理局20多年来一直大量使用协商行政规则制定所有的行政规则,发现这两个行政机关总是半正规地使用协商行政规则制定,它们与受这种方式积极或者消极影响的铁路行业企业之间存在重复的相互作用。[①] 拉博斯教授对教育部使用协商行政规则制定提出了改善建议。[②] 这一时期美国行政会议的恢复和持续推动以及美国法学界对行政规则制定的理性分析推动了协商行政规则制定的恢复与使用。皮尔斯教授提出要"开始重新考虑协商行政规则制定的优点和缺点"并"开始考虑协商行政规则制定作为一种在某些情况下是更加良性的俘获方式的可能性"。[③]

二、协商行政规则制定的主要影响

从上文美国协商行政规则制定的发展演变史可以看出,自协商规则制定理论兴起到美国行政会议强力推动,在20世纪90年代协商行政规则制定达到全盛时期,其后经历了一段几乎销声匿迹的死亡衰退时期,然而至21世纪初又重新恢复和焕发了活力和生机。虽然有学者对协商行政规则制定持有尖锐的批评,但不得不承认协商行政规则制定的理念和制度已经深深地影响和改变了美国的行政规则制定制度,以至于今天很多的行政规则制定都会自觉或者不自觉地寻求直接的公众意见或者专家意见,尽管不使用协商行政规则制定的方式(以避免相关法律和程序的约束),但采用其他替代协商行政规则制定委员会的方式如听证、工作坊会议等,无一不是在遵照协商行政规则制定的理念和精神完成行政规则制定的合法性和合理性目标,减少冲突问题以节省行政规则制定的时间,避免不必要的诉讼和成本耗费。美国行政会议报告指出,协商行政规则制定的思想和制度至少使行政机关在制定行

---

① See Wiseman, Hannah J., *Negotiated Rulemaking and New Risks: A Rail Safety Case Study*, 7 Wake Forest Journal of Law & Policy 207(2017).

② See Jeffery S. Lubbers, *Enhancing the Use of Negotiated Rulemaking by the U. S. Department of Education*, in Recalibrating Regulation of Colleges and Universities: Report of the Task Force on Federal Regulation of High Education App, 2014, p. 92.

③ Pierce R. Richard, *Rethinking Negotiated Rulemaking*, 2016 Jotwell 461(2016).

政规则时必须考虑各种社会公众参与的方式,尽管不一定每一项行政规则制定项目都采用协商行政规则制定机制。[①]

作为推动公众参与和提升政府透明度的一种方式和程序机制,美国协商行政规则制定在给其本国行政规则制定带来深远影响的同时,给世界行政法也带来了积极影响。本书主要从对欧盟、日本和我国行政程序法以及行政规则制定的影响角度来略作分析。

首先,从欧盟行政程序法和行政规则制定的影响来分析。众所周知,当今世界整体上处于行政国家和规制国家行政权扩张和膨胀的时代洪流中,行政规则制定成为各国政府行使行政权力的重要手段和有效机制。从欧盟行政规则制定情况来看,根据彭錞博士 2016 年的一项统计,欧盟委员会制定的条例总数为 66, 802 条;而欧盟理事会和欧洲议会制定的法律数量分别只有 19, 333 条和 1397 条。[②] 可见,欧盟同样正在遭遇行政国家和规制国家带来的挑战。从欧盟行政规则制定发展史来分析,由于欧盟行政立法委员会的各成员国的代表性以及立法的透明度被诟病,2009 年通过的《里斯本条约》对欧洲议会授权欧盟委员会执行法律的权力进行了调整,欧盟行政立法被分为授权行为和执行行为。[③]《里斯本条约》对授权行为和执行行为规定了不同的行政立法程序,欧盟议会通过《欧盟运作条约》第 290 条的规定将授权立法草案的控制权收为欧盟议会决定,从而使欧盟委员会的行政立法权仅保留执行行为立法权,而根据《欧盟运作条约》第 291 条规定,欧盟行政立法委员会继续行使行政立法权。欧盟议会对欧盟行政立法委员会授权行为的控制权收回表明,欧盟立法机关对行政机关行政规则制定权的监督和限制的加强。事实上,欧盟同样也是行政主导性的规则制定模式,即"自上而下"的规则制定模式。无论是欧盟议会、欧盟理事会或者欧盟行政立法委

---

① See Administrative Conference of the United States, Recommendation 2017 - 2, Negotiated Rulemaking and Other Options for Public Engagement (Adopted June 16, 2017).

② 参见彭錞:《迈向欧盟统一行政程序法典:背景、争议与进程》,载《环球法律评论》2016 年第 3 期。

③ See Paul Craig, *EU Administrative Law*, Oxford University Press, 2012, p. 135.

员会,都是科层制官僚,而"自下而上"的规则制定即公众对欧盟行政立法的参与和影响并没有得到真正的重视。欧盟2015年制定的《欧盟行政程序模范规则》专题设置了行政规则制定一章(第二部分),加入了协商行政规则的概念和理念。该模范规则第二部分第3条"起草"第2款规定:"在起草行政规则的准备阶段如果有专家或者利益团体参与听证,则在草案说明中应当指出其姓名,公布其辅助文件材料并指出这些文件材料的来源。"①第4条"咨询与参与"第2款规定:"草案和草案说明应当公布在欧盟中心网站以供咨询讨论……"以及第3款规定了"负责起草行政规则的欧盟机关可以确认并通知可能受行政规则草案影响的利害关系人并邀请他们提供意见"。② 根据《欧盟行政程序模范规则》第二部分的规定,可以看出欧盟行政规则制定分为一般程序或者简易程序。一般程序包括动议、起草、咨询与参与、反馈报告,而简易程序则可以不经先行的公告和公众协商参与程序,直接通过行政规则并且临时实施行政规则。但是在实行简易程序时立法部门必须公开说明理由,简易程序立法生效后4个星期内要像一般程序一样进行公开征求意见并根据反馈进行修改,而且简易程序行政规则制定的有效期不超过18个月。③ 由此可见,在起草阶段,公众将与欧盟政府部门进行直接的沟通和协作制定规则草案,这表明欧盟行政规则制定已经深深打上了美国协商行政规则制定的理念。

其次,从对日本行政程序法的影响来看。众所周知,《日本行政程序法》经过数十年的研究探讨,于1993年通过并颁布,而1993年《日本行政程序法》尚未规定行政规则制定程序。"本法规范的对象限定在处分、行政指导和申报的范围内(以处分和行政指导为中心),未将一般处分、行政立法、行政规划等纳入其中(较之第一次研究会有所倒退),而且有关

---

① See ReNEUAL Model Rules on EU Administrative Procedure, Updated Version 2015 for Publication in print, by Oxford University Press (2017). Ⅱ-3.

② ReNEUAL Model Rules on EU Administrative Procedure, Updated Version 2015 for Publication in print, by Oxford University Press (2017). Ⅱ-4.

③ See ReNEUAL Model Rules on EU Administrative Procedure, Updated Version 2015 for Publication in print, by Oxford University Press (2017). Ⅱ-6.

行政合同程序、行政调查程序也由单行法另行规定。"[①]日本行政程序法通过后,由于行政程序的公开性、透明性和民主性这些现代法治理念的缺乏,日本国内对行政封闭的批判声强烈。20世纪90年代美国政府与日本在经贸、政治等各个方面交往密切,1996年11月美国政府提出《对日放松管制建议书》建议日本引入美国听证制度。其后,1999年10月美国政府再度提出《对日建议书》,建议日本制定将征求公众意见制度作为法案的主要程序并通过具体的法律规定将该制度法律化。日本政府1999年通过了《为制定、修改、废除法规征求公众意见的程序》,引入了征求公众意见的法律程序。2005年《日本行政程序法》进行了修订,并设定了专章第六章规定,对行政规则的制定即以法律为基础的命令、法规、审查标准、处分标准、行政指导方针制定之前,应当广泛征集社会意见并加以参考,之后要将其结果和理由等公开宣布。修订后的《日本行政程序法》第39条第1款、第3款,第42条,第43条第1款明确了公开征求意见的程序的具体规定。[②]

最后,从对我国行政法和行政程序制度的影响来看。改革开放以后,我国行政法治理念和制度除受欧陆国家行政法影响外,也受到英美法国家的诸多影响,特别是在行政程序法治理念以及程序制度方面,美国行政程序法治对我国行政实践及学术研究具有重大影响。从实践层面来看,我国当今的法律制定、行政规则制定、行政执法活动过程中公众参与形式比如协商座谈会、专家会议、听证会议等程序机制已被立法机关、行政机关广泛接受和采用,这些机制程序在增强法律制定和行政活动的民主程度以及提高法律制度和行政活动的质量方面具有重大贡献。从学术角度来说,协商行政规则制定在内的行政程序理念受到极大关注重视和借鉴。比如,应松年教授在介绍其率领的行政立法研究组取得的研究成果即《行政程序法(试拟稿)》一书时,谈到我国行政程序立法草案中借鉴了以保

① [日]室井力等主编:《日本行政程序法逐条注释》,朱芒译,上海三联书店2009年版,第6页。

② 参见吴浩主编:《国外行政立法的公众参与制度》,中国法制出版社2008年版,第433~435页。

障公民程序性权利为目的的美国行政程序法“权利模式”,“英美法系有重程序的传统,英国的自然公正原则,美国的许多先进的行政程序制度,例如,听证制度,也为试拟稿所借鉴吸收,原则的思路是:谁的先进,谁能为我所用,适合中国的特点,就予以参考吸收,不带任何偏见”。[①] 王锡锌教授也曾在专著中专门介绍了协商行政规则制定制度,明确提出我国行政规则制定应当借鉴该制度,并指出,“在笔者看来,协商程序的意义,还在于它反映了民主社会对立法的一项基本要求,即参与原则。让那些与立法活动有关的各方面利益的代表通过对话、讨论、协商、相互妥协的方式达成有关立法内容的合意,表达了这样一个基本理念:人们应当成为他们自己命运的关心者和决定者,应当有权利富有意义地参与影响他们利益的政治活动的过程”。[②]

第三节　协商行政规则制定的运行机制

一、协商行政规则制定的主体

协商行政规则制定的主体是指协商行政规则制定的全部参加人,他们是协商行政规则制定活动法律关系中权利和义务的承担人,包括行政机关(法律法规授权的组织)、自然人、法人和其他组织等。协商行政规则制定主体其中一方必然是行政机关或者提出制定行政规则草案的公权力组织,另一方则必然是受该行政规则草案影响的行政相对人即公民、法人或者其他组织。当一个行政机关确定对一个行政规则项目采取协商行政规则制定方式时,协商行政规则制定主体的一方即行政机关就确定了,而其他的行政规则制定主体则尚未确定,因为可能受该行政规则影响的利害关系人、相关领域的专家、协调人等尚未得知消息,得须等到拟制定行政规则草案的行政机关发出公告通知或者作出

---

① 应松年:《〈行政程序法(试拟稿)〉评介》,载《政法论坛》2004 年第 5 期。

② 王锡锌:《行政程序法理念与制度研究》,中国民主法制出版社 2007 年版,第 323 页。

邀请后，才能按照相关程序成为协商行政规则制定的另一方参与者和当事人。

特别需要指出的是，协商行政规则制定的利害关系人是指拟通过协商行政规则制定委员会制定的行政规则对行政相对人的权利义务产生实际影响作用的当事人。这种实际影响情况既包括有利影响的情况，也包括不利影响的情况。美国协商行政规则制定法对“利害关系人”的界定是“指对一个事项持有相同观点或者利益受到同样影响的一个或者多个当事人”。[①] 可见，美国行政法上的利害关系人概念主要是从观点立场以及利益受影响的情况来进行界定的。从我国现行《行政诉讼法》的规定来看，利害关系人主要可以从行政诉讼起诉资格当中“认为行政行为侵犯其合法权益”[②]和“与行政行为具有利害关系”[③]的标准来理解。这里的“合法权益”既包括相对人的法定的权利，也包括合法的权益利益；既包含了相对人的既得利益情况，也囊括了必定可以获得的可期待利益情况。这里的“具有利害关系”即对行政相对人的权益产生的实际影响的情况，无论行政机关的行政行为或者事实行为对行政相对人的权益产生何种实际影响，行政相对人都是具有利害关系的当事人。2018 年最高人民法院出台的《关于适用〈中华人民共和国行政诉讼法〉的解释》第 12 条列举了“与行政行为有利害关系”的 6 种具体情形[④]，这是最高人民法院对利害关系标准的具体适用规定。“随着司法实践的不断发展，法院对于利害关

---

① See 5 U. S. C. § 561(5).

② 参见《行政诉讼法》(2017 年修正)第 2 条第 1 款规定：“公民、法人或者其他组织认为行政机关和行政机关工作人员的行政行为侵犯其合法权益，有权依照本法向人民法院提起诉讼。”

③ 参见《行政诉讼法》(2017 年修正)第 25 条第 1 款规定：“行政行为的相对人以及其他与行政行为有利害关系的公民、法人或者其他组织，有权提起诉讼。”

④ 参见《最高人民法院关于适用〈中华人民共和国行政诉讼法〉的解释》第 12 条规定：“有下列情形之一的，属于行政诉讼法第二十五条第一款规定的‘与行政行为有利害关系’：(一)被诉的行政行为涉及其相邻权或者公平竞争权的；(二)在行政复议等行政程序中被追加为第三人的；(三)要求行政机关依法追究加害人法律责任的；(四)撤销或者变更行政行为涉及其合法权益的；(五)为维护自身合法权益向行政机关投诉，具有处理投诉职责的行政机关作出或者未作出处理的；(六)其他与行政行为有利害关系的情形。”

系人的解释将越来越倾向于宽松,这也是一个世界性的趋势。"[①]因此,协商行政规则制定利害关系人的判断标准也可以借助行政诉讼理论的利害关系人标准来进行界定。

作为协商行政规则制定委员会的成员,其应当符合前文具有利害关系的判断标准,同时还需要与行政规则制定具有"重大的"利害关系。重大的利害关系是指该当事人的利害关系受行政规则制定的影响足够大或者其观点立场足够有影响力以至于该当事人有能力也有意愿对其不满意的行政规则草案规定进行法律上的挑战或者阻挡。这一概念的理解是非常重要的。一项行政规则的利害关系人是成千上万的,但协商行政规则制定的活动资源是有限的以及协商行政规则制定委员会的成员规模也是有限的。因此,在选择判断谁可以代表利害关系人参与协商行政规则制定委员会时,必然需要进行进一步的选择,重大利害关系人则可以成为协商行政规则制定委员会的成员资格的选择判断标准。

二、协商行政规则制定的对象和范围

协商行政规则制定的对象是指协商行政规则制定活动的主要作用事物。在一项协商行政规则制定活动中,协商行政规则制定的主体主要作用的事物和对象就是协商讨论并尽可能达成合意以形成拟制定的行政规则草案。提出制定行政规则项目的行政机关和参加协商的各方利害关系人组建成立协商行政规则制定委员会,对作用对象即行政规则草案问题进行积极磋商,各自主张己方对草案问题事项的各种观点和依据,最终达成一致合意协议或者无法达成合意的结果。行政规则草案的磋商讨论均按照协商行政规则制定委员会成立之时全体成员一致通过的既定的协商制定程序进行。

从行政活动的领域范围来谈协商行政规则制定的对象范围,协商行政规则制定可以在福利行政领域和风险行政领域发挥重要作用。在福利

---

① 江必新、梁凤云:《行政诉讼法理论与实务》(上、下卷)(第3版),法律出版社2016年版,第550页。

行政领域,如社会救济、社会保险、文化教育体育等领域,行政机关在制定出台相关的政策规定时,需要考虑相对人的意愿、能力和综合情况,与相对人在制定行政规则或者政策时进行协商沟通非常重要。在这些领域,相对人权益的保障和实现不仅仅依赖于行政机关的制度安排,也需要相对人的积极主动行动和配合。比如,行政机关出于对整个行政区域的环境保护和垃圾便利处置的目的准备兴建垃圾场,如果没有行政相对人的积极参与和表达意见程序机制,行政机关单方决策,等垃圾场筹建好以后,遇到有部分当事人反对甚至采取司法手段维权抗争,行政机关则会遭遇严重的经济成本浪费和社会秩序稳定难题。比如,本书第三章提到的深港西部通道深圳侧接线工程方案行政决策对话协商案,该项道路交通基础设施建设工程对于深圳和香港特别行政区的发展均具有重大的历史意义,但由于前期政府相关部门与公众意见沟通的程序机制缺失,引发了一系列重大社会矛盾问题。特别是在当今科技迅猛发展和全球环境恶化的情况下,行政机关决策面临的不确定性问题不断增多,更需要社会公众的参与和决策,以作出更具有合法性和合理性基础的行政规则制定或者行政决策。

在传统的秩序行政领域协商行政规则制定也可以发挥作用。在当代行政国家和法治发展状况下,秩序行政领域尽管依然是以行政机关行政权的行使为主,但是基于民主合法性观念的普及和公众参与水平的不断提高,秩序行政领域也越来越注重相对人和利害关系人的观点和态度,以便行政机关在制定规则制度后能够快速高效便利地实施,更有利于维护社会经济秩序、实现行政监管的目的。如典型的税务行政领域,我国税务机关越来越多地向企业主体采取征收遵从合作协议等机制进行课税,以契约的方式明确双方的权利义务,在保障国家税收的基本目标下,为企业提供精准的税收政策指引和服务。

从行政规则制定的一般程序来分析协商行政规则制定的范围,协商行政规则制定在行政规则制定的前期准备阶段、正式制定阶段、制定后的行政规则完善阶段都可以发挥作用。协商行政规则制定程序中行政机关和利害关系人组建协商行政规则制定委员会就是为了在行政规则草案起草时进行充分的协商和沟通,以达成合意的行政规则。协商行政规则在行政规则制定的前期准备阶段发挥作用,是行政规则制定程序的创新和对传统一般行政规则制定的变革。在行政规则正式制定阶段,协商行政规则制定委员会及其成员具有充分发挥作用的空间。在行政规则制定完成后需要修改、废除或者对行政规则进行评估时,协商行政规则制定机制的协商行政规则制定委员会及其成员依然可以发挥其作用。总而言之,协商行政规则制定在行政规则制定一般程序的全部流程阶段均可以发挥作用和功能。

三、协商行政规则制定的运行程序

行政机关选择采用协商行政规则制定方式开始制定行政规则草案后,需要按照一系列程序步骤操作运行以达成协议,完成行政规则草案的制定任务。在正式开始协商行政规则制定之前,行政机关相关负责人需要提前对采取协商行政规则制定的人、财、物的各项准备工作和保障情况做统筹安排,然后作出决定;行政机关负责人作出采用协商行政规则制定的决定后,需要选择召集人,并与召集人依据法律规定商定开展协商行政规则制定委员的召集程序;在召集人完成召集程序正式进行协商之前,可以对协商行政规则制定委员会的成员提前进行协商培训,以便各方当事人更好地进行协商;正式开展协商行政规则制定的协商之前,行政机关、召集人或者协调促进人需要对于协商的议题和协商程序进行安排,并对会议时间、各种会议会场以及后勤保障进行统筹,以便在协商行政规则制定委员会会议期间完成协商讨论,最终达成一致合意制定出行政规则草案;如果无法达成合意,行政规则草案无法出台,召集人等也需要对本次会议进行总结并提交报告。在协商行政规则制定委员会达成一致合意形成行政规则草案时,协商行政规则制定委员会需要向行政机关提交报告并附上行政规则草案,由行政机关决定是否作出拟议行政规则制定草案的公告,随后按照行政规则制定的公告评议程序完成行政规则制定。协商行政规则制定委员会可以在达成草案后终止解散，也可以保留到行政规则最终颁布后予以解散。在最终行政规则颁布之前，协商行政规则制定委员会还可以承担就规则草案的评议进行修改和作出解释的工作。最终行政规则颁布后，协商行政规则制定工作任务完成。行政机关后续还可以对行政规则制定项目进行总结评估和分析。

四、协商行政规则制定的法制保障

协商行政规则制定活动是一个系统工程，它的完成需要各个方面的协力、支持和配合。行政机关应当充分利用系统内和系统外的各种资源以保障协商行政规则制定活动的圆满完成。行政机关需要获取行政机关系统的资源支持，也可以争取行政系统以外的公民、法人和其他组织的支持帮助。对于协商行政规则制定的召集人、协调人的选择聘用及其来源，协商行政规则制定委员会的成员的培训，协商行政规则制定委员会成员的差旅费用的报销等，需要行政机关予以提供人力、物力和财力方面的保障支持，做好这些保障工作和机制的研究，才能真正推动和保证协商行政规则制定的有效落实和完成既定行政目标任务。

第四节 协商行政规则制定的法律理论基础

协商行政规则制定作为行政机关主持的由其自身与利害关系人代表组建协商行政规则制定委员会，就行政规则草案的制定进行协商并努力达成一致合意的一种行政程序机制和方法，从法哲学理论或者法律原理上对这种新型的行政规则制定方式的运行机理作出阐释与分析，以期更好地为未来协商行政规则制定的研究以及实践机制的完善作出理论指导具有非常重要的意义。罗豪才教授的行政法的平衡理论①、罗尔斯教授的作为公平的社会正义原则②等法律原理对协商行政规则制定都具有重要的影响作用。本书主要试图从哈贝马斯法

---

① 罗豪才教授平衡论是从“权力与权利”(power-right)关系的角度研究现代行政法,罗豪才教授曾概括平衡论的基本主张是“行政法上的行政权力与公民权利的配置应当是平衡的,运用制约、激励与协调机制充分发挥行政主体与相对方的能动性,维护法律制度、社会价值的结构均衡,促进社会整体利益的最大化”(参见罗豪才等:《行政法的平衡理论讲演录》,北京大学出版社2011年版,第6页)。平衡论作为中国当代行政法的主流理论,是一个丰富的理论系统,博大精深,具有多个理论面向和功能维度。从协商行政规则制定的角度来挖掘平衡论的理论资源,笔者主要聚焦于对平衡论提出的现代行政法三大机制的借鉴与参考。罗豪才教授的平衡论主张现代行政法的机制由制约、激励和协商三大机制整合而成,其中制约机制重点是要制约行政机关,通过以权力制约权力、以权利制约权力,以程序制约、以实体制约,以外部制约、以内部制约等方式对行政权非理性膨胀进行制约,并保护相对人的合法权益。同时,制约机制对相对人滥用权利的行为也需要进行制约以维护社会秩序。激励机制主要是激励行政相对人,使相对人积极主动参与行政活动,有效促进行政效率,促成行政权与公民权的结构均衡。协商机制主要目的是实现各方主体之间的平衡和稳定,其中最主要的方式就是行政协商,通过主体的平等性(各方主体享有平等的法律地位)、议题的开放性(协商的议题可以在行政过程中进行修正或者提出新的议题)以及过程的互动性(协商的主体可以在理性对话与沟通过程中获得合意或者相互理解)从而达成对有关事项和议题的最大限度的共识。平衡论坚持使用多种方法进行行政法学研究和推动行政法治实践,通过利益衡量、博弈、结构调整等多种方式方法使利害关系人各方进入行政程序过程中表达诉求、讨价还价最终达到形成基于合意的均衡(参见罗豪才等:《行政法的平衡理论讲演录》,北京大学出版社2011年版,第1~11页)。这三大机制与协商行政规则制定中行政机关和利害关系人的积极参与、平等诚信协商努力达成合意方案紧密相连。平衡论的制约、激励和协商三大机制将对协商行政规则制定活动和程序中发挥行政机关和行政相对人的积极能动性、保持协商行政规则制定委员会的结构均衡并实现行政规则制定的行政目标有重要的理论意义。

② 罗尔斯教授主张的作为公平的社会正义原则理论是对分配正义的研究,他借助卢梭古典社会契约论理论基础并进一步抽象化处理,旨在适用于社会基本结构,即社会主要制度分配基本权利和义务。这些正义原则假定人们在同等自由的状况下,有理性的人们在原初状态契约中对自己的利益和自由予以接受并确定它们联合起来的基本条件,当人们通过一个共同的行为对基本的权利和义务以及社会的利益分配作出选择安排时,这些原则将对各种可行的社会合作和政府形式契约进一步发挥调节作用。因此,罗尔斯正义论的概念就是对这些原则在发挥分配权利与义务、决定社会利益的适当划分方面的作用的一个解释。罗尔斯的正义论有两个基本原则,第一个原则是每个人对其他人所拥有的最广泛的基本自由体系相容的类似自由体系都应当具有一种平等的权利。第二个原则是社会经济的不平等应当这样安排,使它们不仅仅被合理地适用于每个人的利益期待,同时依赖于每个人的地位和职务向所有人开放。这两个基本原则主要适用于社会的基本结构,它们主导权利义务的分配,调节社会和经济利益的分派。这两个原则使确保公民的平等自由方面和社会与经济的不平等方面区别开来。在罗尔斯作为公平的社会正义原则理论中,社会可以解释为一种为了相互利益的合作冒险。社会的基本结构就是一个公开的规范体系,确定一种引导人们合力产生较大利益并在此过程中分配给每一个合理要求分配所得的方案。(参见[美]约翰·罗尔斯:《正义论》,何怀宏等译,中国社会科学出版社1988年版,第1~182页。)

律商谈理论、朱迪·弗里曼教授的合作治理理论这两个法学原理来为协商行政规则制定作出一个理论基础解释。

一、法律商谈理论

协商行政规则制定的法理基础可以借助哈贝马斯的法律商谈理论工具。从整体上把握和理解哈贝马斯基于交往行动的法律商谈理论体系，哈贝马斯主要从两个视角对现代法律体系进行了重构：一是从法律理论的内部视角，对法律权利体系和法治国观念体系进行重构。二是从事实性与有效性的外在关系视角，一方面用商谈论所解释的对法治国的规范性进行自我理解；另一方面对按法治国方式进行的政治过程的社会事实性进行考察，即从法治国组织的形式的实质性规范的角度出发考察政治权利的产生、分配与运用，交往权力对行政权力和社会权力之间关系所作的调解机制工作，最后提出了一种程序主义法律范式。哈贝马斯法律商谈理论极其宏观伟大深厚，本书研究主题为协商行政规则制定，主要试图借助哈贝马斯法律商谈理论中的相关理论对实现参与者如何进行有效沟通、如何达成一致合意、组织合理的程序、制定出参与者普遍可接受的自愿遵循的行政规则的目标作出理论基础阐述。因此，本书主要偏重对哈贝马斯法律商谈理论中的理论工具，即交往行动理论与重构的公民法律权利体系的分析。

哈贝马斯的法律商谈理论是以交往行动理论为基础的，本书从哈贝马斯交往行动理论的论述出发。哈贝马斯的交往行动理论以马克斯·韦伯社会合理性问题的批判为出发点。马克斯·韦伯从研究形而上学神学世界观中揭示了当代世界去魅化的过程。随着自由资本主义的发展成熟并向垄断资本主义过渡，经济和国家变成了工具理性的体现，并且使其他生活领域听从它们的指挥，它们将道德实践理性和审美实践理性排挤到边缘位置。国家和现代社会组织将个体压缩成一个个消极的功能细胞，个体化过程在实用主义过程中无法找到立足基础。自由资本主义时期主要依靠新教苦行主义伦理的个人主义生活方式，需要寻求一种新的生活方式和新的社会性出路。马克斯·韦伯用行为理论来解释这一问题，他将目的理性和价值理性联系在一起,因为目的理性行为受个体的道德判断和自主意志掌控,而个体也受制于一定的原则,因此个体行为需要符合一定的价值理性。哈贝马斯反对马克斯·韦伯的思想进路,他认为基于经济管理的要求和国家科层制官僚的发展,社会行为的目的理性必须独立于社会成员的价值理性判断和价值理性决策,而马克斯·韦伯的行为理论解释与社会相矛盾,无法解决垄断资本主义社会的自由丧失问题。哈贝马斯批评马克斯·韦伯提出的对这一问题的解决思路即让科层制官僚服从卡里斯玛型领袖的意见会导致"统治越多,自由也越多"悖论,①无法令人信服。

哈贝马斯借助语言哲学分析方法,认为现代社会的合理性的关键核心在于言语的有效性。哈贝马斯认为,社会合理性是通过互动参与者直接或者间接的交往行为即有效沟通达成共识的时候才构成的。"只要社会行为依靠理解来加以协同,任意一种具有合理动机的共识的形式前提都会确定互动参与者相互之间的关系如何才能获得合理化的具体方法。同样,只有当一种生活世界允许互动,主宰这种互动的不是靠强制所达成的共识,而是直接或间接靠交往达成的沟通存在的时候,它才是合理的。"②哈贝马斯强调沟通不需要加以强制,因为他所使用的沟通是一种规范的表达概念。"从参与者角度来看,沟通不是一个带来实际共识的经验过程,而是一个相互说服的过程,它把众多参与者的行为在动机的基础上用充足的理由协调起来。沟通就是旨在有效达成共识的交往。正基于此,寄希望于通过阐明交往行为的形式特征而建立一种交往理性的概念,无论我们在文化价值领域、各种论证还是日常交往实践中寻找现代理性的环节,它都体现了这些理性环节之间的关系。"③

哈贝马斯的交往行动理论有两个前提假设。一方面,社会生活的再

---

① 参见[德]尤尔根·哈贝马斯:《交往行为理论·第一卷　行为合理性与社会合理化》,曹卫东译,上海人民出版社 2018 年版,第 440 页。

② [德]尤尔根·哈贝马斯:《交往行为理论·第一卷　行为合理性与社会合理化》,曹卫东译,上海人民出版社 2018 年版,第 426 页。

③ [德]尤尔根·哈贝马斯:《交往行为理论·第一卷　行为合理性与社会合理化》,曹卫东译,上海人民出版社 2018 年版,第 486 页。

生产不仅仅与个别或者多个主体的外在自然的认知—工具关系密切相关,也不仅仅与个体和集体相互之间的认知—策略关系密切相关;另一方面,社会化离不开互动参与者的沟通主体间性。因此,必须对自然主义的自我捍卫理念加以修正。哈贝马斯从语用学的角度对自我关系进行修正,他认为只有用语言分析的方法才能克服非同一性悖论和非反思性悖论。他从一开始就将语言意义分析与交往参与者就世界中的事物达成沟通的观点联系起来,这种模式超越主体哲学语言学而转向交往理论模式。

交往行动理论认为人类是通过其成员的社会协调行为而得以维持下来的,这种协调必须通过交往,在核心领域还必须通过一种目的在于达成共识的交往建立起来,人类的再生产就同样必须满足交往行为内部的合理性条件。这些条件是在现代社会中可以把握住的。正如马克斯·韦伯所揭示的现代社会性的宗教去魅化过程已经使神学世界观失去了可信性,而自我捍卫和自我持存的观念成为现代人们进行认知和目的行为的最高目的地位。自我捍卫和自我持存过程必须满足交往行为的合理性前提,并且依赖主体所作出的解释,而主体可以用批判检验的有效性要求来协调他们的行为。因此,最能反映现代意识的不是自我持存和自我意识的同一性,而是现代社会生活关系,即通过其成员受媒介控制的目的理性行为以及通过扎根在每个人交往实践过程中的共同意志而获得再生产的。

哈贝马斯以交往行动理论为理论基础对公民权利体系和法治国原则进行解释和重构,即形成了哈贝马斯的法律商谈理论。首先需要对哈贝马斯坚持的交往理性有一个认知,并且需要将交往理性与传统实践理性进行区分。交往理性是在对实践理性的区别与批判基础上发展形成的。所谓实践理性,是亚里士多德哲学概念转化为主体哲学概念后作为一种主体能力的现代哲学理论产物。实践理性与主体密切相关。人类作为私主体,既可以承担市民角色,也可以承担国家公民和世界公民的角色。进入垄断资本主义福利国家时代后,古典自然法哲学传统的规范主义陷入了一个"三难"境地:第一,因主体哲学破产的实践理性无法从现代社会或者历史传统中得到论证。第二,对理性的全盘否定,从参与者角度来讲具有约束性或者一般意义的全部理论在功能主义社会科学中被中立化、形式化。第三,人文科学中提供反直觉的解决方案,但是也不令人满意。面对这样一个“三难”境地,哈贝马斯运用交往行动理论的方法试图以交往理性代替实践理性,通过采用语言分析哲学中的语言媒介,将现存的社会结构和意识结构进行重构以对社会实践直接发生联系与作用进而对社会合理性作系统论证。

哈贝马斯指出事实性与有效性之间的辗转使政治理论和法律理论彼此几乎无法对话。因为规范主义的思路总是有脱离社会现实的倾向,而客观主义的思路常常遗忘所有方面的规范。这两个方面的紧张关系需要持开放的态度对法律商谈理论进行研究,“不要固执于一个学科的眼光,不同的方法论立场(参与者和观察者),不同的理论目标(意义诠释、概念分析以及描述、经验说明),不同的角色领域(法官、政治家、立法者、当事人和公民)以及不同的语言研究态度(诠释学的、批判的、分析的,等等),都需要持开放态度”。①

哈贝马斯的交往理性取代实践理性,主要表现在三个方面:第一,交往理性中语言媒介的关键作用。使交往理性成为可能的是语言媒介,正是通过语言媒介把互动联系的生活世界联系在一起。从主体上讲,交往理性不再是单个主体或者国家—社会层次上的宏观主体。一个人只要用语言来与跟他对话的人就世界上某些事物达成理解,就必须采取一种施为性的态度并且承诺某些前提条件。这个论证逻辑在于“参与者应该毫无保留地追求他们语内行动目的,他们的同意是与对可批判性的有效性主张的主体间承认相联系,并且表现出承担来自共识的那些同以后交往相关的义务”。② 哈贝马斯所谓的“语内行动目的”即说什么事做什么事,这种说话有效性通过交往行动进行社会再生产,形成一种生活形式。交往理性在去中心化的背景中,并不表现为那种告诉行动者应该做什么的

① [德]哈贝马斯:《在事实与规范之间:关于法律和民主法治国的商谈理论》(修订译本),童世骏译,生活·读书·新知三联书店2014年版,第9页。

② [德]哈贝马斯:《在事实与规范之间:关于法律和民主法治国的商谈理论》(修订译本),童世骏译,生活·读书·新知三联书店2014年版,第5页。

主观能力。第二,交往理性并不提供行动规范。交往理性具有规范性内容的部分在于行动者必须承担一些虚拟形式的语用学的分析前提。交往理性必须预设某些理性化的表达式有同一的意义,也就是说行政者必须为其所说的话语提出超越情境的有效性主张,承认跟他对话的人具有对己对人的责任能力,即哈贝马斯所称的“自主性”和“真诚性”。于是,交往行动者将自身置于一种“必须”之下,但这种“必须”并非一种行动规则的规范性“必须”,尽管这种“必须”有可能在道德层面被认为具有应然命令性,或者在价值论层面可以被认为是一组优先价值选择或者在经验层面被认为具有一种技术性规则的有效作用。基于理想化事实性理解实践的虚拟基础,这种理解实践能够批判性地针对自己的结果,具有超越自身的特征,因此,通过这种理想与现实之间的张力从而能够进入由语言构成的生活方式事实性本身之中。第三,交往理性使行动者有效性主张的取向成为可能。交往理性本身并不给实践性任务提供任何确定内容,它既不提供具体信息,也不直接具有实践意义。它包括了全部的有效性主张,即命题真实、规范性正当的有效性主张;同时这些有效性主张涉及的仅是在辩论澄清原则上可以理解的批判性表达。交往理性的这一点无法与形成动机和指导意志的实践理性相比较。有时候以理解为价值取向的行动合理性与以作为行动的义务性导向的规范性并非完全重合。在交往行动理论中,实践理性的作用不再是直接提出法律与道德的规范理论,而是提供一种导向作用将人们对形成意见和准备决策的诸多商谈机制进行重构,这样一种重构可以提供一种批判性标准,同时可以用来对法治国家的法治情况作出分析。正基于此,现代民主法治国具有了合法性统治基础,在法治国家下的立法过程、政治意志形成过程以及司法判决实践具有了法治交往形式,使处于法律制度命令压力之下的现代社会生活世界总体合理化。

哈贝马斯认为法律规范使社会再生产可能在超越有效性主张的基础上进行。法律作为一种交往媒介,尤其是在实证法作为现代法律制度的情况下,提供了一种解释进路,即一种由平等自由的法律同伴构成的联合体,它们既有来自外部制裁的威胁,也有一种合理推动的同意的支持,于是形成了一个运作有效的社会联合体。在哈贝马斯的交往行动理论中，一种以理解为取向的语言运用的语内行动约束力取得了协调行动的重要作用。哈贝马斯这种以语言作为协调行动机制的交往行动理论，主要由三个重要方面构成：第一，语言学上的交往共同体概念的借鉴。第二，语言作为协调行动的机制对社会生活的事实与规范之间的张力进行协调处理。第三，法律作为构建民主法治国家的媒介功能。

首先，哈贝马斯对语言学上的交往共同体概念的借鉴。哈贝马斯已经认识到了交往理性和交往行动理论的重要功能。但如何把交往理性理想化的操作植入现实，具体化为社会现实？哈贝马斯的方法是借助语言学的分析，先从概念构造和判断构造的层面对语言的事实性和有效性的关系进行论述。这是哈贝马斯交往行动理论的最初来源。经验主义哲学认为作为超越个体意识界限的思想可以借助语言符号进行表述，作为被表述的东西只有在句子的表达中才能被把握。换言之，思想是有命题结构的，思想结构需要从句子的结构中予以把握，因此区别思想与表象时必须求助于语言这一媒介。一个语言共同体中的成员在实践中必须从这一点出发，即说话的人与听话的人对一个语法表达式能够以同一种方式去理解。这个时候同一语言共同体中的语言符号、语言规则就赋予语言事件以确定的、在各种形态中保持稳定的、可重复辨认的形式。由于思想不仅有陈述的内容，还有真假的规定性，因此，对思想还需进行真或假的判断活动，即判断句子的有效性。哈贝马斯借助查尔斯·皮尔斯“用语言向一个可能诠释者表述的世界”①的概念，一个语言共同体中的成员在一个主体间共享的生活世界内能彼此就世界上的某物达成理解。这样，人的说话就通过陈述思想的肯定内容具有了陈述的有效性，这种有效性就是在认知方面被听众所理解，向听众证明了的有效性，在语言共同体中没有人能直接利用未经诠释的有效性条件，因此，基于说话者陈述的有效性各成员可以提出具有批评性的主张。陈述提出者对他陈述的内容主张作出

---

① [德]哈贝马斯：《在事实与规范之间：关于法律和民主法治国的商谈理论》（修订译本），童世骏译，生活·读书·新知三联书店2014年版，第18页。

辩护,也需要对可能由反对者提出的反对根据和理由进行捍卫。因此,最终在语言共同体中可以期待得到一个全体成员合理辩论推动的合意。基于思想的超越个体意识特征,在语言共同体的说话者与听话者的互动推动中,对于思想陈述的有效性的追求超越了每个个体的地域性标准,也超越了具体的此时此地的理解实践,于是具有了一种超越性的特征。皮尔斯将真的陈述有效性解释为合理的可接受性,即对具有可批判性的有效性主张的确认,有效性主张的提出者与特定的听众群体之间的交换互动,超越了社会空间和历史空间,构筑了一个无限制交往的语言共同体,在超时间性的永恒中有一个开放的但有目标的诠释共同体。这一诠释共同体是皮尔斯的学者共同体,每一个学者可以在交往共同体中陈述思想,学术共同体的其他参与者可以预知论辩,对提出者的有效性进行肯定或者否定。哈贝马斯借助皮尔斯这一学者共同体概念,扩展适用到日常交往中。在日常交往中比学者共同体的交往更加复杂更加多元,但是具有完全类似的结构和预设,参与者在力图表达有效性主张时,希望与共同体就世界中某事物达成理解或者合意。具体从学者共同体的交往来讲,哈贝马斯交往行动理论中以语言作为协调机制,对学术共同体发挥协调作用的表现为达成理解取向的语言使用。在这种情景下,参与者对言语活动主张的有效性,是同意或者提出反对并提出异议的理由,因为在语言共同体中每一个成员都具有可批判性的有效主张。当一个说话者提出一个有效性主张时,他同时作出了相应的担保,基于语言的语内行动力要求,他必须保证能用适当的方式甚至理由来兑现所提出的主张。语言在学者共同体中必须遵循这种理想的机制,使语言活动承载的思想内容超越时空的限制进行无限制的诠释,学术共同体的成员从而可以合理地接受有效性陈述,这成为学术共同体必须确信的并且是扩展共同体成员时必须选择的进路。

其次,语言作为协调行动的机制对社会生活的事实与规范的张力进行处理。借助语言学的进路分析语言表达的意义以及句子陈述的有效性,哈贝马斯从语言的语义分析视角扩展到生活世界后,得出了以理解为取向的语言分析任务。在日常交往中,从语言行动的语内行动约束力即说某事做某事的效力被要求用于对不同行动者的行动计划采取不同的协调,这种内在于语言的理想化就构成了哈贝马斯的交往行动理论。以语言作为行动协调机制的交往行动概念,将语言的有效性主张作为行动取向的行动者的假设,对社会秩序的形成和维持产生了直接关联性。这些社会秩序的产生就构成了对规范性的有效性的主张的承认。在这个意义上,原先适用于语言和语言使用中事实性与规范性之间的交往理性跨越到通过交往而社会化的个体之间,并且需要经由社会交往的参与者自身来消除这种事实性与规范性之间的张力。现代民主法治国家社会借助暴力完成社会的认同性是很少的,因此社会秩序大体上可以看作社会成员的行动计划可以做出协调处理,以使一方行动与另一方的行动保持和谐,从而减少不必要的冲突,实现维系社会秩序的稳定目的。如果语言仅作为信息和数据的传递媒介,行动协调则通过行动者们以目的合理的方式彼此协调处理了。但是,如果语言行动的语内行动力承担了协调行动的功能,那么语言本身就成了社会秩序的维系工具。这个时候就出现了哈贝马斯所谓的"交往行动"。在这种行动中,行动者以说话者和听话者的角色协调解释处理社会成员共同的情境,通过使社会成员共同体达成语言的理解过程而最终协调行动者的计划。要使语言的约束力能够协调社会成员的行动计划,参与者就必须将直接以成功为取向的行动者的态度转化并使之客观化,从而使其可以与其他参与者就社会秩序的某个事物达成说话者理解的行动计划或者行动态度。这时候,语言活动提议就发挥出了协调作用,参与者对一个提议的认真考虑并提出批判或者辩论理由,将可能会对整个社会秩序产生影响。

哈贝马斯的行动理论通过语言协调机制对社会生活秩序产生影响需要假设参与者的资格。互动的参与者必须具有独立的责任能力,且得到社会成员彼此的承认。这是预设参与者能够使其行动以有效性主张为前提。如果社会成员的有效性主张能力不具备,则明显无法开展进一步的协商和相互辩论。当参与者不具有有效性主张的责任能力时,参与者必须放弃参与者的资格,转为一个客观化的态度者或者旁观者。社会成员的参与者提出有效性主张受语境的限制,即此时此地的情境限制了有效性的主张,这是社会日常实践的特征。在日常交往活动中,社会成员对一个有效性的主张常常会提出异议及理由。在社会秩序应该如何就事实性与有效性产生张力爆炸威胁而努力协调达成共识时,无外乎有几种应对方式:简单修复;过渡到商谈,结局具有不确定性;打破交往,离开商谈;转向策略性追求各自成功的行动。民主法治国家,一般不会采取暴力行动摧毁社会交往秩序。但是,交往活动中异议的存在及其爆炸性张力,具有巨大的社会风险。"如果交往活动不根植于提供大规模背景共识的支持的生活世界的语境之中,这样的风险就会使基于交往行动的社会整合变得完全没有可能。"①从古代的国家形式及君主权威主张来看,交往活动的事实性与有效性混于一体,社会成员在行动理论中的异议风险被权威的有效性控制,有效性同时拥有事实性的力量,交往行动被魅惑性的权威限制了。资本主义去魅之后,交往行动完全进入了一个多元化的现代世界。特别是福利国家的出现与发展,社会分化导致各种社会角色、利益立场多样性,交往行动的范围更加广阔,在交往活动时面对的利益导向不同,追求目标不同的社会成员更加复杂了。社会成员的交往行动开始具有主动性,并且追求自身的策略性行动,社会秩序的有效性面临一个保障的问题。哈贝马斯对现代社会给出的解决方案是对策略性互动进行的规范性调节,行动者们要自己达成理解。行动者自身进行调节存在一个悖论前提,即事实性和有效性本身对行动者来说是互相排斥的两个取向。取向成功的行动者将所有情境都转为事实,并根据其利弊情况决定取舍;取向理解的行动者则依赖于共同商定的情境理解,并根据主体间承认的有效性主张来进行诠释和选择。在这种两难境地中,作为一种协调机制既要对策略性的互动加以限制,又要对所有具有约束力的规范进行调整,从行动者的角度来看,语言协调机制无法平衡相互矛盾的取向。现代法治国家社会的这一两难困境表明,社会需要一种规范,一方面,这些规则对事实性问题作出规定,限制会不停改变的信息以使策略行动者对其行

① [德]哈贝马斯:《在事实与规范之间:关于法律和民主法治国的商谈理论》(修订译本),童世骏译,生活·读书·新知三联书店2014年版,第26页。

为作出客观上有利的调整;另一方面,这些规则需要获得社会成员的认可,对接受规则约束的社会成员施加可接受性的合理义务。因此,从总体上来看,在现代法治国家社会这种事实性与规范有效性之间不协调的困境下,需要一种将主动行动自由融于客观法强制的法律规则。

最后,法律作为构建民主法治国家的媒介功能。现代民主法治国家中,国家的强制力保障法律的实施,个人对强制力的使用需要经由提起诉讼得到授权。同时,公民主观私权利与防止国家暴力的权力干预同样得到补充,公民享有免受政府对其生命、财产和自由的非法侵犯的权利。在这种情况下,法律有效性将事实性与有效性的问题再次汇合,需要专门予以讨论。现代法治国家对法律的实施具有事实性,同时法律的制定程序一般经合法的程序用以保障自由,法律制定的程序有效性与法律实施的事实性统合起来了。从法治国家观察者的角度来看,在这里事实性被加强了,有效性则对行为方式产生巨大的影响。从哈贝马斯行动理论来解释,实证法的有效性在于实践中被经验反复证明且经过合法程序取得的法律效力。对实定法法律规则的有效性的理解,需要从两个方面着手:一方面是社会的事实有效性即法律得到接受;另一方面是法律的合法性即合理的可接受性。法律规则的社会有效性依据规则的实施程度,也就是事实上社会共同体成员对法律的可接受性。因此,实定法的根本在于认为确立的事实性,即从法的形式方面加以定义可以强制执行的事实性。规则的合法性则取决于规则的有效性主张的商谈可兑现性,也就是制度程序的合理性。实定法的有效性与事实性是独立的。可以说,法律的有效性包含两个方面,一是强制,二是自由。正是基于法律有效性的这两个面向,即法律得到遵守的社会有效性与法律得到其社会成员接受的合法性,使社会共同体成员对同一条法律规则可以选择客观化的态度或者选择施为性的态度并采取相应的理解方式。取向成功的行动者对待法律实施的观点是认为其构成事实性的障碍;而取向理解的行动者则希望与其他社会成员就实现各自的行动目标共同满足达成理解的条件,进而作出有效性主张并相互进行可批判性协调最终形成约束机制。这两种不同取向选择使法律规则呈现不同的情境:策略行动者处于社会事实性层面,从外部限制了选择空间;交往行动者处于义务性行为期待层面,是基于其自我主动参与达成合意所形成的规则的约束与自由。于是,交往行动者对法律规则的有效性态度就包含了两个方面:一方面是行为的合法性,可以借助法律制裁来强制实施违法者以使其遵守法律;另一方面则是法律规则本身的合法性,它使行动者出于对法律的尊重而自觉遵守法律。

交往行动理论的行动者对法律有效性的这种认识,使行动者对待法律的实施态度一方面愿意自觉遵守法律,另一方面要求对法律制定的过程必须具有合法性和参与者可接受性。正是行动者有对法律制定程序或者立法程序的合法性和可接受性要求,才使法律制定程序或者立法程序在法律系统中成了民主法治国家社会整合的主要场所。法律制定过程的参与者要求他们以法律社会共同体成员的身份联合协调行动。在法律共同体中,参与者对法律调节规则的同意由国家强制力保障同意,或者根据规范性要求接受规则形成达到理解的同意。作为参与者的公民,在法律规则制定过程中,不仅仅以取向成功的法律主体身份,而更是以取向理解的法律主体身份在主体间理解过程中达成理解形成合意的法律规则。这样,合法的行动不仅可以描述为以制裁威慑为后盾的法律实施,也可以描述为通过行动参与者立法者的决定而对生效的法律规则的遵守。法律的实证性为实定法的合理可接受性假设提供了基础,政治上自主的公民将其参与的行动视为理性的自我立法的过程,为民主立法程序提供了合理的可接受性。因此,最终实定法不仅取得了合法性,也取得了符合民主立法程序的可接受性。交往行动理论表明作为现代法治国家立法程序参与者的公民是理性法律规则的创制者。正如哈贝马斯的论断:“现代法的基础是一种以公民角色为核心、并最终来自交往行动的团结。”①

至此,对哈贝马斯行动交往理论和法律商谈理论的阐释,本书已经作出了分析与解读。总体来看,哈贝马斯所谓的法律商谈原则是指假设一般意义上的行动规范可能被公平地辩护,这个原则本身的基础在于以交

---

① [德]哈贝马斯:《在事实与规范之间:关于法律和民主法治国的商谈理论》(修订译本),童世骏译,生活·读书·新知三联书店2014年版,第41页。

往方式构成的生活形式的那些对称的承认关系。换言之,如果我们在一个问题上引入一个商谈原则,那么我们就已经预设了讨论的相关问题是可以作公平的判断和合理的决定的。这个预设是不可或缺的。基于商谈理论的视角,哈贝马斯所理解的法律是现代的实定法,它要求作系统的论证和有约束力的解释和执行,同时是构成整个社会生活制度系统的一个重要组成部分。哈贝马斯法律商谈理论概念下的法律既是知识系统,又是行动系统;既可以理解为一种表达规范的语句和解释规范的文本,也可以理解为一种机制和建制,即理解为众多行动规则的复合体。根据法律商谈理论的要求,哈贝马斯所重构的法律权利体系,一方面把理性的政治意志形成过程建制化;另一方面保证使这种意志形成过程表现为自由联合的法律同伴的共同意志的一种媒介。"法律获得充分的规范意义,既不是通过其形式本身,也不是通过先天地既有的道德内容,而是通过立法的程序,正是这种程序产生了合法性。"①因此,哈贝马斯最终寻求的解决方案是民主立法的程序机制,也即他所谓的程序主义法律范式。

协商行政规则制定作为一种行政机关与利害关系人相互协商的商谈机制,本质上是与哈贝马斯的商谈理论的规范性有效性过程一致的,是一种语内行动力的有效性推动,通过商谈沟通达成参与者法律共同体的理解共识,从而形成自愿遵守的行政规则。这也符合哈贝马斯商谈论对法治国家原则的重构精神。按照哈贝马斯的理解,现代法治国家的理念要求,必须运用法律来实现其自身功能的有组织国家权力的那些集体作出的具有约束力的决定,不仅要具有法律的形式,而且其本身也要用合法地制定法律来加以合法化。为政治统治的实施提供合法性的不是法律形式,而仅仅是与合法地制定法律之间的紧密联系。"被当作合法的仅仅是这样的法律,它是可以在一个商谈性意见形成和一致形成过程中被所有法律同伴所合理地接受的。"②

---

① [德]哈贝马斯:《在事实与规范之间:关于法律和民主法治国的商谈理论》(修订译本),童世骏译,生活·读书·新知三联书店2014年版,第167页。

② [德]哈贝马斯:《在事实与规范之间:关于法律和民主法治国的商谈理论》(修订译本),童世骏译,生活·读书·新知三联书店2014年版,第168页。

根据哈贝马斯坚持的法律的规范性,从交往行动理论出发理解和重构法律社会,利用法律商谈理论的视角一方面将法律的规范性重构,另一方面将事实性进行重新描述,使法律与当代社会现实结合起来,重新进行社会整合,维系社会秩序的运行,这是可取的理论解释路径选择。

根据哈贝马斯的法律商谈理论,协商行政规则的承受者同时也是协商行政规则的创制者,如果商谈或者通过法律程序以商谈方式加以论证的谈判能够成为一个可以形成合理意志的场所的话,"法律的合法性最终依赖于一种交往的安排,作为合理商谈的参与者,法律同伴必须有可能考察一个有争议的规范是否得到、后者有无可能得到所有相关者的统一"。[①] 基于此,在协商行政规则制定过程中,运用哈贝马斯的法律商谈理论和交往行动理论,将会指导协商行政规则制定的整个过程。

二、合作治理理论

合作治理理论并非一种已经成形的法律哲学理论或者法律原则,也并非某一个专家学者所独自创建。本书所称合作治理理论主要源自朱迪·弗里曼教授提出的系列相关主题思想的总括。朱迪·弗里曼教授并没有像哈贝马斯一样有专门的专著或者定型的法理理论来阐述合作治理理论,但弗里曼教授在一系列合作治理主题论文中进行了阐述,比如,《行政国家与合作治理》《私人在公共治理中的作用》《私方当事人、公共职能与新行政法》《行政契约》《通过民营化拓展公法规范》等,她对合作治理的法律思想系统贡献是非常明显的,因此,本书对弗里曼教授关于合作治理的法律思想统括和系统化地吸收借鉴,称为合作治理理论,作为协商行政规则制定的法律理论基础。

弗里曼教授合作治理理论的提出主要为了解决现代行政国家面临的僵化危机的问题。美国传统的行政规则制定程序及其实施因两极对抗制不能实现行政规则制定所预期达到的正当性和效率性目的,引发了美国

---

① [德]哈贝马斯:《在事实与规范之间:关于法律和民主法治国的商谈理论》(修订译本),童世骏译,生活·读书·新知三联书店2014年版,第128页。

实务界和行政学术界众多专家学者的反思,以求寻找解决行政规则制定僵化以及应对整个行政国家危机的出路。自 20 世纪 60 年代传统行政法的变革探索以来,美国学者以斯图亚特为代表的利益代表模式和桑斯坦为代表的公民共和主义代表模式作出了许多贡献,但至今并不能提供上述问题的完美解决方案。在这种情况下,弗里曼教授提出合作治理的行政法模式,围绕联合解决问题与偏离行政裁量权控制的进路重新定位行政法,回应行政规则制定的质量、可行性与正当性的问题。

弗里曼教授提出的合作治理理论模型,具有五个基本特征。①

第一,合作治理理论以解决问题为导向。合作治理理论的出发点和关注中心在于解决规制问题,要求各方当事人包括行政机关在内,在提供问题的解决方案、作出相应的决策和具体实施措施时应当共享信息,进行公开的审议。第二,合作治理理论要求利害关系人与受影响者参与作出决定过程的所有阶段和程序。广泛的公众参与有民主价值和合法性价值,而且有利于推动问题有效解决。在不同的阶段和问题情形下,公众参与会有不同的表现形式。第三,合作治理理论采用过渡性解决方案要求各方当事人连续参与治理与评估。解决方案具有过渡性的特征,因而规则需要根据适用的具体情形进行塑造和制定,要对相关的情况及时回应,能根据情势变化被调整修正。这要使利害关系人各方与行政机关在不确定的条件下愿意继续推进治理行动,而且愿意在反思解决方案与目标任务的情况下继续提出问题的解决方案。第四,合作治理理论要求超越治理传统中的公私角色责任。合作治理的当事人相互依赖而且对彼此负责任。新计划、网络、制度机制以及权力分配可以取代或者补充传统的监管机制,包括自我规制与信息披露、社会监督以及第三方评估等。这些安排中传统的监管角色和功能遭到质疑。第五,合作治理理论要求有一个灵活、投入的行政机关。合作治理中行政机关是多方利害关系人协商谈判的召集人或者协调推动者,鼓励公众参与、信息共享和审议。通过在必要

---

① See Jody J. Freeman, *Collaborative Governance in the Administrative State*, 45 UCLA Law Review 1 (1997).

的时候提供技术资源、财政资助以及组织协助，行政机关可以发挥当事人与制度能力建设者的作用。尽管行政机关可以设定相关标准的上限和下限，并且作为最终的决策者，但行政机关应当认识到，规制项目的成功也取决于其他合作治理参与者的贡献。

在弗里曼教授的合作治理理论模型中，协商行政规则制定和杰出领袖工程作为合作治理模型例证，被认为是促进问题解决的一种新的行政方式。[①] 但是弗里曼教授也指出，无论是协商行政规则制定或者是杰出领袖工程，这些合作治理模式并不能保证合作机制真正具有参与性、适应性。弗里曼教授根据美国协商行政规则制定的实践经验和杰出领袖工程实践案例，对合作治理理论面临的挑战作出了如下概括：第一，合作治理的行政规则的范围有限。合作治理的行政规则范围是有限的，但是治理过程会产生大量的多余的信息和数据，而且在治国过程中，可能真正的问题会随着治理情况的推进后才被发现，也就是真正的问题出现在治理最初设想之外。如协商行政规则制定，行政机关一开始就已经协定了协商的问题，再进行相关的公告和程序步骤，而且协商行政规则制定范围的限定与合作治理理论以问题为中心的导向存在冲突，即以问题为中心导向要求不能排除有关协商的所有问题的解决方案或者观点。但是如果不限定行政规则的问题范围，抛弃这些限制也会产生其他的问题，难以开展对问题的集中讨论，最终无法形成合意结果。而且如果完全以问题为中心导向，对行政规则的探讨可能导致无限制的延期，导致需要解决问题的行政规则一直无法得到有效规制和实施。第二，讨价还价的谈判交易进路。合作治理的当事人常常根据要进行的交易或者要妥协的潜在问题，审视相关行政规则制定方案。利害关系人、当事人与行政机关就规制问题进行讨论时，这种合作和协商变成了讨价还价的交易方式。在"零和"的讨价还价交易思路下，合作治理的解决方案前途渺茫。在"零和"交易影响下，一方当事人受益则会有另一方当事人或者行政机关遭遇损失。在这

① See Jody J. Freeman, *Collaborative Governance in the Administrative State*, 45 UCLA Law Review 1 (1997).

种情况下,协商和沟通的信息披露将变得越来越困难,各方当事人均倾向于隐匿相关真实信息,这种不信任的信息保留将会导致讨论的解决方案问题僵化。第三,缺乏制度性激励。治理的每一个利害关系人本身所具有的激励会抵抗合作。行政机关采用方案的效果会面对考核绩效的激励;资源有限以及主持解决相关问题的专家,如协商行政规则制定的召集人、促进人等专业人士非常有限,影响合作治理的推动;合作治理的利害关系人还需要有实验精神以及合作精神。在合作治理中如何激励利害关系人、私人企业、行业组织等积极参与治理,也缺乏相应的激励机制。第四,公共利益与社会组织代表参与有限。合作治理理论要求广泛的公众参与,但参与到合作治理过程中的代表有一定规模限制和资格限制,并非所有利害关系人都能参与到治理中来。当参与者确定后,随着新问题出现再增加新的当事人代表也会遇到困难。作为公共利益和社会组织,参与到合作治理中需要投入资金和技术,这种资金和技术如果没有相关保障,其参与治理的热情也不会持续。若行政机关职员、公共利益和社会组织代表因各种困难不参加治理,则合作治理方案的合理性和可行性必然会遭遇重大的挫折。

此外,合作治理理论还遭遇了合法性挑战。比如,合作过程中如何防止行政机关、行业协会以及强势的公益团体借以共谋破坏公共利益的机制?合作导致行政机关权力广泛地进行再授权的,若违法应当如何避免?产生社团主义问题如何处理?合作增加不受限制的行政裁量权如何面对?

面对合作治理理论遇到的各种挑战及其正当性遭到质疑的问题,弗里曼教授虽然没有作出理论化系统化的回应,但是从弗里曼教授在不同的论文中对合作治理问题的探讨与分析,可以反映出弗里曼教授合作治理理论思想对这些问题的回应路径。一般而言,回应合作治理的上述问题挑战以及质疑,一般主张是限制行政机关的裁量权。美国现行行政法上限制裁量权的主要方式是行政机关作为最终决定权者和较大公共利益仲裁者,认定社团主义并非威胁,而且通过判例被最高法院默示认可,行政机关的授权立法也已经被国会考虑并予以法律确认。但是,弗里曼教授与一般性回应路径的观点相反，她认为推行合作治理模式要求赋予行政机关更多的裁量权。“合作治理理论模式需要更进一步考虑超越裁量权的争论，重构规制过程中公私主体之间的关系与责任”。[①] 弗里曼教授持有理由如下：第一，在合作治理模式下，政府主体当然也必将发挥核心作用，那么非政府主体在其中发挥什么作用呢？按照合作治理理论的运行机制考察，私人主体与政府主体共同发挥着规制的作用。第二，公私界分已经混合。治理中公私合作常常可见，如民营化、外包，政府授权私人主体直接制定标准或者间接制定标准，私人主体进行自我管制或者授权自我管制。第三，公法理论中以行政机关为核心的理论遭到各种挑战。合作治理时代的发展，要求确定什么时候以及如何将法律的要求拓展到履行公共职能的私人主体上，同时合作治理模式下还对公私责任性的处理提出了新的要求。第四，合作治理模式要求更新行政法。私人主体需要纳入法律对象分析中。

弗里曼教授合作治理理论主张充分发挥私人主体在合作治理中的重要角色，主张私人在公共治理中发挥同政府同等重要的作用。[②] 当代社会中民营化、放松规制、服务外包（行政协议）等现象频发，私人在公共治理中的地位越发凸显。大量的非政府主体，包括公司、公益组织、私人标准设定组织、行业协会和非营利组织都会以各种方式参与公共决策，认真考察私人在治理中的作用，不仅可以揭示其普遍性，而且可以揭示其在多大程度上与政府共同发挥作用。美国传统的行政法学理论无论是传统公共利益理论、公民共和主义理论还是多元主义理论，都以决策者——行政机关为主要关注，私人在行政过程中的角色是以其危险性进行讨论的。传统法学理论比如公共利益理论对私人参与持怀疑态度；公民共和主义理论持有的态度是隔离；多元主义理论对私人参与持有的态度是民主化；公共选择理论对私人参与有时是肯定，有时是否定。这些理论都对私人

① Jody J. Freeman, *Collaborative Governance in the Administrative State*, 45 UCLA Law Review 1 (1997).

② See Jody J. Freeman, *The Private Role in the Public Governance*, 75 New York University Law Review 543 (2000).

参与持防御性倾向。这些理论反映在行政实践中,是四种限制私人权力扩张的常见机制:将私方当事人视作政府主体施以宪法性要求;执行禁止授权学说或正当程序条款以宣布对私人的授权无效;将程序性的控制扩张到私人主体;向私法注入要求公平与理性决定的公法规范。弗里曼教授认为这四种机制均存在缺陷。当前,在法律秩序中,居于核心地位的基本的公私划分,各方并没有打破其的企图。私人主体大部分情况下可以避开四种传统限制措施。

根据弗里曼教授合作治理理论的观点,私人治理在合作治理中与行政机关发挥着同等重要的作用。在法律责任的承担问题上,公私主体共同承担治理责任,也是合作治理理论的表现与要求。私人提供社会服务与私人在国家标准设定与实施、执行方面的贡献给国家治理增添了新的景象。根据弗里曼教授的观点,"行政是协商性的事业"。[①] 当前,在美国卫生医疗保健领域,私人参与在医疗补助制度资助的疗养院中发挥的作用与争论相当多。私人主体在司法行政领域如私人监狱公共职能的履行,争议也非常大。但是这是合作治理时代的必然趋势。私人在政府规制中具有重要作用。具体来讲,私人主体在规制的决策、实施与执行中都起到至关重要的作用。第一,在传统规制标准的设定中,私人组织制定着数不清的行业规范与产品标准,行政机关通过参照的方式采纳这些全国一致的标准。第二,私人主体的自我规制标准与政府的规制常常并行不悖,在行业具体标准制定方面也发挥着重要作用。第三,国会有时也授权私人主体作为规制参与者,使其在行政机关的监督下,具有设定与实施标准的权力。第四,私人主体通过协商制定规则参与政府规制事业。当前美国主流行政法理论将私人活动视为对行政机关主导的决策与执行过程的侵犯,将私人主体视作对行政国家正当性的威胁。这与合作治理理论所探讨的私人在国家治理当中实际担当的角色与发挥的重要作用存在重大矛盾。这需要新的行政法理论的调和与贡献。弗里曼教授通过合作治

---

① Jody J. Freeman, *The Private Role in the Public Governance*, 75 New York University Law Review 598 (2000).

理理论试图解决法律责任性的难题,合作理论或者行政契约理论的不断发展,也许能对这个法律责任难题提供启示。现代行政国家许多传统行政职能通过契约或者类似方式转移给私人主体行使,可以称为“契约国家”。[①] 私人在国家治理中的每一个领域都有举足轻重的作用,契约既是重要的行政政策工具,又是责任性的潜在源泉。政府部门通过与私人主体签订服务性契约的方式,使得私人在国家治理项目中发挥重要作用。服务型契约和管制性契约有不同的特点,契约性的工具作用带来了责任性机制的讨论。公私契约不仅可以提供社会服务或者实现规制目的,也能够作为实现公正、公开和责任性等公法价值的机制。弗里曼教授认为民营化是公共化的一种手段。民营化并不会危及责任性、正当程序、平等与理性等民主规范,而是可能通过诸如预算、管制与契约,将这些规范扩展适用于私人主体。意识形态民营化偏好私人而非公共秩序,偏好市场价值而非经济价值,提倡“市场而非政府”理念。实用主义民营化通常关注成本(比如监管和信息成本)而非质量,主张私人主体提供服务方面优于政府等公共主体。另外,从合作治理的行政法视角来看民营化,优先考虑法律与民主价值,关注权利与责任性机制,与民营化进路必然成零和博弈状态。这也反映出以经济学为基础的支持民营化观点与反对民营化的公法理念的激烈冲突。二者的冲突的调和与解决,需要一种新的进路,即弗里曼教授的公共化进路主张,民营化会在某些情形下将公法规范扩展到私人主体,通过立法机制、司法机制的作用可以使公共化成为可能。

从弗里曼教授合作治理理论模型思想中来汲取协商行政规则制定的理论基础是非常具有借鉴意义的,弗里曼教授在合作治理理论中已经将协商行政规则制定作为合作治理的典型例证,并对协商行政规则制定方案的完善提出了建议和方向。尽管协商行政规则制定也存在缺陷,如协商行政规则制定诱使行政机关放弃职责,规则制定过程包容性不足,参与者人数有限,协商运转存在缺陷,召集协商组织的权力具有操纵结果的力

---

① Jody J. Freeman, *The Contracting State*, 28 Florida State University Law Review 155 (2000).

量,协商行政规则制定可能破坏公共利益违反民主正当性标准等,但是,弗里曼教授也认同协商行政规则制定才刚开始开展,从合作治理理论来看协商行政规则制定最主要的优势在于能改善规则的质量与正当性。同时,协商行政规则制定也能带来更大的可接受性和一种工具性的收益,即更易实施、更高的守法比率以及减少交易成本。从合作治理理论角度出发,协商行政规则制定应当更加妥善处理制度设计问题,对协商行政规则制定的研究,不仅可以根据成本、时间和被诉率进行衡量,也需要从正当性、质量等标准进行评估。此外,协商行政规则制定的完善还可以从跨学科角度综合进行研究,博弈论、经济学、认知和社会心理学、人类学等都可以吸收进来,为协商行政规则制定提供知识论和方法论基础。

第五章 协商行政规则制定的行政适用方法

以法律商谈理论和合作治理理论为基础和指导的协商行政规则制定，在行政机关的召集和主持下，由行政机关与主要利害关系人群体代表组成协商行政规则制定委员会就行政规则草案的草拟工作协商合作以努力达成一致合意，从而更好地完成行政规则制定项目计划，实现行政机关与利害关系人之间在行政规则制定过程中富有建设性的、动态合作性的良好关系状态。协商行政规则制定如何在一个具体的行政规则制定项目中适用，需要考虑基本的适用范围、适用原则与适用标准问题。

第一节 协商行政规则制定的法律定位

一、当前协商行政规则制定的法律地位

协商行政规则制定并不是行政规则制定过程中一种简单的公众参与形式，通过协商行政规则制定委员会的成员在行政规则制定过程中实质上享有与行政机关同等的对行政规则草案的起草权和表决权，赋

予了协商行政规则制定相较于一般公众参与机制独特的更高等级的法律地位。协商行政规则制定作为对传统行政规则制定程序机制的一种颠覆和变革创新,弥补了传统行政规则制定模式的缺陷与不足,理论上应当在现行法律制度体系中占据重要地位。“协商行政规则制定作为行政机关可以利用的使公众参与到行政规则制定过程中以提高行政规则质量的一种工具,在行政规则制定程序法律体系中应当占有重要的一席之地。”[①]

但是,我国当前并没有全国层面统一的行政程序法规定,对于行政机关的行政规则制定行为主要由本书第三章所论述的实定法基础中的《立法法》《行政法规制定程序条例》《规章制定程序条例》等法律和行政法规以及国家政策等进行规定规范。地方层面有部分地区制定了统一的行政程序法规定,如2008年湖南省人民政府制定出台了《湖南省行政程序规定》[②]以及其他相关的地方性法规、规章对规章、行政规范性文件的制定程序进行规范。从我国整个现行行政规则制定的法律制度规范体系看,协商行政规则制定并没有获得明确的法律地位。

首先,从协商行政规则制定在我国行政法规中的相关规定来分析。从行政法规制定的规定依据来看,我国《宪法》第89条第1项明确规定了制定行政法规是国务院的法定职权。我国《立法法》(2023年修订)第三章用整章的篇幅合计8条对行政法规的制定事项进行了规定。有学者概括指出行政法规的制定依据,“当有法可依时,行政法规需同时依据宪法和法律,当无法可依时,行政法规仅需依据宪法”。[③] 然而,尽管我国宪法和立法法均对行政法规的制定作出了相关规定,但是在这些规定中并没有关于协商行政规则制定的内容。我国《立法法》第74条有关于行政法规起草过程中社会公众参与和行政机关广泛听取意见的规定,比如,规定可以“采取座谈会、论证会、听证会等多种形式”听取意见,但是并没有包

---

① Cheryl Blake, Reeve T. Bull, *Negotiated Rulemaking* (*Final report*: *June* 5, 2017), prepared for Administrative Conference of the United States, Recommendation 2017 - 1.

② 2008年《湖南省行政程序规定》是我国地方省市制定的第一部行政程序法规,该规定于2018年、2022年进行了两次修改。

③ 邹奕:《论我国行政法规的宪法基础》,载《法学论坛》2012年第6期。

含行政机关与社会公众代表组建相关协商会议组织机构直接就行政规则草案协商讨论达成合意的意思,仅规定了社会公众可以从外部对行政机关拟定的行政规则草案发表意见和建议。在《行政法规制定程序条例》“起草”章中,“行政法规由国务院组织起草”或者“由国务院的一个部门或者几个部门具体负责起草工作,也可以确定由国务院法制机构起草或者组织起草”[①],可见,行政法规起草工作主要由行政机关主持完成,并没有公民参与的机会。该条例第 13 条中规定了社会公众从外部参与法规起草的内容,“起草行政法规……广泛听取有关机关、组织和公民的意见”,甚至还规定了专家参与起草的内容,“起草专业性较强的行政法规,起草部门可以吸收相关领域的专家参与起草工作,或者委托有关专家、教学科研单位、社会组织起草”。[②] 但是,专家参与起草或者行政机关委托相关专家和单位起草,有严格的限制条件即对于一般事项并没有专家参与起草或者委托起草的规定。可见,并不能直接将这一规定当成协商行政规则制定的内容来对待。因此,综合来看,从我国行政法规的现行法律制定依据及其规定内容中可以看出,在法律上并没有任何条文规定可以体现出协商行政规则制定的机制,协商行政规则制定在法律上并没有获得法定地位。

其次,从协商行政规则制定在我国规章制定的规定内容来分析。我国立法法从法律上规定了国务院部门规章和地方政府规章两个类别[③],部门规章和地方政府规章没有法律、行政法规和地方性法规的依据,不得设定减损公民、法人和其他组织的权利或者增加其义务的规范。我国立法法规定国务院部门规章和地方政府规章的制定程序,参照行政法规制定的程序执行并且由国务院规定。[④] 国务院根据立法法的规定制定的《规章制定程序条例》对规章制定程序作出了具体规定。在《规章制定程序条例》中专章规定了“起草”内容,比《行政法规制定程序条例》的内容更加详细具体。部门规章由国务院部门起草,地方政府规章由省、自治

---

① 参见《行政法规制定程序条例》(2017 年修订)第 11 条。
② 参见《行政法规制定程序条例》(2017 年修订)第 13 条。
③ 参见我国《立法法》(2023 年修订)第 91 条和第 93 条的规定。
④ 参见我国《立法法》(2023 年修订)第 94 条的规定。

区、直辖市和设区的市、自治州的人民政府组织起草。国务院部门或者地方人民政府可以确定由其一个或者几个内设机构(政府部门)或者其他机构负责起草,也可以确定由法制机构起草或者组织起草。① 可见,规章起草阶段的工作也主要由行政机关组织和安排,并没有公众参与的机会和角色。与《行政法规制定程序条例》的规定一样,社会公众也仅能从外部参与到规章的起草工作中,当行政机关向社会公众广泛征集听取意见或者向社会公布草案说明征求社会意见时,社会公众即有机会参与到规章制定的程序中来。当起草行政机关举行论证咨询或者听证会的时候,社会公众也可以对规章草案进行提问和发表意见,从而参与到行政机关的起草工作中。与协商行政规则制定程序比较类似的机制设置在《规章制定程序条例》第 17 条,该条规定了规章起草单位当发现规章草案内容与其他政府部门职权职责紧密相关时,起草单位应当充分征求相关政府部门的意见。若起草单位与相关政府部门有不同意见时,应当进行充分协商,经协商也不能达成一致意见的,起草单位需要在上报规章草案送审稿时说明协商的情况和理由。② 该条规定了行政机关系统内部在草案起草时的协商机制以及无法达成一致意见的处置办法,这跟协商行政规则制定机制中的协商程序机制是非常类似的。二者区别在于协商行政规则制定中的协商程序机制是行政机关与利害关系人之间的沟通协商机制,而非行政机关系统内部的合作协商机制。综上所述,我国规章制定程序的相关规定中,协商行政规则制定的内容也没有直接得到体现,尽管有部分规定内容与协商行政规则制定相似,但是其属于行政机关系统内部的合作与沟通机制,并非行政机关与外部利害关系人的协商沟通机制。可以说,协商行政规则制定机制在规章制定程序法律制度中也没有获得明确的法律地位。

---

① 参见《规章制定程序条例》第 14 条。

② 《规章制定程序条例》第 17 条规定:"起草部门规章,涉及国务院其他部门的职责或者与国务院其他部门关系紧密的,起草单位应当充分征求国务院其他部门的意见。起草地方政府规章,涉及本级人民政府其他部门的职责或者与其他部门关系紧密的,起草单位应当充分征求其他部门的意见。起草单位与其他部门有不同意见的,应当充分协商;经过充分协商不能取得一致意见的,起草单位应当在上报规章草案送审稿(以下简称规章送审稿)时说明情况和理由。"

再次，从我国行政规范性文件制定的规定来看协商行政规则制定的法律地位情况。近年来，国务院对行政规范性文件制定出台了一系列制度规定。2018 年《国务院办公厅关于加强行政规范性文件制定和监督管理工作的通知》明确规定"规范制发程序，确保合法有效"，要求对涉及群众切身利益或者对公民、法人、其他组织权利义务有重大影响的行政规范性文件，要向社会公开征求意见。起草部门需要充分听取各方面的意见，特别是利益相关方的意见，并提出"建立意见沟通协商反馈机制，对相对集中的意见建议不予采纳的，公布时要说明理由"。[①]《国务院办公厅关于全面推行行政规范性文件合法性审核机制的指导意见》对行政规范性文件的审核程序明确规定，起草单位报送行政规范性文件审核材料应当包括文件送审稿及其说明，制定文件所依据的法律、法规、规章、政策以及社会征求意见和意见采纳情况等。[②] 从国务院这两个规定可以看出，在行政规范性文件制定起草工作中，社会公众的外部参与已经明确进行了制度化安排，并且也成为行政规范性文件合法性审核材料的规定要求。尽管这些规定要求没有体现协商行政规则制定的内容，但对于行政规则制定的统一管理作用显著。特别是 2019 年《国务院办公厅关于在制定行政法规规章行政规范性文件过程中充分听取企业和行业协会商会意见的通知》的出台，明确规定在制定行政法规、规章、行政规范性文件过程中，对企业切身利益或者权利义务有重大影响的，要充分听取有代表性的企业和行业协会商会以及律师协会的意见。[③] 同时，该通知还规定了"运用

---

① 参见 2018 年 5 月 16 日《国务院办公厅关于加强行政规范性文件制定和监督管理工作的通知》(国办发〔2018〕37 号)第 5 条。

② 参见 2018 年 12 月 4 日《国务院办公厅关于全面推行行政规范性文件合法性审核机制的指导意见》(国办发〔2018〕115 号)第 5 条。

③ 2019 年 3 月 1 日《国务院办公厅关于在制定行政法规规章行政规范性文件过程中充分听取企业和行业协会商会意见的通知》(国办发〔2019〕9 号)第 1 条中规定："有关行政法规、规章、行政规范性文件对不同企业、行业影响存在较大差别的，要注重听取各类有代表性的企业和行业商会的意见，特别是民营企业、劳动密集型企业、中小企业等市场主体的意见，综合考虑不同规模企业、行业的发展诉求、承受能力等因素；涉及特定行业、产业的，要有针对性地听取相关行业协会商会的意见；涉及特定地域的，要充分考虑当地经济社会发展水平和产业布局特色，充分听取地方行业协会商会、律师协会的意见。听取企业意见时，要注重听取企业内部不同层级代表特别是职工代表的意见。"

多种方式听取意见"以及"完善意见研究采纳反馈机制",以杜绝行政机关在行政规则制定过程中广泛听取意见流于形式。2019 年国务院办公厅 9 号文件旨在为企业和行业协会商会参与行政机关相关制度建设提供条件,保障企业和行业协会商会在法律制度建设中的知情权、参与权、表达权和监督权,这些规定内容反映了协商行政规则制定的精神和内容要求,可以作为协商行政规则制定法律制度上的依据。

最后,从我国国务院部门行政规范性文件的制定规定来分析。比如,《生态环境部行政规范性文件制定和管理办法》[①]、《交通运输部行政规范性文件制定和管理办法》[②]、《住房城乡建设部行政规范性文件管理办法》[③]均规定了起草单位由该部门的起草司(局、办、中心)负责,并规定了相应的社会公开征求意见机制和意见沟通协商反馈机制。从地方人民政府行政规范性文件制定规定来看,例如,《广东省行政规范性文件管理规定》规定县级以上人民政府办公机构负责本机关规范性文件处理工作,对下级行政机关的规范性文件处理工作进行业务指导和监督工作,并规定了公开征求社会公众意见的内容。[④] 又如,《上海市行政规范性文件管理规定》明确规定了行政规范性文件的制定主体即起草主体[⑤],并通过规定编制市、区行政规范性文件制定主体清单,排除了清单以外的单位制定行政规范性文件的权限,同时行政机关的内设机构、临时性机构和议事协调机构不得以自己名义制定、发布规范性文件。上海市人民政府规定行政规范性文件的组织起草工作由制定机关负责,

---

① 参见 2020 年 4 月 14 日《生态环境部办公厅关于印发〈生态环境部行政规范性文件制定和管理办法〉的通知》(环办法规〔2020〕第 7 号)。

② 参见 2018 年 11 月 27 日公布的《交通运输部关于印发〈交通运输部行政规范性文件制定和管理办法〉的通知》(交办发〔2018〕164 号)。

③ 参见 2018 年 9 月 30 日《住房城乡建设部关于印发〈住房城乡建设部行政规范性文件管理办法〉的通知》(建办〔2018〕102 号)。

④ 参见 2020 年 7 月 29 日公布的《广东省行政规范性文件管理规定》(广东省人民政府令第 277 号)。

⑤ 2019 年《上海市行政规范性文件管理规定》(上海市人民政府令第 17 号)第 10 条第 1 款规定:"下列行政机关根据履行职责需要,有权制定规范性文件:(一)市、区和镇(乡)人民政府;(二)市、区人民政府工作部门;(三)依据法律、法规、规章的授权实施行政管理的市人民政府派出机构;(四)街道办事处。"

起草听取有关组织、行政相对人或者专家的意见，涉及企业权利义务的，应当充分听取相关企业和行业协会商会的意见。因此，综合上述国务院关于行政规范性文件制定的规定以及国务院部门、地方人民政府关于行政规范性文件制定的规定可以看出，协商行政规则制定的某些相关内容和要求，可以从国务院规定文件及地方人民政府规定文件中找到制度依据，尽管这些规定在法律性质上属于国务院部门规章或者地方人民政府规章，在现行法律制度体系下法律效力层级不高，不具有法律和行政法规的法定依据效力，但这些规定确实为协商行政规则制定提供了法律制度基础，给予了协商行政规则制定实际上的法律地位和发展空间。

综上所述，从我国行政法规、规章以及行政规范性文件的制定制度的三个方面，对我国协商行政规则制定的法律地位的详细分析，可以看出协商行政规则制定在我国法律和行政法规层面没有任何直接的法律规范依据，但是，在国务院的行政规范性文件层面以及国务院部门规章、地方人民政府规章层面，协商行政规则制定则已经有了相关的政策制度基础，特别是基于《国务院办公厅关于在制定行政法规规章行政规范性文件过程中充分听取企业和行业协会商会意见的通知》和《上海市行政规范性文件管理规定》等的规定内容，协商行政规则制定在我国现行法律制度体系中实际上已经初步具备了制度实践基础，为我国行政法治实践中推行协商行政规则制定机制提供了坚实的政策依据和适用基础。

二、协商行政规则制定在未来法律制度体系中的定位

协商行政规则制定在当前我国法律制度体系中并没有取得法律和行政法规上的法律地位，这一状态随着我国经济社会的不断发展以及我国行政法治理念与实践的不断进步，将会得到改变。自我国行政程序法立法提出以来，法学界专家牵头草拟的《行政程序法（试拟稿）》已历经十几次易稿完善，但至今行政程序法尚未落地生根。“行政程序法的制定条件

也正在逐步成熟。”[①]我国民事法律领域经由《民法总则》[②]制定开始，至2020年完成了《民法典》编纂的成功经验[③]给我国行政法学界带来了重要启发与激励。当前我国行政法学界将行政法总则制定提上了重要议程。[④] 在行政法总则以及行政程序法正在热烈进行探讨和研究的大环境下，本书探讨协商行政规则制定的法律地位有着重要的意义。

从《行政程序法（试拟稿）》内容来看，行政规则制定内容已经毫无疑问地被纳入了行政程序法的内容之中。姜明安教授在其最新版行政程序法建议稿——《中华人民共和国行政程序法（专家建议稿）》中将行政规则制定单独设计一章——第四章“重大行政决策与行政规范制定程序”，将行政法规、规章和行政规范性文件均纳入行政规范制定程序中。[⑤] 该建议稿中第129条“起草”条款第2款规定，“起草行政规范性文件，应当通过座谈会、论证会、听证会等各种形式征求社会公众和专家的意见”。对行政规则制定起草程序中的公众参与作出了详细规定。但是，该建议稿并没有规定本书探讨的协商行政规则制定程序的内容，这是非常遗憾的。

根据对行政法治发展趋势的预测以及行政规则制定程序的发展完善考虑，本书持有的观点是应当将协商行政规则制定作为行政规则制定程序的一种创新程序机制和方法，明确赋予法律上的制度设计和安排。在行政规则的起草阶段，社会公众可以参与到行政规则草案制定中来，并且可以直接与行政机关进行协商与沟通，这是对传统行政规则制定程序的一种颠覆和对一般公众参与机制的优化升级，特别是受影响的主要利害关系人与行政机关组建协商行政规则制定委员会，协商决定行政规则草案的内容，使得行政机关制定的行政规则具有广泛的可接受性、更强的合理性和合法性。协商行政规则制定机制可以为现行行政规则制定一般程

---

① 应松年：《关于行政法总则的期望与构想》，载《行政法学研究》2021年第1期。

② 我国《民法总则》于2017年制定颁布，但是自2021年1月1日《民法典》实施之日起废止。

③ 《民法典》于2020年5月28日通过，2021年1月1日起施行。

④ 参见应松年、周佑勇、谭宗泽等学者2021年集中在《行政法学研究》第1期发表的探讨行政法总则制定的框架、原则、路径和方法的文章。

⑤ 参见姜明安等著：《行政程序法典化研究》，法律出版社2016年版，附录一“中华人民共和国行政程序法（专家建议稿）”。

序提供一种补充和辅助程序，行政机关在采用行政规则制定程序时可以考虑协商行政规则制定机制为行政规则制定项目带来的各种优越性和便利性，从而为行政机关行使行政权，实现行政规制任务提供一种新的思维方式和选择方案。协商行政规则制定程序具有的优势功能和广泛的适用领域，应当在我国将来制定的行政程序法典中或者通过制定单行法的方式，赋予其明确的法律地位并合理推广适用。

第二节 协商行政规则制定的基本原则

一、诚实信用协商原则

诚实信用原则在民法领域中被尊为"帝王条款"，"诚实信用原则称为君临法域的帝王法条"①，在民法精神原则体系中占据了最高位阶。在行政法领域中，诚信原则精神也为行政法学界所接受，特别是现代行政模式更多转向服务行政、风险行政之后，行政机关与行政相对人之间的合作不断增多，诚信原则精神对双方行动的指引都发挥着重要作用。民法上的诚信原则在行政法上一般被称为信赖保护原则。"在行政法上，诚实信用原则主要是指行政主体应当本着诚实信用精神，以诚实信用的方法作出行政行为，并对行政相对人的正当合理信赖利益以适当的方式给予保护。由于这一原则在行政法中直接的外在表现即是对行政相对人的正当合理信赖给予保护，故称之为信赖保护原则更为恰当。"②

协商行政规则制定中的诚实信用原则，指行政机关及其利害关系人在协商行政规则制定活动中诚实信用进行沟通和协商以求达成双方的合意。协商行政规则制定机制发端于议题相关的各方当事人均具有通过协商达成合意的主观意愿。作为协商行政规则制定委员会的代表，出于追求合意成效的考虑必须诚信协商，忠实表达观点和意见，与各方平等交换

① 王泽鉴：《民法总则》，北京大学出版社2009年版，第441页。

② 黄学贤：《行政法中的信赖保护原则》，载《法学》2002年第5期。

或者讨价还价，最终达成合意（或者通过诚信协商最终确实无法达成合意而导致协商以失败告终）。行政机关在决定是否使用协商行政规则制定程序时，需要考虑的首要问题就是当事人是否有意愿参与协商。只有在当事人有诚信参加协商的需要和条件时，才能予以考虑采用协商行政规则制定。行政机关既是协商行政规则制定活动的提出者和最终决定者，其本身也作为平等的协商行政规则制定委员会成员的一员全程参与协商，行政机关的诚信更加需要加以约束和规范，而且行政机关的诚信要求程度应当高于其他受影响的利害关系人。从行政机关在协商行政规则的活动中扮演的角色来看，诚信原则至少在四个程序环节对行政机关的诚信承诺予以规范。

第一，协商项目发起诚信。行政机关及其行政负责人经过审慎考虑最终决定采用协商行政规则制定方式完成相关项目，意味着行政机关已经对协商行政规则制定项目的必要性和可行性作了全面研究并作出了统筹安排，将为协商行政规则制定项目提供行政服务保障并及时完成行政任务目标。从行政机关的内部来看，涉及该项目行政负责人以及相关的高级别政府官员代表、其他行政机关的工作人员以及行政机关系统的其他机构组织等均应当认识到行政规则制定项目在行政机关活动中的重要性和优先性，从协商行政规则制定的发起之始至协商行政规则制定终结乃至最终行政规则颁布以后，均应当保持诚信态度。当协商项目发起之后，行政机关整体上应当保持诚信，而非仅仅是相关行政机关的代表或者行政负责人负有诚信义务。因此，从整个协商行政规则制定的流程来看，行政机关在决定采取协商方式完成行政规则制定项目时就应当将诚信原则作为决策基本的原则来要求。此外，协商发起阶段，行政机关就需要对协商的议题范围进行设计。若有相关议题不成熟，可以明确本次协商的排除范围，以便集中资源解决行政机关想要规制解决的问题。如果在协商过程中行政机关限制相关议题的讨论，不允许协商当事人就相关议题寻求解决方案，将会造成协商参与者对行政机关进行的项目极大的误会，甚至造成协商程序的失败后果。因此，行政机关应当在协商发起阶段进行全面统筹设计以尽力避免出现这一状况。

第二,行政服务保障诚信。在协商行政规则制定过程中,行政机关作为行政技术服务和后勤物质保障的提供者,对于协商工作的顺利进行具有非常重要的推动作用,是保障协商参与者及时完成各项协商议题达成一致意见的重要角色。“进行一项协商行政规则制定的全部花费是难以精确计算的,但是根据经验估计其范围大概在 25,000 美元到 200,000 美元,具体则根据起始阶段的召集和协商促进工作的花费情况而定。”①可见,协商行政规则制定需要耗费行政机关大量的资源,因而行政机关的服务保障工作在协商行政规则制定的成功开展中占有重要地位。协商行政规则制定委员会开启工作时,对行政机关的行政服务及后勤保障工作以及技术服务支持工作提出了及时、高效、高质量的服务要求,这些工作包括协商行政规则制定委员会开会的场所,后勤保障,会议设备及技术支持,委员会成员的差旅费用,相关的合理经费支出,信息数据的记录、保存与提交,召集人和协调促进人的遴选,协商行政规则制定委员会要求的经济、健康、法律、计算机等高级技术支持要求等,需要行政机关以优质的服务来为协商行政规则制定委员会工作提供保障。这些保障工作需要行政机关履行诚信义务,在协商工作程序中有任何一个部分缺乏支持,则可能会耽误协商程序工作的正常开展,甚至导致协商失败。特别是在协商会议期间,协商行政规则制定委员会成员们在短暂的协商会议时间内,需要高强度地开展工作、快速地作出各项决策决定,有时候还会进行激烈的争议与辩论,这时候需要有专门的行政服务作为保障以促进程序顺利进行。行政机关如果缺乏工作小组或者专职人员负责协调后勤保障工作,将会降低协商活动的效率、减少相互之间的信任因素。因此,行政机关设置工作小组或者专职人员负责后勤保障,对协商会议成功开展是非常有力的保障途径。此外,行政机关对于存在缺乏差旅经费问题的相关人员以及聘请相关召集人或者协调促进人,也需要提前做好服务安排和保障工作。

第三,协商过程参与诚信。行政机关本身是协商行政规则制定委员

---

① David M. Pritzker, Deborah S. Dalton, *Negotiated Rulemaking Sourcebook*, Office of the ACUS, 1995, p. 267.

会的成员，其同样参加协商程序，与普通成员一样享有平等交换的权利和义务。行政机关的代表参与协商所表达的观点就是行政机关的观点与立场，这要求参加协商的行政机关的代表具有充分的授权和权限，能够协调行政机关系统内部各个不同机关及内部机构的意见，代表整个行政机关部门甚至整个政府层面与其他协商参与者进行协商对话和沟通。“诚信是法律的本质特征，而法律特别是司法过程，在建立现代诚信制度中起着主导型的作用。”[①]这种协商和沟通才是真正有质量和有效率的协商沟通。如果行政机关的代表并不具有充分的授权或者其代表的仅是个人的观点与意见，往往对整个协商活动的正常推进不具有任何实质上的意义。因此，在行政机关的代表参与协商程序之前，需要协调好行政机关内部的关系，甚至需要协调多个政府部门以及整个政府层面的工作和利益，在协商程序中充分诚信地参与协商，这样才能取得成效。行政机关内部在早期统筹设计协商活动议题时，应当根据项目需要，判断作出做好相关代表人员的培训工作的决定，有必要时可以设置特别协调工作小组，作为内部协调机制，统一由行政机关的代表人员对外协商沟通。这样既确保了行政机关内部的及时沟通与对协商活动的参与，也确保了行政机关的代表对外协商沟通的诚信效力。值得注意的是，行政机关的代表诚信参与协商程序的活动，依照协商行政规则制定委员会的合意规定与各个成员进行平等的协商与沟通，并不意味着行政机关不需要依照法律或者行政机关及其上级领导的规定和要求进行活动。行政机关的代表诚信参与协商并不免除法律规范或者行政机关领导对行政机关的代表作出的相关的指示与命令要求。此外，行政机关代表诚信参与整个协商活动，不能期待和要求所有的参与者都能够提出有理由或者高质量的提议和建议，协商参与者的来源各异、综合水平各不相同，在协商中各方利益错综复杂，行政机关及其代表不能对此有过高期待。同时，行政机关的代表在协商中可以发挥领导作用，尽管有召集人或协调促进人发挥主持促进作用，但行政机关才是真正的法律责任承

① 刘李明：《司法过程中的商谈与诚信原则》，载《当代法学》2008年第1期。

担者和协商活动的关键角色。

第四，协商合意结果使用诚信。行政机关是协商行政规则制定的法律义务和政治责任的承担者，对协商行政规则制定的结果负有最终的法律责任和政治责任。从行政机关作出协商行政规则发起决定开始，就意味着行政机关对协商程序的制定过程及其结果应当履行诚信义务。协商行政规则制定委员会通过协商达成了合意协议，意味着所有协商参与当事人已经成功完成了工作，并且期待行政机关遵守基于协商行政规则制定委员会的合意作出的决定，将之作为立法草案提交并公开进行正式行政规则制定的一般程序。这是行政机关发起协商的本来目的，也是行政机关自身追求的结果。如果行政机关最终在达成合意的协议之后并不据此完成一般的行政规则制定程序，显然与行政机关的初衷相背离。行政机关的这种不诚信行为，必然导致相关利害当事人也违背协商合意。因为行政机关保留了最终行政决定权的同时，合意协议涉及的其他利害关系人也并没有受到合意协议的强制约束，他们可以采取包括诉讼救济在内的所有手段与行政机关就该行政规则制定项目进行抵抗和抗争，从而维护自身利益。从协商合意结果的使用来看，行政机关按照合意协议履行诚信义务并完成后续行政规则制定的一般程序，将会为协商参与者后续接受和实施协商行政规则制定规则作出榜样和示范作用。

二、全面充分代表原则

确保全部受重大影响的利害关系人充分地参与协商行政规则制定是协商行政规则制定成功的关键，也是行政机关选择适用协商行政规则需要衡量的前提和基本问题。“即使是一个数量很小的被排除的当事人群体，也能够给协商行政规则制定的有效性带来威胁。行政机关排除了即使是协商行政规则制定委员会中的一个组织，也可能给不希望发生任何诉讼的协商行政规则制定程序的有效性带来内在风险。”①全面代表原则

① Cary Coglianese, *Assessing Consensus: The Promise and Performance of Negotiated Rulemaking*, 46 Duke Law Journal 1255(1997).

就是要确保每一个受影响的利害关系人都能实际参与到协商行政规则制定程序中。如果有一方当事人全程没有参与一项协商行政规则制定，则其很有可能在行政规则制定完成后提出异议进行行政规则制定外的申诉或者提起诉讼问题，从而从根本上破坏了行政机关采用协商行政规则制定的初衷和目的。在美国的协商行政规则制定实践中，协商行政规则制定委员会成员的不全面代表引发了多起协商行政规则制定的失败。比如，在著名的石棉规则制定案中，没有被加入协商行政规则制定委员会的当事人要求新增加入协商行政规则制定委员会时，协商行政规则制定既定的日常安排则被完全打乱了[①]；在消毒剂副产品协商行政规则制定案中，氯工厂抱怨其被“非法排除”在协商行政规则制定的全部参与者之外，最后导致协商行政规则制定结果达成后却引发了诉讼争议[②]；在汽油行政规则重新制定案中，由于协商行政规则制定委员会中没有油罐车贸易协会的代表成员，最后油罐车贸易协会发起了对该行政规则的诉讼挑战[③]；在大峡谷可见度协商行政规则制定案件中，木材家具涂层协商行政规则同样被没有参加协商行政规则制定委员会的群体提起了诉讼。[④] 从美国这些实践案例经验可以看出，全面代表原则要求开展协商项目的行政机关聚焦于重大利害关系人的发现。特别是一些容易被忽视的特别的利害关系人，如人力资源与社会保障部门制定福利发放的相关行政规则时，特别容易忽视来自弱势群体或者妇女儿童的代表。因为在当前的社会状态下，这些弱势群体或者妇女儿童很难提出其诉求以至于被忽略掉。全面代表原则要求考虑现行社会机制的运行状态，在相关代表的选择和发现上，不仅要考虑直接的可以看得见的重大利害关系人，还需要考虑看

---

① See Participants and Facilitators Discuss Negotiation of EPA's Proposed Rule on Asbestos in Schools, 1 Alternative Disp. Resol. Rep. (BNA) 154 (July 23, 1987).

② See Environmental, Industry Groups Clash on Issues in SDWA Reauthorization Bill, 27 Env't Rep. (BNA) 266, 267 (May 17, 1996).

③ See National Tank Truck Carriers, Inc. v. EPA, No. 94 - 1323 (D. C. Cir. filed Apr. 18, 1994).

④ See Halogenated Solvents Indus. Alliance v. EPA, No. 96 - 1036 (D. C. Cir. field Feb. 5, 1996); Society of Plastics Indus., Inc. v. EPA, No. 96 - 1038 (D. C. Cir. field Feb. 5, 1996).

不见的但实质上受规制影响非常重大的利害关系人。

在全面代表原则的要求下，规制行政机关需要利用各种可以运用的机制，从各个不同层面和角度全面发掘利害关系人。具体来讲，从行政机关的内部运行来看，行政机关可以采用常规的方式促进和推动这种代表的全面性，如通过调查问卷、咨询协商行政规则制定相关的单位组织或者个人，等等，以寻求拟议协商行政规则可能受到影响的最多元的、最全面的利害关系人。从公众参与者的外部角度来看，从公众中获取的信息来源也有助于全面代表原则的实施，从公众中获取受影响的利害关系人的程度及其范围常常具有更直接的效果。需要说明的是，协商行政规则制定委员会的成员数量和规模的限制，不能成为全面代表原则包容性的阻碍借口。全面代表原则是协商行政规则制定的基本原则，受影响利害关系人的代表性不全，协商行政规则制定委员会的相关协商必然是不合理的。协商行政规则制定委员会成员代表和委员会规模的限制应当是全面代表原则下的人数和规模的限制，限制的目的是更好地、更有效地进行协商。

充分原则有两层意思。第一层意思是指有些愿意参加协商的代表事实上本来就准备表达他们的立场和观点，他们通过有效的沟通方式成为合适的代表参加协商，同时他们有充足的财政和资源支持开展工作。但是，也有一些代表他们愿意诚信参加协商却遇到各种各样的困难。只有克服这些困难，比如获得资金或者资源支持，他们才能够参加协商。面对这种情况，行政机关或者召集人需要对这些代表人选进行考虑，是否提供财政资助以使其能够参加协商或者采取其他办法使这些代表的意见能够反映到协商规则制定中来。此外，这些代表也可以寻求其他组织单位的资助或者支持，以使其能够顺利参加协商。充分代表的第二层意思是指这些有能力和有授权的经挑选出来的组织机构或者个人代表能够确保在协商行政规则制定程序的时间规定框架下提供符合要求的信息和决策意见。对于行政机关，充分原则要求其高水平地、快速地作出决策，并且提供协商行政规则制定委员会需要的技术支持和财政支持等；对于其他受影响的利害关系人，充分原则要求这些当事人诚信、有委托权力、及时作出决策和提供信息,凭借自身具有的经验和技能参加协商和沟通,争取最大的利益。充分原则还意味着在必要时,协商行政规则制定委员会可以聘请相关专家提供意见和建议。

三、平等协商原则

平等协商原则指协商行政规则制定程序中协商参与者的地位平等,权利和义务平等。“对当代中国而言,权利平等是社会主义法治的精髓和要义之一,是法律面前人人平等原则在权利方面的具体体现。”[①]协商参与者无论是行政机关的代表,还是受影响的利害关系人企业、公共利益团体、行业协会商会、社会公益组织或者个人,在协商行政规则制定程序当中享有同等的地位,承担同样的义务。协商行政规则制定委员会的工作不能由重大利害关系人一方主导整个协商过程。如果由利害关系人主导协商,则协商行政规则制定委员会的合意难以平等交换的形式达成,最终将会导致协商合意的失败。事实上,如果由重大唯一的利害关系人主导协商,作为协商活动的其他参与者将会对整个协商程序的合法性和合理性产生怀疑和不满,即使达成了合意,也会引发后续行政规则的有效性挑战问题。协商行政规则制定委员会所有代表都是权利义务同等的参与者,由相关的召集人或者协调促进人主导程序或者活动进程。行政机关作为规制项目活动的组织者在协商过程中发挥领导作用是没有问题的,行政机关的代表也可以不发挥领导协商的作用,而将其领导议题权利放弃。但是,作为协商行政规则制定程序的发起者和最终法律责任的承担者,行政机关的代表可以发挥引领议题探讨的领导作用,并不意味着在协商行政规则制定委员会的活动和相关程序中享有优先或者超越其他参与者的地位和权利。行政机关的代表在协商行政规则制定委员会中享有的权利和义务与其他成员具有一致性,正如协商行政规则制定之父哈特教授所倡导的“行政机关像其他参与者一样参加激烈而混乱的协商是非常

---

① 刘作翔:《权利平等的观念、制度与实现》,载《中国社会科学》2015年第7期。

关键的”。[①] 通过这种平等交换和协商方式，行政机关代表将行政机关的信息和关注考虑传达给协商参与者，使其他参与者能够充分地感受到行政机关的立场和观点。行政机关的代表也能掌握其他参与者的观点和信息数据，这样便促进了相互之间的公开公平以解决规制问题为导向的诚信的协商对话。如果行政机关的代表在协商中具有超越其他参与者的身份和地位，在这种不平等的场域下，充分协商沟通的气氛和情形将被强力的行政统治权所笼罩，参与者之间通过协商和沟通意见提出具有公平的解决方案或者创造性方案的合意的可能性是非常微小的。因此，在协商行政规则制定委员会会议中必须给予行政机关和参与者同等的地位并赋予同样的权利义务，以方便协商活动顺利开展和取得成效。

第三节 协商行政规则制定的适用范围

一、协商行政规则制定选择适用的决定因素

协商行政规则制定法律适用遇到的首要问题是，协商行政规则制定适用于哪些行政规则制定的情形？衡量一个行政规则是否适用协商行政规则制定有什么标准？从本书第二章对协商行政规则制定的功能优势的探讨中可以看出，传统行政规则制定模式和协商行政规则制定模式均各有其适用领域，在不同的行政目标任务、不同的情境环境和条件要求下选择的行政规则制定方式必然有所不同。从协商行政规则制定的历史起源来看，即出于对传统行政规则制定模式的弊端的变革优化，协商行政规则制定可以节约行政规则制定时间、减少相关诉讼或者争议结果并且在具体的规则制定活动中通过增强公众参与以实现更强的合法性和可接受性的目的。显然，并非所有的行政规则都适用协商行政规则

---

① Philip J. Harter, *Fear of Commitment: An Affliction of Adolescents*, 46 Duke Law Journal 1389(1997).

制定方式。“判断选择协商行政规则制定在何种条件下是最合适的，必须要与行政机关可能采用的其他行政规则制定方式相比较——特别是利害关系人在拟采用其他的公众参与方式或者法律规定的公众参与方式的具体情况相比较。”①

自美国协商行政规则制定思想发源且其制度形成和不断发展数十年以来，受其影响，各种社会公众参与机制已经成为世界各国行政机关制定行政规则时通常采用的方式和手段。行政机关通常基于解决不同的行政任务目标、财政资源的限制情况以及其他的考虑因素适用不同的公众参与的技术和程序方式。例如，我国有学者曾概括总结上海市行政规则制定过程中采用了 10 种不同的社会公众参与方式。② 在这些不同的社会公众参与机制中，行政机关通过媒体或者官方网站平台等单方公布行政规则制定信息，这种方式属于信息传播，并非属于严格意义上的社会公众参与机制。行政机关与社会公众之间双方进行信息交换，比如，行政规则草案征求意见、立法听证会以及论证咨询会等，则属于较低程度的社会公众参与形式。行政机关与社会公众通过半正式性半结构化的组织参与形式进行公众参与项目，如设置立法工作小组、立法专家咨询顾问委员会等，属于中等程度的社会公众参与形式。较高等级的社会公众参与则是行政机关与社会公众之间的合作，比如，协商行政规则制定、公私协作项目开发、合作进行行政规划等。在较高的社会公众参与机制中，各方当事人着力于协商合作并基于一个具体的、相互的合意而最终产生一个有利于各方的合作结果。这些较高等级的社会公众参与机制本身在实施过程中就会包含一些公众参与的行为，而且并非是一次性的公众参与行为。通过行政机关与相对人面对面的协商沟通，使行政机关与相对人之间能建立良好的合作伙伴关系和信任基础，使双方在行政规则制定程序项目中能够通力协作，从而减少诉讼

① Cheryl Blake, Reeve T. Bull, *Negotiated Rulemaking* (*Final report*: *June* 5, 2017), prepared for Administrative Conference of the United States, Recommendation 2017 - 1.

② 参见刘平:《立法原理、程序与技术》，学林出版社、上海人民出版社 2017 年版，第 246 ~ 249 页。

和其他矛盾冲突。

行政规则制定中的许多因素,比如,利害关系人参与的具体目标以及行政机关在项目制定实施过程中可以投入的资源情况等,决定了行政机关在一个具体既定的行政规则制定项目情境中能优先利用哪种等级的公众参与。“将社会公众参与问题摆在面上,以社会公众参与为中心进行设计或者组织是非常有用的,因为公众参与是以某种具体结果可能性为追求的多面性的、长期的行动。”①必须承认的是,行政机关负责人及其工作人员在一个行政规则制定项目中,可能不仅仅只有某一种公众参与方式和方案可供考虑和选择,他们往往有多重选择考虑,随着行政规则制定项目程序的推进发展,某些项目前期看起来不适合的公众参与方式,很有可能在后来某些情形中成为一种更具有优势的公众参与方案。

协商行政规则制定作为一种公众参与的方式和方案,需要与一般的公众参与机制一样,考虑资源投入因素、具体行政目标任务因素以及利害关系人的综合情况因素等。但是,协商行政规则制定还有其特殊性和唯一性,协商行政规则制定的独特性在于采用协商行政规则制定程序制定一个行政规则项目时,协商参与者在协商行政规则制定委员会具有平等的法律地位和同等的权利义务,利害关系人的代表与行政机关都作为协商参与者的普通成员,共同决定行政规则的草案内容并由全体协商行政规则制定委员会成员决定是否通过该草案内容。因此,协商行政规则制定更需要着重强调行政机关与其他协商参与者共同协商的基础前提,并且在协商行政规则制定活动中遵循协商的基本原则。

总而言之,行政机关负责人选择适用协商行政规则制定机制的决定性因素,应当对拟实施的行政规则制定项目进行周全考虑,并且应当判断采用协商行政规则制定机制是否能够最大限度地满足行政机关和可能的利害关系人的需要。

---

① Lisa Blomgren Bingham et al., *The New Governance: Practices and Processes for Stakeholder and Citizen Participation in the Work of Government*, 65 Public Administration Review 547,555(2005).

二、协商行政规则制定的具体适用范围

在我国行政法治实践中，一个完整的行政规则制定程序，可以分为三个程序阶段，即行政规则制定的前期准备阶段（立法的前期准备）、行政规则制定的正式程序阶段（立法的正式程序）、行政规则制定完成后的完善程序阶段（立法后的完善程序）。[①] 在行政规则制定的正式程序环节，比如行政规则草案的提出、审议、表决、公布与生效环节，协商行政规则制定作为行政规则制定的一种机制，理应适用其中。在一项行政规则制定完成后的完善程序阶段，如备案、审查、解释、冲突适用的裁决、修改与废止、评估等程序环节，协商行政规则制定作为一种协商沟通的程序机制，依然可以在这些环节中发挥出重要的作用。关键的问题是，在行政规则制定项目的前期准备阶段，协商行政规则制定是否存在适用空间？

从当前行政法治实践的实际情况来看，行政机关在行政规则制定的前期准备阶段，通常很少运用协商行政规则制定程序。“立法的前期准备，一般指正式提出立法提案之前所进行的与立法相关的活动，这一阶段也被称为前立法阶段。立法准备作为整个立法活动过程中一个不可或缺的阶段，具有相当的重要性。因为立法准备就其主要倾向看，具有决策性，大多数立法案的名称、体例等命运，起始在立法准备阶段就已决定了。”[②]行政机关的立法预测、规划编制、年度立法计划都属于行政规则制定的前期准备工作的内容。特别是当一项行政规则制定项目开启了行政机关的立项工作程序或者进入了立项论证阶段，则意味着一项行政规则制定得到了真正启动和运转。这一阶段，行政机关需要大量的事实材料和数据信息以辨别可能受到影响的利害关系人群体，需要从众多可选择的政策立场中决定一种符合社会公共利益的观点立场。基于这一阶段的决策需要，行政机关一般采用低等程度的社会公众参与即可实现其目标。因而，行政机关通过采用较低程度的公众参与方式比

---

① 参见刘平：《立法原理、程序与技术》，学林出版社、上海人民出版社 2017 年版，第 228～282 页。

② 刘平：《立法原理、程序与技术》，学林出版社、上海人民出版社 2017 年版，第 228 页。

如发布公告或者通知，使社会公众了解行政机关正在考虑解决的问题或者行政机关想要达到的行政规制目标，行政机关可以提升规制的公开和透明度，并且可能从社会公众中获得有价值的信息和数据材料。"在任何时限内，行政机关持续地评估和预测何种程序机制能够实现其行政目标都是不可或缺的。"①因此，尽管在行政规则制定的早期准备工作阶段，行政机关也应当考虑协商行政规则制定机制或者其他中等程度或者较高程度的社会公众参与机制怎么能够提高后期行政规则制定中的质量问题。通过考虑社会公众可能参加的论证会、听证会等公众参与形式使行政机关可以识别受影响行业的范围、公共利益以及其他利害关系人。如果行政机关已经明确其具体行政任务和目标或者已经限缩至几个具体的行政规则选择方案，并且已经收集了具体的信息数据和其他相关材料，那么行政机关应当将采用协商行政规则制定机制作为最优选择方案以实现制定达成基于行政机关和利害关系人群体的共同合意的行政规则草案。

我国协商行政规则制定的萌芽与兴起实践经验主要在福利行政领域，如本书第三章的广州市住宅停车场机动车停放服务收费协商议价规则案。在福利行政领域，由于行政机关提供的生存发展保障与服务与相对人的衣食住行密切相关，相关行政规则的制定以及行政决策方案已经不能仅凭行政机关自身的意志单方作出决策，常常需要利害关系人根据其真实情况表达真实意见、实质上参与到行政规则草案中来，才能真正有效实现行政机关的福利行政目标。因此，协商行政规则制定在当代福利行政国家具有广阔的功能发挥空间。与此同时，由于风险社会中行政机关风险行政决策的合法性与合理性遭遇到挑战，通过协商行政规则制定机制由行政机关与协商参与者共同作出决策来应对不确定性问题，有助于提高行政机关决策的合法性和合理性。

从国外协商行政规则制定的适用实践情况看，美国行政机关主动

---

① Cheryl Blake, Reeve T. Bull, *Negotiated Rulemaking* (*Final report*: *June* 5, 2017), prepared for Administrative Conference of the United States, Recommendation 2017 - 1.

增加了协商行政规则制定方式在规制项目中的应用,使协商行政规则制定在实践中继续完善和向前发展。美国协商行政规则制定的应用范围不仅限于劳动与社会保障领域、环保规制领域、食品药品规制领域,也适用于教育文化规制领域、交通管理领域,等等。尽管协商行政规则制定遭遇了一些质疑和批判,[①]但协商行政规则制定在美国的行政规则制定中的成功实践已经对这些质疑和批判作出了有力的回应。如杰弗里·拉博斯教授总结了美国教育部自 1992 年以来高等教育领域行政规则制定的情况,2014 年 12 月向美国教育委员会提交了《美国教育部应当

---

① 自协商行政规则制定在美国兴起以来,就一直遭遇部分学者的质疑。例如,卡利·科格里恩内塞(Cary Coglianese)教授通过实证的方法对美国环保部以及其他部门自 1985 年至 1996 年发生的全部协商行政规则制定的数据情况进行分析,得出结论称协商行政规则制定并不节约时间、金钱或者资源,也没有减少冲突或者诉讼。参见 Cary Coglianese, *Assessing Consensus: The Promise and Performance of Negotiated Rulemaking*, 46 Duke Law Journal 1255(1997)。威廉·方柯(William Funk)教授质疑协商行政规则制定在美国行政法上的合法性与合理性,认为协商行政规则制定推翻了美国行政法基本原则和说明理由制度,参见 William Funk, *Public Participation and Transparency in Administrative Law—Three Examples as An Object Lesson*, 61 Administrative Law Review 171,194 (2009); William Funk, *Bargaining Toward the New Millennium: Regulatory Negotiation and the Subversion of the Public Interest*, 46 Duke Law Journal 1351(1997)。菲利普·哈特教授则对卡利·科格里恩内塞教授的观点进行了尖锐的批判,菲利普·哈特教授认为菲利普·哈特教授仅从经验观察的角度对协商行政规则制定制度进行批判是过于狭隘地评价了协商行政规则制定的精神,而没有关注到行政规则制定天生是一项政治性活动,评价协商行政规则制定需要从政治的运行场景以及规则本身的内部性和动态性进行考察。菲利普·哈特教授还对卡利·科格里恩内塞教授的实证数据提出了质疑,菲利普·哈特教授指出"当实际参与协商行政规则制定能够真的带来更好的解决方案的时候,为什么有些行政机关的工作人员对规则的效力感觉如此害怕?为什么有的行政机关比如职业安全与健康管理局的工作人员会花费 18 个月去审查一项协商规则的一致意见?"菲利普·哈特教授认为美国行政规则领域以及其他的政策领域的发展正在进入转型时期,行政机关邀请公众参与或者利害关系人参与规制行为是常态。协商行政规则制定拥有美国白宫的大力支持以及美国环保部使用协商合意和公众参与程序作为其机制体系重大创新的一个完整的部分,在逻辑上可以说行政法上的协商行政规则制定和多元争议解决方案是绝不困难的。协商行政规则制定处于发展壮大阶段应当给予支持和推进。菲利普·哈特教授认为"协商行政规则制定作为一种行政规则制定的技术工具应当仅仅使用在合适的情境中,正如锤子和螺丝刀的使用远远多于扳手,但是扳手的存在才构成了任何一个工人的完整的工具箱,扳手是必不可少的"。参见 Philip J. Harter, *Fear of Commitment: An Affliction of Adolescents*, 46 Duke Law Journal 1389 (1997)。杰弗里·拉博斯教授也支持协商行政规则制定的适用正当性和积极意义,认为行政机关通过创制协商行政规则已经成功地"大大地降低了对这些行政规则的诉讼率"。参见 Jeffery Lubbers, *Better Regulations: The National Performance Review's Regulatory Reform Recommendations*, 43 Duke Law Journal 1165(1994)。

提高协商行政规则制定的应用》咨询报告;[①]玛丽·博伊德教授对美国普通药物和专利药物不同的法律保护政策,经过对当今美国药品规制环境的分析,提出美国食品药品监督管理局应当采用协商行政规则制定的办法与药品生产者、消费者代表、医药服务提供商代表以及其他利害关系人协商确定新的药品规制方案;[②]2017 年汉娜·怀斯曼教授通过分析美国联邦铁路运输管理局和油管及有害物质安全管理局自 1996 年以来持续利用协商行政规则制定方法,与受规制的行业企业就解决乙醇和石油运输安全问题所制定的协商行政规则对铁路行业企业积极与消极的影响,最后得出结论认为协商行政规则制定策略在行政程序中能有效解决新的和不确定性的风险问题,并使得行政机关和受规制行业企业均普遍获益。[③] 怀斯曼教授的研究使皮尔斯·理查德教授也发文指出其改变了原先对协商行政规则制定的态度。[④] 正是基于协商行政规则制定可以给行政机关及受规制影响的利害关系人带来质量更好更易于接受或者实施的行政规则,美国行政会议时隔 30 多年再次提出建议报告,将协商行政规则制定作为一种公众参与方式向美国行政机关进行推荐使用。[⑤]

从我国行政规则制定的发展前景来看,协商行政规则制定作为在起草阶段由利害关系人与行政机关组建协商行政规则制定委员会直接协商和沟通并共同制定行政规则草案的机制,尽管在行政实践中有发生如本书第三章提到的广州市住宅停车场机动车停放服务收费协商议价规则案以及深港西部通道深圳侧接线工程方案行政决策对话协商案两个实践案例的例证,但是,协商行政规则制定模式在我国还没有形成普遍性的法律

---

① See Jeffery S. Lubbers, *Enhancing the Use of Negotiated Rulemaking by the U. S. Department of Education*, in *Recalibrating Regulation of Colleges and Universities: Report of the Task Force on Federal Regulation of High Education* App. Ⅳ, p. 32 (2014).

② Marie Boyd, *Unequal Protection Under the Law: Why FDA Should Use Negotiated Rulemaking to Reform the Regulation of Generic Drugs*, 35 Cardozo Law Review 1525 (2014).

③ Wiseman, Hannah J., *Negotiated Rulemaking and New Risks: A Rail Safety Case Study*, 7 Wake Forest Journal of Law & Policy 207 (2017).

④ Pierce R. Richard: *Rethinking Negotiated Rulemaking*, 2016 Jotwell 461 (2016).

⑤ Administrative Conference of the United States, Recommendation 2017 – 2, Negotiated Rulemaking and Other Options for Public Engagement (Adopted June 16, 2017).

适用,也没有产生重大的制度影响。当然,这一状况与我国当前相关的行政程序法律制度中尚未有任何直接的协商行政规则制定法律规定有关。可以说,协商行政规则制定在现行行政程序法上是一个空白领域。我国现有的行政规则制定中,特别是起草程序环节中,已经有部分公众参与程序机制的规定,且有关公众参与方式和形式的法律规定还不在少数。比如,我国《立法法》(2023 年修订)第 74 条规定,行政法规在起草过程中,应当广泛听取有关机关、组织、人民代表大会代表和社会公众的意见。听取意见可以采取座谈会、论证会、听证会等多种形式。我国《行政法规制定程序条例》第 13 条第 1 款规定,起草行政法规,起草部门应当深入调查研究,总结实践经验,广泛听取有关机关、组织和公民的意见。涉及社会公众普遍关注的热点难点问题和经济社会发展遇到的突出矛盾,减损公民、法人和其他组织权利或者增加其义务,对社会公众有重要影响等重大利益调整事项的,应当进行论证咨询。听取意见可以采取召开座谈会、论证会、听证会等多种形式。我国《规章制定程序条例》第 15 条第 1 款、第 3 款规定,起草行政规章,应当深入调查研究,总结实践经验,广泛听取有关机关、组织和公民的意见。听取意见可以采取书面征求意见、座谈会、论证会、听证会等多种形式。起草专业性较强的规章,可以吸收相关领域的专家参与起草工作,或者委托有关专家、教学科研单位、社会组织起草。《规章制定程序条例》第 16 条第 2 款中规定,起草的规章涉及重大利益调整或者存在重大意见分歧,对公民、法人或者其他组织的权利义务有较大影响,人民群众普遍关注,需要进行听证的,起草单位应当举行听证会听取意见。但是,现行行政规则制定程序起草环节中的这些公众参与规定内容,与协商行政规则制定利害关系人的公众代表与行政机关组成协商行政规则制定委员会,平等协商、一同制定行政规则草案的制度内容,存在较大的差异和差距。

协商行政规则制定机制是对一般公众参与机制的升级优化。协商参与者在协商过程中的起草提案权和终极表决同意权,是一种程度上更高级的公众参与机制,是对传统公众参与机制乃至传统行政规则制定模式的一种颠覆和创新。从行政规则制定的世界发展趋势和我国行政法治发展的需要前景来看,协商行政规则制定作为公众参与行政规则制定的一种新方式和新方案,在行政机关就制定一个与公共利益相关的行政规则制定议题或者行政规则制定项目,需要听取受影响的利害关系人和公众的意见,并且有意愿有能力直接与之充分协商讨论时,优先选择协商行政规则制定程序的适用,来完成行政规则制定项目的任务是非常必要的。

第四节 协商行政规则制定行政适用的标准

如果行政机关有意向决定采用协商行政规则制定方式制定拟议的行政规则草案,行政机关如何进行协商行政规则制定?其适用协商行政规则制定有何选择标准?

一、美国协商行政规则制定行政适用标准的考察

从美国《协商行政规则制定法》的规定来看,行政机关的行政首长决定是否在涉及公众利益事项中运用协商行政规则制定程序,是组建协商行政规则制定委员会的一项先决条件。该法列举了行政首长作出决定时考虑的七个因素,包括:

(1)需要使用协商行政规则制定;

(2)数量有限且明确受到重大影响的利害关系人;

(3)具有一种合理的可能性,即合适的被均衡代表的协商行政规则制定委员会能被召集,该委员会的成员愿意诚信协商以达成一致意见;

(4)协商行政规则制定委员会按时达成一致意见的合理可能性;

(5)协商规则制定程序不会不合理地延迟发布行政规则结果;

(6)行政机关会确保充足的资源支持;

(7)行政机关会确保发布拟议行政规则草案的任何协商结果。①

从上述美国协商行政规则制定法的规定可以看出,法律上是否采用

① See 5 U.S.C. § 553.

协商行政规则制定方式主要在于协商行政规则制定的必要性和可行性分析、利害关系人的代表规模、协商行政规则制定委员会成员的成功召集以及诚信协商、协商达成的合意、协商行政规则制定程序不得迟延、行政机关的资源支持以及行政机关对协商结果的发布等因素。从行政机关的实践角度来看,美国环保部明确指出,筛选出具有高可能性适用协商行政规则制定的行政规则制定项目是非常重要的前提。基于美国环保部总结其解决环境争议问题的经验并且从已经使用协商行政规则制定的案例中分析总结了《环保部协商行政规则制定候选方案适用选择标准》,该选择标准规定了筛选协商行政规则制定候选项目的五个标准和筛选参与者的五个标准。① 候选项目的五个筛选标准如下:

(1)拟议行政规则项目应当规定数量限定的独立议题或者相关的议题及其解决方案。每一个议题和方案不能涉及当事人的价值观根本选择或者违反国家政策。一个可能成功的协商行政规则制定涉及的主要是第二层次的怎么实施规则的问题。

(2)待解决议题的政策使用,或多或少有次序限制。比如,在该项目中行政规则制定没有创建不在协商范畴之内的有约束力的惯例。复杂的多维度议题难以得到解决。

(3)必须有充足良好的事实基础以支持富有意义的讨论,并提供议题的解决方案。

(4)应当有几种能够使议题得以解决的方式方法。

(5)应当有确定的截止时间设置。在美国环保部的任何一个协商行政规则制定项目上,因为一些法律规定、司法审查或者程序机制的要求。截止时间的设置给议题的协商提供了充足的时间。

关于该协商行政规则制定参与者的五个筛选标准如下:

(1)对该项目感兴趣或者受协商行政规则制定程序结果影响的参与者们,应当被充分辨识并且相关代表人数不能过多。

---

① See *EPA regulatory negotiation candidate selection criteria*, in David M. Pritzker, Deborah S. Dalton, Negotiated Rulemaking Sourcebook, Office of the ACUS, 1995, p. 42.

(2)这些当事人有一些共同的目标。他们应当诚信参与协商,应当考虑到通过协商更可能达成他们的目标,正如他们通过传统行政规则制定方式实现目标一样。

(3)在一个或者多个待解决的议题上一些当事人应当有共同的立场,这些共同的立场是在协商程序中达成合意的基础。

(4)在协商行政规则制定项目之外,当事人应当认为他们自己与行政机关具有持续的良好合作关系。

(5)任何正在进行的诉讼,不能阻止当事人的协商参与意愿或者取消当事人进行平等交换意见的资格。

根据哈特教授的观点,决定一个协商程序是否能制定好的行政规则的基本标准或者基本条件包括九个方面:(1)当事人各方平等的抗衡权;(2)有限的当事人少于15个人;(3)需要解决的具体问题必须是成熟可作决定的;(4)决定的必然性;(5)获益的机会和双赢结果;(6)有根本的价值观;(7)允许交易;(8)研究协商达不成合意的影响;(9)协议结果的使用价值。①

二、我国协商行政规则制定行政适用的标准

综合前文美国协商行政规则制定法的规定、美国环保部实践中对协商行政规则制定候选方案适用选择标准以及美国行政法学界在学理上探讨的法律适用考虑因素,本书认为,应当考虑如下几个适用标准因素来决定或者衡量我国行政机关的协商行政规则制定。

第一,协商行政规则制定委员会的代表应当与议题有重大利害关系。协商行政规则制定的代表需要就规则草案议题进行充分的协商和讨论,参与者需要与草案议题有相关性或者重大利害关系,这样才会真正关注议题。但委员会的会议讨论不能人数众多,为了精确地提供各方意见和进行协商沟通,人数必须有所限制。美国的法律规定及实践经验表明,所

① Philip J. Harter, *Negotiated Regulations: A Cure for the Malaise*, 71 Georgetown Law Journal 1(1982).

有利害关系人的核心会议或者有关组织所委托的协商行政规则制定委员会总人数一次性不超过25人的规模是合适的。如果超过25人,讨论将可能变得不深入。尽管这个限制看起来像是一个小的数字和限制,但是在大多数主要的行政规则制定中,仅仅有少数当事人扮演了重要角色。如果重要的利害关系人并没有被充分地组织起来,从而导致协商的代表不能够被推选出来,该程序可能是不适当的。

第二,选择的相关议题应当适合进行协商。议题的选择和设计涉及协商行政规则制定项目成败。一个行政规则制定项目若能够引发众多的利害关系人关注和关心,它必然是关涉重大利益调整。如果仅仅是微小的利益议题,就没有必要为此付出协商行政规则制定委员会这样复杂的程序和投入大量资源力量。协商行政规则制定项目选择的议题应当是众所周知且利害关系人愿意参与协商的。一般来说,当事人不大可能关注既不好理解也不是迫在眉睫需要解决的议题。因此,行政机关选择议题时,必须考虑议题已经充分发展到一定程度,以至于协商参与者能够聚焦到该议题并想方设法寻求解决方案,使这些议题可以列入行政机关的日程安排中。此外,选择的议题不能违背法律和政策的规定,并且不能涉及相关利害关系当事人所坚持的基本价值观。如果在议题中一个当事人被要求违反其持有的基本原则,这个议题用来进行协商是不合适的。当议题呈现寻求协商的状态,其本身应当就是重要的和重大的。但是如果它们被提升到理想信念和价值观的地步,协商是不可能的。有关基本价值观和信念的这些议题不适宜也不应当采用协商行政规则制定的方式,而需要以其他方式比如通过沟通讨论会或者座谈会等形式来进行解决。此外,选择的主题议题最好能够包括多种可以讨论的子议题。如果只有一个议题可供协商讨论,当事人如果坚持持有不同意见,则协商就会陷入僵局。协商行政规则制定的优势是作为一种典型的可选择性的行政规则制定方案——有些议题事项可能对一个当事人至关重要,但是对另一个当事人却无关紧要。因此,根据各方的具体需求和排序优先性协商从而努力达成共识,当事人可以对议题进行排序。能够提出一系列问题或者解决方案的拟议行政规则制定是非常重要的。

第三,协商的议题应当具有达成合意的可能性。如果当事人通过政治影响力或者其他影响力在相关议题上事实上占据领导地位或者绝对谈判优势,从而明显决定了协商活动的结果,该议题便不适合采用协商行政规则制定程序。没有权力优势但是又深受影响的利害关系人,通常需要通过正式的行政规则制定程序来反馈和保护他们的利益或者改变相关的权力平衡关系。但是,如果利害关系人之间相互有充分的抗衡性权力,又没有当事人通过行政强力手段达成其目标,协商行政规则制定程序则可以作为合适的方式来调和利害关系当事人之间的矛盾并且可以避免出现僵局问题。通过协商行政规则制定活动的平等交换和诚信协商,行政机关以及各方当事人能就争议的议题达成妥协和一致意见,从而使各方对协商合意协议具有可接受性,有利于减少行政规则制定的时间成本和资源成本。

第四,具有重大利害关系的当事人自愿参加协商。协商是一种可选择的行政规则制定程序方案,由当事人自愿选择参加。如果当事人认为他们有能力通过采用协商行政规则制定方式而不是利用其他手段而实现他们的目标并且得到更多的益处时,他们愿意积极参加协商。当事人如果被强制参加协商,则可能没有协商活动参与的热情和动力,在经受协商烦琐的程序和激烈冲突时,他们容易退出协商或者导致协商以失败告终。没有主动参与的意愿和结果预期的当事人,不是一个完全的、富有创造性方案提议的参与者,并且可能在后续环节中还试图破坏协商结果。

第五,行政机关愿意采用协商行政规则制定程序并且参与其中。美国行政规则制定的成功案例经验已经证明,如果行政机关反对采用某些程序机制,极有可能找到一种创造性的方式来蓄意破坏其不喜欢的程序。因此,即使受影响的利害关系人群体已经召开协商会议并且形成了一个提议,行政机关也可能基于不是自身提倡主导的问题或者考虑到自身没有进行均衡干预而加以强烈反对。行政机关如果意识到通过与利害关系当事人直接协商讨论是形成拟议行政规则草案的合适方式,其才会积极运用协商行政规则制定方式。而且,参加协商的行政机关的代表在行政机关系统内部,通常是负责行政规则草案起草的负责人,他们应当参与而且应当作为一个全程参与协商的成员以便行政机关的观点能被全体协商参与者接受,使行政机关真正成为协商行政规则制定程序中不可或缺的有效组成部分。

第六,协商应当有明确的截止时间。协商行政规则制定程序需要耗费行政机关的代表以及受影响利害关系人极大的时间和资源成本。协商会议以及行政规则制定的活动不能无限期地拖延或者久久达不成合意结果,这不仅不符合行政机关的规制目标任务,也不能令受影响的利害关系人各方接受和满意。因此,对于能否在协商活动中达成协商合意的结果,规定一个合理的截止时间,不仅有利于帮助协商参与者寻求解决方案的行动,而且能够提高参与者各方的行动效率和热情。协商程序的截止时间可以由法律规定或者上级行政机关规定,也可以由协商发起的行政机关提前设置经协商行政规则制定委员会全体成员开会通过。根据协商行政规则制定活动程序的具体情况和特别需要,协商截止时间可以进行更改,由协商全体委员会成员同意即可。

第六章　协商行政规则制定的程序构造

本书第五章已经论述了行政机关选择适用协商行政规则制定方式的六个评估标准，行政机关的负责人经过统筹考虑，最终作出决定采用协商行政规则制定完成相关立法项目时，协商行政规则制定程序即被激发和运行了。在正式论及本章协商行政规则制定的程序内容时，本书再次强调行政机关及其负责人选择适用协商行政规则制定项目的几个重点问题和考虑因素，因为在诸多传统行政规则制定和公众参与方式中，选择适合采用协商行政规则制定方式的情形，开展行政规则制定项目是协商行政规则制定成功的必要条件。

行政机关负责人或者行政首长采用协商行政规则制定方式而非其他行政手段或者行政解决方案解决一项立法规制项目问题，行政机关的态度和立场是在起草行政规则草案时希望与受影响的利害关系人协商合作和直接沟通，从公众参与起草行政规则的过程中创造性地解决与公共利益相关的规制难题。行政机关作出适用协商行政规则制定方式的这一选择，与本书第五章协商行政规则制定法律适用的标准因素是一致的，行政机关必然考虑了协商行政规则制定的必要性和可行性因素，受影响的重大利害关系人必然是明确能辨别的而且其代表数量是有限的，召集受重大影响的利害关系人组建一个协商行政规则制定委员会是有可能的而且委员会的成员愿意进行诚信协商达成合意形成行政规则草案，协商行政规则制定委员会在截止时间前达成合意是众所周知且共同决定的，协商行政规则制定委员会达成合意后行政机关内部不会延迟发布公告并承诺及时签署最终行政规则，行政机关对协商行政规则制定提供充足的资源和行政服务保障等。鉴于行政机关及其负责人已经充分考虑了各种标准因素，并最终采用了协商行政规则制定程序完成规制项目，于是便开始启动协商行政规则制定的程序机制。

第一节 协商行政规则制定的召集程序

协商行政规则制定的召集程序包括评估协商一项行政规则的必要性、可行性、协商行政规则制定委员会的结构设计、确定进行协商的一系列初步议题等程序内容。行政机关经审慎考虑后协商行政规则制定通常会选择一个或多个"召集人"[①]，即能够执行协商行政规则制定任务和与行政机关官员就协商结果进行讨论的人或者组织。此外，在召集程序中行政机关的工作人员需要联系相关部门，如立法机关、政府财政部门等其他政府机构和部门等，与其讨论采用协商行政规则制定方式制定一项行政规则草案的可能性和可行性，这些工作在召集阶段是必须完成的准备工作。

召集人首先必须确认所有可能被协商行政规则制定的行政规则影响的利害关系人。"利害关系人"指一组可能受行政规则影响的或者是在拟议行政规则主题事项中可能具有相似影响的当事人。[②] 召集人通常通过联系拟议行政规则受影响的当事人（也包括行政机关在内）并且通过

① See 5 U. S. C. § 562 (3).

② See 5 U. S. C. § 562 (5).

联系后确认所有的利害关系人，判断和决定在行政规则制定中需要解决的议题并需要分析作为代表的当事人和行政机关工作人员是否同意协商并承诺通过诚信协商来推进行政规则制定。召集人需要组建一个各方利益代表均衡的协商行政规则制定委员会并且通过引导协商行政规则制定委员会的工作运转从而达成一项行政规则合意的目标，这也是引发行政机关考虑采用协商行政规则制定方式解决规制问题的内在出发点和动力。

召集程序在协商行政规则制定程序中很重要但也不能过分强调其重要性。若没有对上述提到的议题和步骤事先进行充分考虑，行政机关不应该采取协商行政规则程序。协商行政规则制定的可行性和必要性评估工作、委员会组建的结构问题以及相关的议题方案群组的准备等，这些准备工作的工作量非常大，任务艰巨，行政机关在条件允许时甚至可以考虑聘请第三方机构进行处理。但这并不意味着行政机关必须雇用外部的第三方专业咨询机构或者通过自身进行相应的调查研究。事实上，被行政机关推选出来的召集人，通常是在行政机关系统内已经拥有良好的事实信息和数据材料来源基础以及具备丰富的相关实践工作经验基础，这是他能被选中以及能胜任召集人角色的起始点和原因。召集程序的本质，是与潜在的当事人讨论相关的议题和程序。① 通过召集人的这些联系工作，他对哪些当事人、利害关系人必须参与、谁能够充分代表这些利益、他们的参与意愿以及成功的期望，能够做出一个明确的判断。当然，在一些情形中，召集程序也可能得出一个项目不宜采取协商行政规则制定的判断结论，而建议利用其他的渠道方式继续进行协商。遗漏或者忽视召集人的这种调查工作会实质性地减少协商行政规则制定获得成功的可能性。

一、选择召集人

召集人可能是采取协商行政规则制定的行政机关的工作人员、其他

---

① See David M. Pritzker & Deborah S. Dalton, *Negotiated Rulemaking Sourcebook*, Office of the ACUS, 1995, p. 123.

行政机关的工作人员或者是富有经验的、经常与当事人协商打交道的专业机构的专家或者学者。通常召集人应当对协商行政规则制定中实质的议题内容保持中立态度。这预示着协商行政规则制定的召集人可以从其他的规制项目、借调其他行政机关的工作人员或者企业行业协会商会以及专业机构的专业人士中选拔。

在拟议行政规则的联系工作上，召集人因为没有任何关联义务而更有可能与各个方面的当事人建立融洽的人际关系，与行政机关的行政规则制定工作人员相比起来，召集人反而可能获得更多、更完整的信息。当事人面对这样一个召集人，他们在协商中可以对他们感兴趣的地方充分发表意见，或者陈述他们认为相关议题的重要性以及理由。召集人作为一个行政系统的外部人士能够带给行政规则制定更多优势，他将尚未介入的当事人或者利害关系人在确定参加召集程序之前的观点和意见进行有效反馈和整理是非常有价值的，能够使大家对行政规则制定的协商程序有更好的评估结果和期待。

因为协商行政规则制定基本上不是一个具有对抗性质的程序，在某些情形下，可以选择行政机关的协商行政规则制定工作人员作为召集人。[①] 但是，被选择的行政机关工作人员不能在协商行政规则制定的程序过程中，再扮演一个协调促进者。基于行政机关工作人员与受影响当事人之间的良好工作关系，运用其做召集人是可理解的。此外，行政机关工作人员掌握的相关主题知识也能够引导各方当事人进行更多的讨论，有助于协商讨论议题的开放和沟通。协商行政规则制定工作人员的使用也能节省行政机关的经费，这个决定可能极大改变对行政机关工作人员的工作要求，因为协商从一开始就需要行政机关工作人员准备相关方案以及相关背景信息。

如果存在复杂的议题以及许多的潜在的受影响当事人，召集人可以组成召集人小组，在这种情形下召集人小组工作形式是非常合适的。

---

① 参见刘平：《立法原理、程序与技术》，学林出版社、上海人民出版社2017年版，第228～282页。

召集人小组可以由协商行政规则制定工作人员、其他工作人员以及企业行业协会商会或者专业机构的专业人士共同组建。召集人的资质是非常重要的。要成为一个好的召集人，这个人应当具有调查能力、组织技巧、理解和沟通复杂议题的能力以及出色的倾听技术，这样召集人才能在协商过程中对相关问题的矛盾关键所在进行分析，召集人如果有纠纷解决的工作背景，则会大大有助于推动协商过程中各方达成一致意见。

二、召集程序的工作步骤

行政机关经过初步评估判断认为一项行政规则具有协商的必要性和可行性，并且已经选择了召集人。那么召集人如何开展协商程序工作，具体需要做什么？基于协商行政规则制定的制度设计是开放性的和协商沟通性质的，协商行政规则制定制度的初衷就是赢得广泛的公众参与、集思广益以完成具有公共利益的规制项目。因此，受影响的所有利害关系人的代表在协商程序中都将带有一种批判性、创造性的协商讨论倾向。召集人工作的第一步就是将初始的潜在受影响的当事人或者利害关系人的名单列出来。这一项工作事项召集人可以借助与行政规则制定相关的行政机关工作人员以及在其他行政规则制定活动项目中已经涉及类似主题的行政机关工作人员进行经验交流来完成。此外，发现潜在受影响的利害关系人的工作，也可以通过有关法律的制度规定进行按图索骥，因为这些法律的规制对象可能已经具体规定了某些利害关系人对象，从而可以通过法律规定内容发现并取得联络。同时，相关法律的立法史资料也可以提供一些非常有用的参考信息和线索。

召集人在发现和联系确定潜在的受影响的利害关系当事人时，分析并确认其同意参与协商的意见以及其对协商“合意”的含义理解是特别重要的，这是协商行政规则制定委员会取得成功的核心条款所在。合意是指在一个已经建立的协商规则制定委员会中提出的观点各方利害关系人全体一致赞同，除非该协商规则制定委员会同意将其定义为普遍同意而非完全一致同意，或者同意其他的特定的定义。[①]学者也认可在不同的情境下合意可以有不同的定义，“合意”可以有不同理解，从简单多数投票到普遍同意（没有实质性意见分歧）直到全体一致同意都能作为协商行政规则制定委员会合意的理解定义。定义合意的一个有效的方式是，每一个参与者利害关系人都同意对合意的定义。或者当事人在协商行政规则制定委员会一开始工作时就界定合意具有其他当事人全部都认可的定义。召集人对合意的界定并没有强制要求每个个体都同意或者要求每个利害关系人都必须支持这样的定义。对合意的定义，要义在于一旦协商参与者同意这个定义，则意味着对协商议题的理解和对拟制定行政规则的知识背景有足够的了解，在协商行政规则制定达成合意协议成果后，行政机关公告或者颁布的行政规则草案与协商行政规则制定委员会达成的合意协议结果保持一致时，当事人不大可能挑战拟议的行政规则草案或者是最终的行政规则。正如哈特教授的观点态度，协商参与者当然有权力对协商行政规则制定的合意定义进行重新投票或更改。但是，召集人在寻求参加的利害关系人的意愿和对合意定义的理解时，投票更改保留权很难真正落实。如果有一个受影响的利害关系人可以在与召集人讨论合意的定义中胜出，这个当事人必然有能力参加其他更加正式的、组织更好的行政程序或者解决方案，那么他可能不愿意与其他参与者就定义与他自身的理解不一致的议题进行直接的协商。

召集人在确定和发现受影响的利害关系人的工作过程中，应当留心协商行政规则制定可能遇到的困难和障碍，比如，当事人之间有哪些不能折中的基本价值观议题；有哪些关键当事人不愿意参加协商；当事人提出的或者询问的对有关事实信息的争议情况；有哪些议题数量比较多以至于超过设想或者是有哪些议题太过于复杂而可能无法进行协商；或者发现了有太多的受影响的利害关系当事人等。召集人应当及时记录这些问题和情况，以便行政机关负责人作出协商行政规则制定的决策依据。

---

① See 5 U. S. C. § 562 (2).

行政机关选择召集人必然看中了召集人相关方面的才能和经验。召集人开始工作后,应该致力于帮助当事人和行政机关组建协商行政规则制定委员会,或者进行沟通协调以减少组建协商行政规则制定委员会的障碍,最终顺利完成协商行政规则制定事项。召集人也应当提前考虑协商行政规则制定委员会无法组建或者结果不确定的工作规则的设置。最终,召集人可以充分利用面谈方式作为发现新增的可能被行政规则影响的利害关系人以及适合代表这些当事人、利害关系人的工具。对于召集人来讲,面谈方式可以变成一项高频率重复使用的程序机制用以最终确认受行政规则制定影响的潜在的当事人。行政机关应当充分意识到一个强有力的召集人的筹备工作,对于一个成功的协商行政规则制定项目来说将发挥事半功倍的关键作用,并且应当鼓励召集人用充分的时间设计安排行政规则制定的整个流程。

当联系工作或者面谈工作已经完成,召集人应当总结准备工作的结果情况并推荐给行政机关相关部门以决定是否采取协商制定程序。如果行政机关拟采取协商行政规则制定方式完成项目,召集人还应当推荐参与该程序的当事人代表建议名单。召集人应当及时确认并添加符合条件的获知协商行政规则制定程序事项以后参与进来的新增当事人。根据美国协商行政规则制定的案例和项目实践,对于协商行政规则制定程序中的能够保持有效管理的大多数当事人规模大约是 25 人。美国相关行政机关实施协商行政规则制定项目中发现 20 ~ 25 人是可有效管理的,并且这一实践经验取代了美国行政会议最多人数为 15 人的初始建议报告。美国协商行政规则制定法具体规定了协商行政规则制定委员会规模的限制人数为 25 人,但是如果行政机关的负责人或者行政首长决定一个更大规模的协商行政规则制定委员会是必需的,也可以允许更多的人参加协商行政规则制定委员会。[①] 如果超过了 25 个利害关系人或者群体,召集人需要发现是否可能集合相似的或者相关的利害关系人,协商行政规则制定委员会不能发展成一个仅仅是人数联合的组织或者协商行政规则制

① 5 U. S. C. § 565(b).

定委员会的代表人员仅仅是一个普通的代表发言人,召集人通过仔细甄选和筛查以便协商参与者的代表人数符合要求,使实际上受到拟议行政规则的影响但不具有广泛重大的利益的利害关系人有充分的代表坐到协商谈判会议桌上。在这些情形中,召集人保持与每一个不同的利害关系人的代表的密切来往及信息沟通是非常重要的。在一些情形下,需要用中间协调人的协助来处理协商行政规则制定委员会中代表单个协商参与者利益的当事人的不同意见,这对于维系协商行政规则制定委员会的成员结构也是必需的。

召集人应当与行政机关相关部门讨论当事人提出的希望进行的协商议题以及当事人不愿意或者不能参与的协商议题,召集人还必须就协商行政规则制定中可能遇到的任何困难和障碍以及潜在的解决方案、协商程序本身的设计草案提交与行政机关讨论。召集人通过与行政机关就采取协商行政规则制定方式的必要性和可行性进行论证并为行政机关作出最终决策结论提供帮助。行政机关在有时可以请召集人进行报告,同样,也可以请求当事人进行报告。行政机关在召集工作过程中展示的致力于开展协商召集准备工作的情况及其取得的阶段性成果,能够帮助行政机关的协商行政规则制定项目建立积极的氛围并树立项目行政机关认真负责任的形象。若行政机关最终决定采用协商行政规则制定方式,表明召集人的工作非常有价值。

在召集程序阶段,行政机关和召集人都应当注意某些可能出现的问题。如拟议行政规则草案的主题事项包含了涉诉事项或者其他行政机关正在努力解决的问题,这些涉诉事项或者行政机关的解决方案反映了拟议行政规则草案的复杂性和解决思路,可以跟踪关注相关议题事项并保持经验成果的借鉴。如果一个现存的专业组织或者专业委员会或者企业行业协会委员会出面支持利害关系人或者支持某些受影响的利害关系人参与协商活动,召集人应当考虑向行政机关提出建议,将协商放在该行业协会或者专业委员会的支持下实施,从而替代行政机关组建一个全新的协商组织框架来进行,这样可以节省相关资源耗费。

三、行政机关作出决策

召集人完成其前期筹备调研工作后，行政机关或者其相关部门必须作出决定是否就拟议的议题问题采取协商行政规则制定方案。行政机关作出这个决定需要对召集人建议的协商程序的可行性、必要性进行审慎考虑——包括实体的内容和程序的内容两个方面综合考虑。行政机关如果认为必要，可以进一步使用召集人协助处理后续相关问题。比如，当行政机关觉得有些议题并不需要也不适合进行协商，需要将这些议题“从协商台面上拿掉”，通过召集人与相关当事人的意见沟通，有助于帮助行政机关与受影响的利害关系人确认相互之间的协商意愿，为协商顺利开展提供有力的保障。

四、召集程序的完结

如果行政机关作出决定采用协商行政规则制定程序，召集人应当联系告知每一个当事人并且获取当事人正式参加协商的承诺。当然，协商参加者必须愿意诚信参加协商以完成草拟行政规则的草案工作。每一个当事人将会选择其自身的实际上的代表或者代言者。利害关系当事人中具有相关主题事项知识的协商参会者应当优先予以选择考虑，特别是如果在政策审议方面具有经验，则更加符合协商参与者的要求。召集人或者行政机关工作人员可以协助当事人寻找合适的个人代表。选出的协商参加者代表应当有能力为他们的委托人代言并且应当根据达成协商合意的事项签订协议。①

受影响的利害关系当事人和他们的代表必须在协商期间进行积极沟通，无论是将来自代表的意见反馈给当事人或者是当事人作为委托人将意见传递给代表人。数据信息的交换、经验的分享以及各种利害关系人的需求将会帮助协商参与者以及行政机关准确地、创造性地解决问题并

---

① See Philip J. Harter, *Negotiated Regulations*: *A Cure for Malaise*, 71 Georgetown Law Journal 1(1982).

且营造达成协商合意的氛围。协商行政规则制定程序中特别是在协商的合意达成后,协商参与代表人向他们的委托人就提议的性质以及支持意见等情况作出说明与解释,这些解释事项对于协商合意的理解与传播来说是非常有价值的。

行政机关决定了采用协商行政规则制定方式开展行政规则项目制定的工作,应当按照我国《政府信息公开条例》的规定在该决定作出之日起20个工作日内及时主动公开该协商行政规则制定项目,通过政府公报、政府网站或者其他互联网政务媒体、新闻发布会以及报刊、广播、电视等途径予以公开,根据需要也可以在国家档案馆、公共图书馆、政务服务场所等设置政府信息查阅便利场所并配备相应的设施和设备,以方便利害关系当事人进行获取和查阅。① 美国协商行政规则制定法也规定行政机关应当公开在联邦登记公报上进行公告,若时机合适时,应当在行业和其他专业出版物上公告其实施协商行政规则制定的目的并征集意见和建议。② 行政机关的该项公告必须描述协商行政规则制定的主题和行政规则的范围并且公布需要考虑的相关议题。公告必须列举可能受到重大影响的利害关系人、拟准备代表这些利害关系人的协商行政规则制定委员会候选人以及行政机关自身的协商行政规则制定委员会成员代表人选。公告还必须包含一个协商规则制定的拟议日程表、完成协商行政规则制定委员会工作的工作计划表以及行政机关提供行政支持和技术支持的介绍等。最终,公告必须提供一段不少于30日的时限③,使认为利益没有被充分代表的人们可以向行政机关提出申请协商行政规则制定委员会的成员资格或者任命其他代表人参加协商行政规则制定委员会。

行政机关对于发布公告后利害关系人提出的委员会成员资格的申请或者任命申请,当在决定协商行政规则制定委员会最终的组成人员时,对

---

① 参见《政府信息公开条例》(2019年修订)第23~26条。

② 5 U.S.C. § 565(a).

③ 参见《行政法规制定程序条例》(2017年修订)第13条第2款,《规章制定程序条例》(2017年修订)第15条第2款以及《上海市行政规范性文件管理规定》(2019年)第17条的规定。

这些申请或者任命请求提供机会并且必须认真考虑这些要求，经考虑认为没有必要授予相关申请人以成员资格或者进行相关任命的，行政机关有权作出否定的决定。[①] 召集人和行政机关工作人员必须就这些事项决定与这些当事人进行沟通，或者采取其他的联络方式并确认他们是否真的代表公告后新出现的利害关系人或者他们这些利害关系人是否已经充分地得到代表。行政机关可以扩大拟设的协商行政规则制定委员会成员数量，也可以尝试协商重新选择确定委员会的成员以达成所有受影响利害关系人的更好的代表结构。如果在进行了公众的评议和协商行政规则制定委员会成员资格申请工作事项的处理考虑后，行政机关决定不再组建协商行政规则制定委员会，那么需要在联邦公报上就做出该行政决定的结果进行公开以及采取其他的合适的方式公开。[②] 与此同时，行政机关的公告也应当呈送给提交申请或者委员会中任命成员的人。

新的议题事项也可能出现在公众评议中或者在访谈结果程序中。召集人和其他行政机关的工作人员应当审议这些问题以及决定是否将这些问题纳入协商的范畴。如果纳入并且行政机关有意愿协商这些问题，那么这些新问题应当一开始列在协商计划中进行讨论，或者在协商行政规则制定委员会召开组织会议时予以讨论。行政机关也必须在这个阶段决定是否利用协调促进者或者推荐人。如果作出决定是需要利用协调促进人或者推荐人，要明确选定协调促进人或者推荐人。协调促进人是指在协商规则制定委员会中为了达成行政规则草案中立地协助讨论和进行协商的人。[③] 美国协商行政规则制定的实践中通常使用第三方中立的协调促进者或促进人的服务。协商行政规则制定法假定促进人将被使用并且具体规定了许多促进人的义务，如包括主持会议、作会议记录以及协助协商行政规则制定委员会的委员工作等。在协商中行政机关的代表不能被安排作为促进人或者会议的主席。[④] 对于一个规模比较大的协商行政规

① See 5 U. S. C. § 565(a).

② See 5 U. S. C. § 565(a)(2).

③ See 5 U. S. C. § 562(4).

④ See 5 U. S. C. § 566.

则制定委员会,可以分为若干个协商工作小组进行工作。协商工作小组在促进全体小组会议、分委员会以及骨干成员会议方面能提供很多便利和帮助。[①] 协调促进人的存在也有利于帮助在议题中不具有统一意见的委托人解决相关争议事项。

行政机关需要审慎考虑选择协调人的资格以及真正中立的第三方机构。"中立"是协商取得成功的关键。协商行政规则制定委员会的每一个成员必须对协调促进人的管理程序的技能有信心,对协调促进人在议题考虑中的中立性以及协调促进人对当事人各方不具有偏见性没有怀疑。通常,召集人如果是从协商行政规则制定的工作人员以外选出来的,在协商行政规则制定委员会中树立了基本的信任和威信,且与当事人各方关系融洽,则必然可以作为一个单独的召集人或者在协商会议中担任一个协调促进人的最佳选择。此外,利用协商召集人作为协调促进人也具有优势,因为召集人已经与组织协商议题的行政机关以及相关各方当事人建立了充分的熟悉度。美国协商行政规则制定实践中行政机关通常从他们自己的工作人员、其他的行政机关中使用召集人和协调促进人(如美国联邦调解与和解服务中心以及美国环保部等)以及从私人企业行业协会中选用。[②]

第二节　协商行政规则制定的协商程序

一、协商行政规则制定的会前培训

协商行政规则制定程序的参加者可能不具有协商经验或者未接受过相关的培训。经参与过很多次美国协商行政规则制定项目的调解专家总结,协商参加者的协商经验有很大的差异,特别是在参加者规模人数是

---

① See David M. Pritzker, Deborah S. Dalton, *Negotiated Rulemaking Sourcebook*, Office of the ACUS 1995, p. 130.

② Administrative Conference of the United States, Recommendation 86 - 8, acquiring the Services of "Neutrals" for Alternative Means of Dispute Resolution(Adopted December 4, 1986).

15～25 人的时候差异巨大。[1] 基于此，美国大多数协商行政规则制定开始着手对协商参加者开展预先的协商培训并组织协商行政规则制定指导会议。这些会议使当事人优先于协商委员会开展工作前聚集起来，为其提供了一个非正式的关于协商技能的教育环境，并帮助协商参加者"创造公平竞争环境"[2]。

协商培训预备会议主要包括以下议题：培训参与者的协商技能；使参与者在中立环境中相互熟悉彼此并且建立合作性关系；通过展示相关的实际协商案例或者模拟的协商演练锻炼达成合意的技能；协商促进人帮助检查和指导协商小组成员之间相互协作情况；为真正的协商会议达成合意目标提供通用的术语、文本解释和相关程序制度。美国的协商行政规则制定实践表明采取协商行政规则制定的行政机关在协商开始之初提供一些技能培训或者召开有关培训会议和讲解，在整个协商行政规则制定委员会会议工作完成以后，协商行政规则制定参与者反馈报告这种会前引导是非常有价值的。

通常来讲，行政机关在协商行政规则制定委员会会议实际开始之日的前一天，会提供 4～6 小时的培训。培训会议由经验丰富的行政机关工作人员或者专业培训工作人员主持。培训会议可以由对协商有帮助的个人或者组织单位提供支持。行政机关选择的协商促进人一般也有能力进行培训或者由其来推荐培训者。在美国经常提供协商专家的有美国仲裁协会、争议解决专业联合会、美国行政会议等组织机构，它们能够提供富有协商技能的教授培训者名单。[3] 从我国的行政法治实践情况来看，由相关立法机关、公检法机关单位、律师协会、仲裁协会或者调解委员会的专家来进行相关的专业培训是符合协商行政规则制定委员会培训内容要求的，这些专业的立法工作者或者公检法司富有经验的专家，足以胜任协

---

① See David M. Pritzker, Deborah S. Dalton, *Negotiated Rulemaking Sourcebook*, Office of the ACUS 1995, p. 193.

② See David M. Pritzker, Deborah S. Dalton, *Negotiated Rulemaking Sourcebook*, Office of the ACUS 1995, p. 193.

③ See Philip J. Harter, *Negotiated Regulations: A Cure for Malaise*, 71 Georgetown Law Journal 1(1982).

商行政规则制定委员会的一般培训工作。此外,我国各大高校及相关科研机构也有诸多的专家和教授,如高校法学院以及各省市社会科学研究院所等,都能够提供教授和专家资源来进行相关培训工作。

从美国行政会议提供的关于协商行政规则制定培训案例和材料情况来看,对协商行政规则制定委员会成员开展培训的主要内容是关于协商技能培训以及角色扮演练习,它们一般都是时间较短的培训课程。大多数培训会议基于协商方法性地介绍如何谈判和影响他人、获得支持。协商的主题课程主要有"BATNA"(最好的选择实现协商协议),利益与位置的较量,最大化联合收益("赢/赢"而不是"赢/输")。[①] 这些培训课程一般会提供课程资料并且对相关的名词术语进行定义和解释,对协商技能、原则等作基本的介绍。培训会议中有时通过简单的两方当事人、多方当事人的议题练习、多议题练习等方式,使协商参加者能够就各种协商原则和技能的有效性得到培训。有时,培训会议开展协商模拟,参与者被分成多个小组讨论同一个问题,然后集合开展协商讨论会。在最后总结时,培训者举行一个总结会议,讨论协商会议各个参与者及其在不同的小组的练习表现以及分享协商注意事项。通过这些培训帮助参与者发现和总结为什么这些协商技能或者战术比其他方式有效。这些培训有助于帮助协商参与者建立建设性合作关系,并且在与其他参与者的互动中增进相互了解,通过这种相互协作各方当事人常常会收获额外的益处。美国行政会议建议行政机关实施协商行政规则制定时,应当考虑给有限的当事人提供短期培训并且拟就短期培训提纲。[②]

总而言之,开展为期一天的短期培训会议不能使一个不具有经验的协商参加人成为一个专家协商者,但是这些培训将帮助协商参加者发现一些方法和工具,有利于参与者和作为整体的协商小组开展即将到来的正式协商。

---

① See David M. Pritzker, Deborah S. Dalton, *Negotiated Rulemaking Sourcebook*, Office of the ACUS 1995, p. 195 - 205.

② Administrative Conference of the United States, Recommendation 85 - 5, Procedures for Negotiating proposed Regulation(Adopted December 27, 1985).

二、协商行政规则制定的协商程序

协商行政规则制定程序重构了传统的行政规则制定程序，在行政规则起草阶段即引导行政机关资源以及其他多方能量进行合作以解决问题，以使协商的结果变成一个更好的、更加可接受的行政规则。协商行政规则制定的协商与传统行政规则制定模式相比，前者获得的长期利益要超过后者。从长远来看，协商行政规则制定的成本更低、协商的行政规则更容易执行，也能获得更好的满意度以及引发更少的诉讼争议问题。

经过了协商前期会议培训之后，协商参与者和行政机关代表将开展正式协商。协商阶段是协商行政规则制定的核心特征。协商行政规则制定委员会会议是公众参与协商规则制定程序的主要程序阶段，在会议中每一个利害关系人的代表提交其观点主张并协商决定最终结果，它不仅仅充当公众听证程序或者公众评论阶段程序的替代品。协商行政规则制定委员会的协商是具有详细计划的多方互动活动，各方当事人包括行政机关在内都需要对协商作出合理的安排时间，并且需要熟悉相关协商会议的程序和规则、协商的重大议题以及其他当事人提出的观点和材料。在真正解决问题的程序作出之前，这些步骤事项必须完成准备。在协商中留有充足的时间给参与人进行协商并提出建议或者留出充足的时间给行政机关接受和研究相关建议情况也很必要，因为协商参与的代表还需要跟其委托人就议题的建议或者对协商的意见进行沟通，在作出最终决定时，协商参加者必须确保其是真正地为他们的委托人在代言。

正式协商的程序步骤在具体的协商行政规则制定中需要花费多少时间，取决于议题的复杂性和利害关系人相关的属性。一般来讲，期待协商在一个单独的会议中予以完成是不现实的。美国协商行政规则制定法假设协商促进人将会发挥重要作用；并且具体规定了许多协商促进人的责任，包括主持会议、做会议记录以及协助委员会成员参加协商等。[①]

---

① See 5 U. S. C. § 566.

（一）协商的设计

设计协商行政规则制定的协商过程时，行政机关及其召集人和协商促进人主要需要考虑两方面的议题：与行政规则的实质内容相关的议题以及与程序相关的重要事项议题。事实上，协商行政规则制定委员会真正开始运转后，许多的操作程序应当由委员会自身决定和解决，行政机关应当做的是为协商行政规则制定委员会的良好运行提供建议以节省时间并展示组织领导力。协商中很多议题可能是为实质性相关的重大协商内容而准备，有一些议题是专门为协商行政规则制定程序本身准备的。

行政机关应当在协商会议正式开始之前提前解决以下问题，这些问题中的部分问题还需要通过协商行政规则制定委员会予以认真考虑解决。

第一，行政合作问题。谁将代表行政机关进行协商？行政机关的协商参与者怎样相互合作行动？行政机关的行政规则制定者、技术人员、顾问人员、事务管理人员以及顶层决策人员如何全力合作以使行政机关的协商代表可以积极行动作为而不会迟延协商？行政机关内部或者在其他行政机关的相关组织机构或者工作人员将会受到什么影响或者对协商程序感兴趣的话如何协调安排？协商代表人如何处理其他感兴趣的行政机关以及感兴趣的立法机关、政协机关和新闻媒体的关系？

第二，议题选择和管理问题。什么议题是能够被纳入协商的？法律或者行政机关的政策在这些议题上设置了什么限制？行政机关一开始将会采取什么态度？行政机关可接受的解决方案范围是什么？预期需求是什么以及在协商谈判桌上的其他当事人的态度是什么？这些议题促使参与者在相关会议上进行认真考虑吗？协商行政规则制定委员会需要通过联系相关资源进行研究和调查吗？如果需要这样做，这些资源如何使其成为可利用以及可管理的资源事项？当事人如何就议题进行沟通？

第三，协商结果的预期。行政机关期望的协商结果是什么？在行政机关草拟行政规则时能否提供给行政机关一份可利用的一系列议题解决方案？行政机关是否会对自身的规则草案提供理由或者形成一系列议题？行政机关一项初始的行政规则草案是否能够加快推进协商的程序，这也取决于当事人是否认为这些提议真的有迫切需要。

第四,协商的合意。行政机关对协商合意的定义是什么?如果协商合意在所有议题上都没有达成,行政机关能做什么?

第五,协商的时间安排。行政机关对达成协商协议的截止时间如何规定?截止时间有什么资源支持?截止时间的弹性如何?如果截止时间的安排不符合协商要求怎么办?

第六,协商时的后勤安排。在哪里举办协商行政规则制定委员会会议?需要多大的空间以及需要多长的时间?是否有为协商小组会议准备额外的会议室?什么设备工具是会议必需的以及谁负责提供给它们(行政机关、会务外包、协商促进人)?在协商会议期间是否应当提供餐饮住宿以方便节约有效开会的时间?行政机关或者参与者是否应当为餐饮住宿付费?

第七,协商行政规则制定委员会的资源支持情况。行政机关将为协商行政规则制定委员会提供什么资源,如速记速录或者计算机技术支持服务、复印服务、会议室以及相关差旅费用或者专家咨询费用?

第八,公告。协商行政规则制定委员会什么样的会议事项内容必须公开公布在相关媒体渠道上?在哪些特殊情形下协商行政规则制定委员会内容可以不进行公告?什么公告是合适的以及他们应当在哪里公布?谁负责写作公告内容以及它们必须在什么时间公布?

虽然行政机关提前考虑了其自身的态度,但是,以下问题一般最好由协商行政规则制定委员会予以解决。大多数这些议题应当在协商行政规则制定委员会的组织章程中予以解决。协商行政规则制定委员会的组织章程这个问题关涉委员会自身的操作和运行的内部规则。美国协商行政规则制定法规定了协商行政规则制定委员会可以接受这些程序并且在第一次会议上完成。①

第一,协商会议工作安排表。协商会议需要多少人提出议题?全体会议和分组会议如何协调?会议通常间隔多久?在哪里举行会议以及基

① See 5 U. S. C. § 566(e).

于谁的意见？一个会议日程安排是否能提前设置以减少行政负担并且方便行政机关准备会议也方便协商参与者提前规划行程？

第二,会议提议人和会议外的观察者。因为每一个委员会的成员代表了一些委托人,每一个委员被期望提出一个或者多个建议。什么时候这些提议人可以在协商会议上发言？由于协商行政规则制定委员会会议将会向公众公开,问题和意见怎样从会议外的公众观察者中提交到协商行政规则制定委员会？协商行政规则制定委员会怎样处理从协商中接收的书面公众评论？是否应当有相关规定或约定来处理这些评论？

第三,协商会议的议程。行政机关或者促进人是否提出议程？协商行政规则制定委员会改变议程的程序是什么样的？

第四,协商会议的记录和沟通。召开协商会议时谁做会议记录以及他们需要做到多么详细？会议记录怎样以及何时进行安排？谁负责在行政机关和委员会成员之间以及在所有委员会成员之间沟通？是行政机关工作人员或者协商促进人或者说是这两个方面的联合负责？由协商参与者制作或者修改的会议记录、文件以及会议陈述在将来的使用中是否设有什么限制？

第五,协商组织会议和协商小组会议。小组会议或者工作小组是否需要集中于具体议题？他们多久开一次会？协商组织会议怎么称呼？协商促进人是否参加组织会议和小组会议？这些会议的报告如何向全体会议报告？

第六,可利用的资源。协商行政规则制定委员会怎样利用和管理相关可能的资源包括用于差旅的费用或者专家咨询的费用？

第七,合意。协商行政规则制定委员会以及委员会的成员对合意的定义是什么？是否需要采取正式的投票或者非正式的决定同意机制？委员会成员在协商成果的最后是否需要签署表示同意合意的协议？委员会的目标是在具体的规制问题上达成协议还是在一般原则上达成协议？

大概没有一种标准的方式可以处理上述全部问题。大多数方法取决于协商行政规则制定委员会决定的规则、协商参与者以及进行的协商会议时间长短的安排。行政机关应当在协商开始之前尽力解决这些问题,并且在首次会议上为协商行政规则制定委员会准备一些建议程序和计划以供其参考。比如,以美国环保部曾在协商行政规则制定委员会的组织会议上准备的组织章程协议草案供协商行政规则制定委员会参考。

(二)协商组织会议

协商会议组织的详情应当由协商行政规则制定委员会在开第一次全体会议时作出决定。通常,如果行政规则比较复杂以及协商会议预计将耗费几个月,协商参与者当事人可能需要花一天的时间考虑包括实体和程序在内的组织问题,如协商行政规则制定委员会需要达成合意的目标、主体议题事项的实质内容、怎样构建协商小组会议、会议议程以及委员会如何运行等。如果协商行政规则制定委员会的首次会议属于纯组织方面的议题,并且行政机关没有给出任何建议的,则应当在协商行政规则制定委员会的组织章程问题中进一步商讨确定。

对于协商行政规则制定委员会的第一次会议,行政机关应当提出一份议程,议程主要包括协商参与者的介绍以及他们所代表的利害关系人的身份、协商行政规则制定基本理论概念的简介以及协商行政规则制定委员会运行的建议。行政机关就协商行政规则制定委员会首次达成合意的时间应当由准备协商的议题来综合衡量决定,并且就协商行政规则制定委员会可以运行和利用的行政机关的各种资源进行书面授权同意。只有当组织议题解决好以后,才能有助于协商促进人强调和开展协商行政规则制定委员会已经在许多议题上达成了合意的宣传工作。如果拟开展协商行政规则制定项目经过公告后遇到了新增的利害关系当事人要求代表或者新增加议题进行协商,这些新增议题也可以在组织会议上进行解决。

(三)协商的合意问题

"合意"这个词的定义是协商成功的关键。在决定参加协商行政规则制定之前,每一个当事人都需要对"合意"是什么有初步的理解。达成合意的意义在前文"召集程序的工作步骤"中已经进行了论述。在协商行政规则制定委员会开展协商时,合意的概念应当在委员会第一次会议进行讨论确定以便各位协商行政规则制定委员会成员对委员会的目标有一个共同的理解。美国协商行政规则制定法对“合意”的定义是“在协商行政规则制定委员会中利害关系人的代表全体一致同意……除非协商行政规则制定委员会:(1)同意定义这个词指普遍但不是全体一致同意;(2)同意另一种具体的界定”。[①] 一般来讲,在协商会议已经召开的情形下,合意意味着协商行政规则制定委员会中没有利害关系人的代表对议题和概念进行考虑后作出反对的提要。达成合意没有规定说必须要求有一个正式的同意或者反对投票,也没有要求每一个利害关系人确切喜欢该决定,合意仅仅要求利害关系人不反对或者不会反对该合意决定的实施。一些协商行政规则制定委员会在执行他们的协商合意时并没有通过正式的投票机制就使协商合意通过了。比如,每一个协商参与者表示不对议题进行挑战也不要求采取积极的措施,如签署正式的协议,协商行政规则制定委员会认为协商合意即将要达成。合意可以由协商行政规则制定委员会以其自己的方式定义,或者由协商促进人和协商行政规则制定委员会自行组织。

忠于其委托人的协商当事人代表将会支持后续相关诉讼中有不同意见的委托人。在整个协商过程中,协商当事人代表应当注意他们可能无法联合所有的委托人达成同意。比如,国家组织的代表可能自发地为组织成员的利害关系人讲话,但是私人当事人或者企业可能追求对其自身的影响而不会考虑对集体利益的影响情况。这一个协商行政规则制定委员会的私人当事人代表可能在协商结束后挑战该行政规则、对行政机关提出批判的评论或者向法院提起诉讼。基于行政程序或者行政机关命令的要求,协商行政规则制定委员会需要解决后续的各项议题,当事人必须理解协商期间协商行政规则制定委员会不会考虑作出决定,直到最终所有的议题已经被讨论并且要求每一个议题初步合意已经达成。这反映出每一个议题对每一个当事人的重要性是不同的,同时也表明,基于协商的属性,协商的次重要的议题常常让步于更重要的议题。

---

① See 5 U. S. C. § 562(c).

(四)协商会议的架构

每一个协商行政规则制定委员会达成协商合意的方法将会取决于具体的环境以及协商参加者的情况。一些组织方法的相关观点已经成功用于协商行政规则制定会议中。在设计协商议题时,协商行政规则制定委员会希望协商参加者提出有关潜在的可能性问题,或者支持设定某些议题并且安排协商小组会议对某些议题进行聚焦。这些议题有时会有助于帮助协商委员收集信息并解决问题。

协商小组会议或者协商工作小组是全体会议为了收集数据或者检查议题以及准备考虑相关方案而形成的。当然,协商小组会议应当有平衡的会议成员以及不具备作最后协商决定的授权。如果具有共同利益的当事人群体希望联合组织起来以寻求联合协商意见,这种联合会议则不应当认为是协商小组会议。

通常在协商行政规则制定委员会全体会议正式开始的前一天或者当天安排协商小组会议是比较便利和合适的,特别是当协商的成员来自全国不同地方的时候。如果多个小组会议计划在同一时间举行,想参加不同协商小组会议的协商参加者,则需要有足够的人数来分别参加不同的协商小组会议。利害关系人可以由在一个小组会议中被全体会议委任的成员所代表,也可以通过一个正式任命的候选代表或者通过其他合适的专家人员来代表。有一些行政机关会提供技术保障,使协商行政规则制定委员会成员可以获得技术咨询以便帮助他们在协商期间解决相关需求。协商行政规则制定委员会也可以聘任专家提供建议以给全体组员或者单个的利害关系人进行支持。

(五)协商会议的管理

美国的协商行政规则制定法规定了协商促进人将会主持协商行政规则制定委员会会议,并且协助协商行政规则制定委员会成员进行讨论和协商。[①] 除了具备专业的调解技能,一个有经验的协商促进人要求必须懂得怎么有效管理会议以达成协商合意。由于达成协议合意的当事人人

---

① See 5 U.S.C. § 556(d).

数众多以及协商会议截止时间较短，协商促进人的这些技能特别重要。一般来讲，协商行政规则制定委员会的议程草稿应当提前送达协商参加者。协商行政规则制定委员会的议程的讨论和接受应当是协商行政规则制定委员会会议事务中的第一个命令事项。协商促进人在协商行政规则制定委员会作出议程安排后，只需要负责按照会议议程或者根据需要对议程进行调整即可。

协商促进人也需要负责在会议前记录相关事项清单以及议题，以便使每一个协商当事人能够知晓会议的进度。通常这是会议记录者的工作，他们使用黑板或者大的显示板记录下来以展示需要进行的讨论、议题以及解决方案的议程或者事项等。有经验的调解者或者协商促进人将会帮助协商行政规则制定委员会确定会议休息时间、协商组织会议或者协商小组会议时间。通常协商促进人通过利用专业技术能够使协商僵局被打破。协商促进人应当能够意识到协商合意的达成进展情况，即使协商行政规则制定委员会的观点讨论还在持续，协商促进人应当提前预测可能发生的协商障碍或者僵局，并及时进行应对处理。

（六）协商会议的截止时间

协商会议设置一个截止时间对于激励和驱动协商行政规则制定委员会的工作进展是非常重要的。无论这种截止时间的压力是来自立法机关、法院司法审查还是基于行政机关自身的日程安排。[①] 如果截止时间是行政机关自身设置的，行政机关必须准备好采取措施以符合截止时间的要求，哪怕协商会议遇到阻碍。当然，对于行政机关自身设置的截止时间，如果协商参加者即将要达成合意或者协商即将取得突破性进展时，行政机关根据情势需要可以决定延长截止时间以顺利完成协商。但是，所有协商当事人包括行政机关在内都应当在截止时间的压力下尽快合作达成协商解决方案。

（七）行政机关的内部审查和合作

协商行政规则制定作为一种行政规则制定技术，在起草阶段行政机

---

① See David M. Pritzker, Deborah S. Dalton, *Negotiated Rulemaking Sourcebook*, Office of the ACUS 1995, p. 130.

关与利害关系当事人直接协商共同寻求解决方案的这种性质，对传统行政规则制定模式是一种创新和补充。由于行政机关的协商代表需要对协商行政规则制定委员会的会议议程进行确认，通常来讲行政机关将会面临一个更加紧迫的内部审查压力和日程计划。行政机关确认的日程一般不容易修改，因为协商当事人代表以及他们背后的委托人时刻都关注着行政机关的动向。在这种压力下行政机关也无法"跳过"行政系统内部必要的审查以及合作。

行政机关的协商代表积极参与协商活动可能带来的信息和解决方案的反馈，需要行政机关相关部门以及其他与协商行政规则制定项目有关的行政机关工作人员保持对议题的及时反馈和信息更新。其他受影响的政府部门或者感兴趣的工作人员也需要知道协商会议的进展情况。协商中行政系统内出现的最坏的情况就是当行政机关的协商代表刚刚表态同意一项显而易见的协商合意，随后就有其他的行政机关部门反对，并且使行政机关的协商代表已经表态的议题重新协商或者改变立场。这种做法严重伤害协商行政机关的协商代表以及行政机关的诚信和形象，而且也会对协商行政规则制定委员会后续可能达成的合意产生重大的阻碍作用。为减少这种事故发生的可能性，最好的办法就是相关的行政机关之间在协商会议期间保持充分的、持续的良好沟通以及合作。这种行政机关的合作状态将促使需要行政机关的协商代表当场就某些议题作出决定时，可以更好地代表行政机关作出决定，或者使其能够在作出决定之前可以与其他行政机关工作人员进行沟通协调。

第三节　协商行政规则制定程序的终结及其评估

一、协商行政规则制定的终结

当协商行政规则制定在所有的议题上达成了协商合意，或者协商合意在所有的行政规则条款中无法达成一致，又或者协商合意在部分的行政规则条款中无法达成一致时，协商行政规则制定委员会均已经完成了其存在的工作使命。在协商终结后,协商行政规则制定委员会的会议记录应当提交给行政机关,使相关有价值的信息资料可以作为行政规则或者其陈述说明的基础。

美国协商行政规则制定法规定了协商行政规则制定委员会在一项拟议的行政规则达成协商协议时需要向行政机关呈送包括行政规则草案在内的报告。[①] 该法规定协商行政规则制定委员会在行政规则制定中没有达成合意的也可以提交包括协商任何具体内容的报告。协商行政规则制定委员会可以在报告中提交委员会经考虑后认为合适的任何信息、评议或者材料。该法允许协商行政规则制定委员会的成员在报告中提交信息、评议以及其他材料作为附件。协商会议终结后,协商行政规则制定委员会必须提交给行政机关会议记录和其他相关材料。一般来讲,协商行政规则制定委员会会议记录包括准备的文件或者协商行政规则制定委员会制作的文件,但是不包括个人笔记材料和协商促进人或者协商行政规则制定委员会成员的私人材料。

协商行政规则制定委员会及其成员包括行政机关在内可以灵活决定如何最好利用协商中已经达成合意的内容。比如,在一些情形中协商行政规则制定委员会可能决定提交给行政机关或者经行政机关要求出具一份书面的协商结果的概要。基于协商合意的属性,协商行政规则制定委员会可以就每一个议题达成的合意有能力向行政规则草案提供具体的建议。协商行政规则制定委员会有时更倾向于其成员签署一份同意书而不是反对该项行政规则草案的书面协议或者是口头承诺。

如果协商行政规则制定委员会终止工作时各方当事人没有达成一致意见,协商行政规则制定委员会也可以获悉协商中有哪些议题可能得以解决、哪些议题需要保留、哪些议题有不同意见的情况概要以及解决方案等。协商没有以一致意见而终结也能够提供给行政机关关于当事人和议题相关的有价值的信息,从而可能使行政机关提出一份满足许多当事人需求的行政规则。从另一个角度来看,行政机关的协商会议即使已经终

---

① See 5 U.S.C. § 556(f).

结且没有达成合意，但是协商报告中关于协商期间获得额外的相关信息数据也是有价值的。

行政机关对于协商行政规则制定委员会的协议结果，取决于行政机关协商开始时的预期以及协商行政规则制定委员会传递了什么信息给行政机关。如果协商行政规则制定委员会的合意是以行政规则草案的形式表现的，行政机关期望发布协商行政规则制定委员会行政规则草案的内容作为一项拟议规则，在相关平台的公报发布该份行政规则草案之前，草案将经受行政机关内部审查以及相关程序批准。如果协商行政规则制定委员会的合意是以对议题的评议的形式作出的，行政机关行政规则制定的工作人员将基于该份评议对行政规则草案进行行政机关内部的和外部的审查程序。

当然，行政机关需要确保行政规则草案与法律规定的要求一致，这是行政机关的法律责任和政治责任。协商行政规则制定委员会建议的任何事项不能改变行政机关的这些法定职责和法定义务。如果有法律规定的要求或者基于行政机关内部审查的结果，行政机关对行政规则草案作出了重大的改变，行政机关应当提请协商行政规则制定委员会成员的注意或者关于改变部分作出简报并将相关变化部分作具体解释和说明。美国行政会议报告也建议对于任何违背协商合意协议的文本公告作出解释。[①]

协商行政规则制定的提议需要遵从行政规则制定的传统的公告评议程序环节。协商行政规则制定委员会可以在达成正式协商合意结论的阶段解散，也可以在行政规则草案的公告评议阶段继续留存以便行政机关能够使用协商行政规则制定委员会对接收到的相关评论问题作出有效应对。美国协商行政规则制定法允许行政机关和协商行政规则制定委员会决定什么时候终止协商行政规则制定委员会，规定其终止时间不得晚于行政机关审议后最终颁布行政规则的时间。[②]

① Administrative Conference of the United States, *Recommendation* 82 - 4, *Procedures for Negotiating Proposed Regulation*(Adopted Tune 18,1982).

② See 5 U. S. C. § 557.

二、协商行政规则制定的评估

行政机关发现对于行政机关工作人员、协商促进人或者其他外部的中立第三方来讲,评估协商行政规则制定程序的效果非常重要。协商行政规则制定效果的评估包括协商行政规则满足行政机关目标和其他协商参与者目标的情况、协商参与者和行政机关管理的满意度情况、公众评论的数量和质量以及后续诉讼情况(如果有的话)、协商培训课程的文件质量、了解什么议题是可协商的、有多少参与者必须参加协商、进行协商需要用到什么资源等问题。经过评估总结这一程序,以推动将来协商行政规则制定的改进和完善。美国行政会议支持美国行政机关执行协商行政规则制定时分享他们从其他行政机关获悉的评估经验。美国行政会议发挥了关于行政程序的情报交换中心的功能,行政机关应当提交这些数据给美国行政会议办公室主管。[①]

我国对于行政规则制定的效果有一系列的测评标准,协商行政规则制定作为行政规则制定的一种机制,对于其制定效果,同样可以使用其他行政规则的测评标准来对协商行政规则制定进行评估。比如,《上海市行政规范性文件管理规定》"规范性文件的评估和清理"章节规定了有关评估程序,"规范性文件实施后,其起草部门或者实施机关应当对规范性文件的执行情况、施行效果、存在的问题及其原因进行调查研究和评估,并可以根据评估结果进行处理"。[②] 这种行政规则制定后的评估有非常重要的作用,不仅对于协商行政规则制定经验的总结积累有帮助,而且也有利于利害关系人和第三方中立机构对协商行政规则制定进行全面客观的评价。只有经过对协商行政规则制定方式产生的行政规则进行评估和跟踪,行政机关相关部门以及相关利害关系当事人才能发现协商行政规则制定这种新的行政规则制定方式和方法比起传统的行政规则制定模式具有更多的优势和长处,从而有利于协商行政规则制定程序的推广使用。

---

① See 5 U. S. C. § 569.

② 参见《上海市行政规范性文件管理规定》第 47 条规定。

结　论

本书以行政规则制定的起草程序为观察视角，在当前我国全面推进行政法治建设，法治国家、法治政府和法治社会的三位一体综合推动的大背景下，发现我国现行行政规则制定机制面临的重大困境和挑战：一是我国行政主导型行政规则制定模式在行政规则起草阶段没有充分考虑公众参与的因素，缺乏相应的法定机制和程序设置。二是我国公众参与行政规则制定活动在实践中发挥作用较小。三是现行司法体制改革和司法理念对行政规则制定合法性审查的发展趋势，如最高人民法院行政规范性文件附带审查典型案例的推动也促使现行行政规则制定程序模式的调整与变革。

协商行政规则制定机制在我国的兴起与萌芽是我国现行行政规则制定模式寻求变革、寻找出路的一种尝试。在现代社会，全球各民主法治国家的行政法治及其变革呈现民主化、服务化、民营化、程序化、效率化的趋势。[①] 基于行政法治发展历史和社会主义初级阶段国情原因，我国当前是秩序行政、服务行政和

① 参见相焕伟：《协商行政：一种新的行政法范式》，山东大学 2014 年博士学位论文，第 2 页。

风险行政共存发展并且需要对三者协同安排推进，政府的行政规制手段与行政任务目标之间存在巨大的张力和空间。我国协商行政规则制定的兴起与萌芽正是因应解决规制僵局并对现行制度机制进行根本反思后的一种时代产物，它因应了规制变革时代的趋势要求，展现出多元性合作、过程性参与、包容性沟通以及灵活性应对等诸多特征，从法律理论、制度安排以及行政实践上提供了一种有价值的取向路径和解决方案。

作为一种新型的行政规则制定程序和技术方法，协商行政规则制定是行政机关主持召集进行的、由行政机关与利害关系人组建协商行政规则制定委员会就行政规则草案的制定进行协商并努力达成一致合意的一种行政程序机制。协商行政规则制定是对传统行政规则制定起草模式的一种变革和创新。与传统管理命令型行政方式的行政主导型行政规则制定相比较，协商行政规则制定机制主要具有能够使行政规则制定参加者直接聚焦于自身代表的利益，使当事人优先考虑他们的关注事项并且作出最大化利益选择，通过强调实践和实证的关注而非理论预测能够减少制定行政规则的时间和成本，聚焦于行政规则制定中的容易忽视的关键细节，增加行政规则制定的合法性等功能优势。比较和汲取借鉴美国协商行政规则制定数十年制度的实践经验和制度兴衰变化过程，基于我国行政规则制定的法律规范和国家政策文件的现行规定要求，行政机关及其负责人在考虑是否适用协商行政规则制定机制时，应当从与议题相关的受重大影响的利害关系人应当被选为代表、选择适合采用协商行政规则制定方式的议题、考虑协商达成的合意结果是否具有合法性和合理性因素、当事人是否有意愿和利益、行政机关参与意愿及其资源保障情况、协商截止时间六个适用标准因素进行考虑，作出适当的决策。如果行政机关及其负责人经过通盘统筹考虑，最终作出决定采用协商行政规则制定完成相关规制项目时，行政机关和利害关系人应当遵从诚信协商原则、全面充分代表原则和平等原则开展协商行政规则制定的活动。

考虑协商行政规则制定活动的特征与协商行政规则制定的基本原则要求，我国协商行政规则制定活动的程序设计主要分为召集程序、协商程序以及协商程序的终结与评估程序三个程序阶段。召集程序阶段主要通过项目行政机关选出关键的协商召集人角色，与相关部门和利害关系当事人完成正式协商前的准备工作，包括评估协商制定一项行政规则的必要性、可行性、协商行政规则制定委员会成员的选择及其结构设计、选定进行协商的一系列初步议题等。在召集程序完成之后，在正式协商程序之前可以举办协商行政规则的会前培训，使协商参与者了解掌握协商议题背景知识以及协商沟通基本的方法和工具。协商正式程序主要由协商行政规则制定委员会全体会议决定协商会议的议程、协商会议的架构、协商截止时间、相关的行政服务和资源保障支持等程序内容。协商行政规则制定委员会会议达成协商合意后，行政机关需要对合意结果进行内部审查并与其他相关行政部门合作，在协商合意方案的基础上适时公告发布协商行政规则制定草案，以便开展下一步一般行政规则制定的流程。协商行政规则制定的正式会议后将出现两种结果：一种是达成协商合意，另一种是协商合意在所有的或者部分的行政规则条款中达不成合意。协商程序的终结与评估程序阶段就是对协商会议结果的处理，无论达成协议与否，协商行政规则制定委员会应当向行政机关提交项目报告和资料并提出建议，使协商行政规则制定相关有价值的信息资料可以作为行政机关的行政规则草案或者理由说明根据。基于需要行政机关可以对协商行政规则制定情况进行评估，以便对协商行政规则制定进行改进和完善。

我国当前并没有制定行政程序法，而行政法总则也处于探讨论证阶段，现行行政规则制定的实定法依据以及相关国家政策文件规定均没有直接赋予协商行政规则制定法律上的程序和内容安排，也没有赋予其相应的法律地位。考虑我国行政法治的发展和变革需要，国家顶层设计层面已经提出“加强和改进政府立法制度建设，完善行政法规、规章制定程序，完善公众参与政府立法机制”，[①]“注重发挥政府在立法工作中的重要作用”“拓宽社会各方有序参与立法的途径和方式”，[②]协商行政规则制定作为一种在行政规则的起草阶段即安排社会公众与行政机关组建协商行

---

① 参见2014年中共十八届四中全会通过的《中共中央关于全面推进依法治国若干重大问题的决定》内容。

② 参见2021年1月中共中央印发的《法治中国建设规划(2020—2025)》内容。

政规则制定委员会就行政规则内容进行协商与沟通以达成合意方案的新的行政规则制定程序和方法，有利于提高我国行政规则制定的民主合法性、公众参与性、广泛接受性和便利实施性，应当在我国未来的行政程序法内容中或者相应的单行法律内容中予以确认其法律地位，大力推广适用。

参考文献

一、著作类

[1]习近平:《习近平谈治国理政》(第1卷),外文出版社2018年版。

[2]王名扬:《美国行政法》(上),中国法制出版社2005年版。

[3]覃慧:《治理时代行政程序法制的变革与因应研究》,北京大学出版社2018年版。

[4][美]皮尔斯·理查德:《行政法》,苏苗罕译,中国人民大学出版社2016年版。

[5][美]杰弗里·拉博斯:《美国规章制定导论》,江澎涛译,中国法制出版社2016年版。

[6][美]朱迪·弗里曼著:《合作治理与新行政法》,毕洪海译,商务印书馆2010年版。

[7]俞祺:《行政规则的司法审查强度——基于法律效力的区分》,法律出版社2018年版。

[8]刘莘主编:《行政立法原理与实务》,中国法制出版社2014年版。

[9]王锡锌:《行政程序法理念与制度研究》,中国民主法制出版社2007年版。

[10][德]茨威格特、[德]克茨:《比较法总论》(上),潘汉典等译,中国法制出版社2017年版。

[11]全国人大常委会法制工作委员会法规备案审查室:《〈法规、司法解释备案审查工作办法〉导读》,中国民主法制出版社2020年版。

[12]全国人大常委会法制工作委员会法规备案审查室:《规范性文件备案审查理论与实务》,中国民主法制出版社2020年版。

[13][德]奥托·迈耶:《德国行政法》,刘飞译,商务印书馆2013年版。

[14][英]威廉·韦德、[英]克里斯托弗·福赛:《行政法》,骆梅英、苏苗罕等译,中国人民大学出版社2018年版。

[15][美]理查德·A.爱泼斯坦:《私有财产、公共行政与法治》,刘连泰译,浙江大学出版社2018年版。

[16]陈新民:《公法学札记》,法律出版社2010年版。

[17]翁岳生:《行政法》,中国法制出版社2002年版。

[18]姜明安主编:《行政法与行政诉讼法》(第6版),北京大学出版社、高等教育出版社2015年版。

[19]习近平:《习近平谈治国理政》(第3卷),外文出版社2020年版。

[20]刘平:《立法原理、程序与技术》,学林出版社、上海人民出版社2017年版。

[21]陈公雨:《地方立法十三讲》,中国法制出版社2015年版。

[22][美]德怀特·沃尔多:《行政国家:美国公共行政的政治理论研究》,颜昌武译,中央编译出版社2017年版。

[23]应松年主编:《行政程序法立法研究》,中国法制出版社2005年版。

[24]马怀德主编:《行政程序法立法研究》,法律出版社2005年版。

[25]姜明安等:《行政程序法典化研究》,法律出版社2016年版。

[26]周旺生:《立法学》,法律出版社2009年版。

[27]应松年:《当代中国行政法》(上卷),中国方正出版社2005年版。

[28]方世荣、邓佑文、谭冰霖:《"参与式行政"的政府与公众关系》,北京大学出版社2013年版。

[29]王锡锌主编:《行政过程中公众参与的制度实践》,中国法制出版社2008年版。

[30]张焕光、胡建淼:《行政法学原理》,劳动人事出版社1989年版。

[31]叶必丰、周佑勇:《行政规范研究》,法律出版社2002年版。

[32]乔晓阳主编:《中华人民共和国行政复议法条文释义及实用指南》,中国民主法制出版社1999年版。

[33]马怀德主编:《行政法与行政诉讼法》,中国法制出版社2000年版。

[34]陈丽芳:《非立法性行政规范研究》,中共中央党校出版社2007年版。

[35][德]哈特穆特·毛雷尔:《行政法学总论》,高家伟译,法律出版社2000年版。

[36][日]盐野宏:《行政法总论》,杨建顺译,北京大学出版社2008年版。

[37][日]室井力等主编:《日本行政程序法逐条注释》,朱芒译,上海三联书店2009年版。

[38]章剑生:《现代行政法总论》,法律出版社2014年版。

[39]侯东德主编:《我国地方立法协商的理论与实践》,法律出版社2015年版。

[40]魏建新:《行政决策参与问题研究》,法律出版社2018年版。

[41]王锡锌:《中国行政立法与决策过程中的公众参与:观察与评估》,中国法制出版社2008年版。

[42]蔡定剑主编:《公众参与－风险社会的制度建设》,法律出版社2009年版。

[43][德]尤尔根·哈贝马斯:《交往行为理论·第一卷　行为合理性与社会合理化》,曹卫东译,上海人民出版社2018年版。

[44][德]哈贝马斯:《在事实与规范之间:关于法律和民主法治国的商谈理论》(修订译本),童世骏译,生活·读书·新知三联书店2014年版。

[45]相焕伟:《协商行政:一种新的行政法范式》,山东大学 2014 年博士学位论文。

[46]阎锐:《地方立法参与主体研究》,上海人民出版社 2014 年版。

[47]王泽鉴:《民法总则》,北京大学出版社 2009 年版。

[48]章剑生:《现代行政法基本理论》(第 2 版),法律出版社 2014 年版。

[49]章志远:《行政法学总论》,北京大学出版社 2014 年版。

[50]何海波:《行政诉讼法》(第 2 版),法律出版社 2016 年版。

[51]陈清秀:《行政诉讼法》,法律出版社 2016 年版。

[52]马怀德主编:《行政诉讼法学》,北京大学出版社 2015 年版。

[53]湖南省人民政府法制办公室编:《湖南省行政程序规定释义》,法律出版社 2008 年版。

[54]高秦伟:《行政法规范解释论》,中国人民大学出版社 2008 年版。

[55]胡峻:《行政规范性文件绩效评估研究》,中国政法大学出版社 2013 年版。

[56]郭庆珠:《行政规范性文件制定正定性研究》,中国检察出版社 2011 年版。

[57]郑先海:《行政机关规范性文件的制定》,中国税务出版社 2002 年版。

[58]刘松山:《违法行政规范性文件之责任研究》,中国民主法制出版社 2007 年版。

[59]袁曙宏:《公众参与行政立法:中国的实践与创新》,中国法制出版社 2012 年版。

[60]张淑芳:《行政法援用研究》,中国政法大学出版社 2008 年版。

[61]罗豪才、毕洪海编:《行政法的新视野》,商务印书馆 2011 年版。

[62]应松年主编:《外国行政程序法汇编》,中国法制出版社 1999 年版。

[63]胡建淼主编:《中外行政法规分解与比较》,法律出版社 2004

年版。

[64]关保英:《行政法分析学导论》,商务印书馆 2011 年版。

[65]关保英:《比较行政法学》,法律出版社 2008 年版。

[66]杨海坤、黄学贤:《中国行政程序法典化:从比较法角度研究》,法律出版社 1999 年版。

[67]王名扬:《法国行政法》,中国政法大学出版社 1988 年版。

[68]叶必丰:《行政行为的效力研究》,中国人民大学出版社 2002 年版。

[69]吴庚:《行政法之理论与实务》,台北,三民书局股份有限公司 1999 年版。

[70]王学辉、邓华平:《行政立法成本分析与实证研究》,法律出版社 2008 年版。

[71]曾祥华:《行政立法的正当性研究》,中国人民公安大学出版社 2007 年版。

[72]李向东:《行政立法前评估制度研究》,中国法制出版社 2016 年版。

[73]郑宁:《行政立法评估制度研究》,中国政法大学出版社 2013 年版。

[74]陈保中:《提高行政立法质量——目标与路径》,上海大学出版社 2009 年版。

[75]张步峰:《正当行政程序研究》,清华大学出版社 2014 年版。

[76]孙笑侠:《程序的法理》,商务印书馆 2005 年版。

[77]孙笑侠:《法律对行政的控制——现代行政法的法理解释》,山东人民出版社 1999 年版。

[78]季卫东:《法治秩序的建构》(增补版),商务印书馆 2015 年版。

[79]沈宗灵:《现代西方法理学》,北京大学出版社 1992 年版。

[80]陈新民:《德国公法学基础理论》(增订新版),法律出版社 2010 年版。

[81]李洪雷:《行政法释义学:行政法学理的更新》,中国人民大学出

版社 2014 年版。

[82]刘飞:《德国公法权利救济制度》,北京大学出版社 2009 年版。

[83]李广宇:《新行政诉讼法逐条注释》,法律出版社 2015 年版。

[84]叶必丰:《行政法与行政诉讼法》,高等教育出版社 2012 年版。

[85]王贵松:《行政裁量的构造与审查》,中国人民大学出版社 2016 年版。

[86]江必新主编,中华人民共和国最高人民法院行政审判庭编:《中国行政审判指导案例》(第 1 卷),中国法制出版社 2010 年版。

[87]中华人民共和国最高人民法院行政审判庭编:《中国行政审判指导案例》(第 2 卷),中国法制出版社 2011 年版。

[88]中华人民共和国最高人民法院行政审判庭编:《中国行政审判指导案例》(第 3 卷),中国法制出版社 2013 年版。

[89]中华人民共和国最高人民法院行政审判庭编:《中国行政审判指导案例》(第 4 卷),中国法制出版社 2012 年版。

[90][美]劳伦斯·弗里德曼:《二十世纪美国法律史》,周大伟等译,北京大学出版社 2016 年版。

[91][日]平冈久:《行政立法与行政基准》,宇芳译,中国政法大学出版社 2014 年版。

[92][日]市桥克哉等:《日本现行行政法》,田林等译,法律出版社 2017 年版。

[93][德]汉斯·沃尔夫:《行政法》,高家伟译,上海译文出版社 2004 年版。

[94][美]肯尼斯·卡尔普·戴维斯:《裁量正义》,毕洪海译,商务印书馆 2009 年版。

[95][美]杰瑞·L. 马肖:《行政国的正当程序》,沈岿译,高等教育出版社 2005 年版。

[96][英]卡罗尔·哈洛、[英]理查德·罗林斯:《法律与行政》,杨伟东等译,商务印书馆 2004 年版。

[97][日]南博方:《行政法》(第 6 版),杨建顺译,中国人民大学出

版社 2009 年版。

[98][日]大桥洋一:《行政法学的结构性变革》,吕艳滨译,中国人民大学出版社 2008 年版。

[99][日]美浓布达吉:《公法与私法》,黄冯明译,中国政法大学出版社 2003 年版。

[100][新西]迈克尔·塔格特编:《行政法的范围》,金自宁译,中国人民大学出版社 2006 年版。

[101][德]卢曼:《社会的法律》,郑伊倩译,中国人民大学出版社 2009 年版。

[102][日]芦部信喜:《宪法》,林来梵等译,北京大学出版社 2006 年版。

[103][英]戴雪:《英宪精义》,雷宾南译,中国法制出版社 2009 年版。

[104][德]康拉德·黑塞:《联邦德国宪法纲要》,李辉译,商务印书馆 2007 年版。

[105][法]托克维尔:《旧制度与大革命》,冯棠译,商务印书馆 1997 年版。

[106][美]伯尔曼:《法律与革命:西方法律传统的形成》,高鸿钧等译,中国大百科全书出版社 1993 年版。

[107][奥]凯尔森:《法与国家的一般理论》,沈宗灵译,中国大百科全书出版社 1996 年版。

[108][美]罗纳德·德沃金:《认真对待权利》,信春鹰译,中国大百科全书出版社 1998 年版。

[109][美]约翰·罗尔斯:《正义论》,何怀宏等译,中国社会科学出版社 1988 年版。

[110][法]卢梭:《社会契约论》,何兆武译,商务印书馆 1982 年版。

[111][法]孟德斯鸠:《论法的精神》,张雁深译,商务印书馆 1982 年版。

[112][英]霍布斯:《利维坦》,黎思复等译,商务印书馆 1985 年版。

[113][英]边沁:《政府片论》,沈叔平等译,商务印书馆 1996 年版。

[114][英]J. S. 密尔:《代议制政府》,汪瑄译,商务印书馆 1982 年版。

[115][英]洛克:《政府论》,瞿菊农、叶启芳译,商务印书馆 1982 年版。

[116][英]约翰·密尔:《论自由》,程崇华译,商务印书馆 1982 年版。

[117]赵宏:《法治国下的目的性创设》,法律出版社 2012 年版。

[118]江必新、梁凤云:《行政诉讼法理论与实务》(上、下卷)(第 3 版),法律出版社 2016 年版。

[119]罗豪才等:《行政法的平衡理论讲演录》,北京大学出版社 2011 年版。

二、论文类

[1]沈岿:《关于美国协商制定规章程序的分析》,载《法商研究(中南政法学院学报)》1999 年第 2 期。

[2]《美国规章协商制定程序法》,薛刚凌、王霁霞译,李琦校,载《公法研究》2004 年第 1 期。

[3]蒋红珍:《治愈行政僵化:美国规制性协商机制及其启示》,载《华东政法大学学报》2014 年第 3 期

[4]蒋红珍:《论协商性政府规制——解读视角和研究疆域的初步厘定》,载《上海交通大学学报(哲学社会科学版)》2008 年第 5 期。

[5]张力:《走向共识:美国协商行政立法的兴起与发展》,载《行政法学研究》2012 年第 4 期。

[6]江国华:《行政转型与行政法学的回应型变迁》,载《中国社会科学》2016 年第 11 期。

[7]成协中:《行政法平衡理论:功能、挑战与超越》,载《清华法学》2015 年第 1 期。

[8]李洪雷:《中国行政法(学)的发展趋势——兼评“新行政法”的

兴起》,载《行政法学研究》2014 年第 1 期。

[9]郑春燕:《现代行政过程中的行政法律关系》,载《法学研究》2008 年第 1 期。

[10]卢显洋:《论协商行政作为我国法治政府建设困境的出路》,载《江汉论坛》2017 年第 11 期。

[11]章剑生:《作为协商性的行政听证——关于行政听证功能的另一种解读》,载《浙江社会科学》2005 年第 4 期。

[12]蔡武进:《现代行政法治理念下的行政协商》,载《天津行政学院学报》2013 年第 3 期。

[13]王勇:《自愿性环境协议:一种新型的环境治理方式——基于协商行政的初步展开》,载《甘肃政法学院学报》2017 年第 3 期。

[14]黄锡生、韩英夫:《生态损害赔偿磋商制度的解释论分析》,载《政法论丛》2017 年第 1 期。

[15]王树义、周迪:《论法国环境立法模式的新发展——以法国〈综合环境政策与协商法〉的制定为例》,载《法制与社会发展》2015 年第 2 期。

[16]姚尚贤:《立法中的多元协商与风险分配——以中国台湾地区病人自主权利立法过程为例》,载《地方立法研究》2017 年第 2 期。

[17]杨冬梅:《集体协商立法中政府作用的探析》,载《新视野》2014 年第 2 期。

[18]卢剑锋:《试论协商性行政执法》,载《政治与法律》2010 年第 4 期。

[19]谢晖:《论规范分析方法》,载《中国法学》2009 年第 2 期。

[20]应松年:《关于行政法总则的期望与构想》,载《行政法学研究》2021 年第 1 期。

[21]张淑芳:《福利行政背景下政府公共服务市场化研究》,载《江西社会科学》2015 年第 11 期。

[22]张淑芳:《一种新的行政立法模式构想》,载《行政法学研究》1999 年第 3 期。

[23]章志远:《行政立法相对回避模式之建构》,载《浙江社会科学》2018 年第 3 期。

[24]张千帆:《美国行政立法程序的模式选择与变通》,载《浙江学刊》2006 年第 6 期。

[25]朱芒:《行政立法程序基本问题试析》,载《中国法学》2000 年第 1 期。

[26]朱芒:《论行政规定的性质——从行政规范体系角度的定位》,载《中国法学》2003 年第 1 期。

[27]叶必丰、刘道筠:《规范性文件的种类》,载《行政法学研究》2000 年第 2 期。

[28]王保成:《一般行政规范性文件质量监控制度研究》,载《现代法学》2003 年第 5 期。

[29]湛中乐:《论行政法规、行政规章以外的其他规范性文件》,载《中国法学》1999 年第 2 期。

[30]关保英:《行政法中法涵义的重新认识》,载《当代法学》2012 年第 3 期。

[31]《日本行政程序法》,王贵松译,载《公法研究》2016 年第 2 期。

[32]张淑芳:《规章以下行政规范性文件调整对象》,载《东方法学》2009 年第 6 期。

[33]尹奎杰、王箭:《重大行政决策行为的性质与认定》,载《当代法学》2016 年第 1 期。

[34]熊樟林:《重大行政决策概念证伪及其补正》,载《中国法学》2015 年第 3 期。

[35]叶必丰:《行政决策的法律表达》,载《法商研究》2016 年第 2 期。

[36]杨海坤、李兵:《建立健全科学民主行政决策的法律机制》,载《政治与法律》2006 年第 3 期。

[37]李迎春:《行政法视角下的行政决策》,载《行政法学研究》2007 年第 4 期。

[38]朱芒:《公众参与的法律定位——以城市环境制度事例为考察的对象》,载《行政法学研究》2019 年第 1 期。

[39]彭錞:《迈向欧盟统一行政程序法典:背景、争议与进程》,载《环球法律评论》2016 年第 3 期。

[40]应松年:《〈行政程序法(试拟稿)〉评介》,载《政法论坛》2004 年第 5 期。

[41]王贵松:《国务院的宪法地位》,载《中外法学》2021 年第 1 期。

[42]蔡定剑:《中国公众参与的问题与前景》,载《民主与科学》2010 年第 5 期。

[43]王锡锌、章永乐:《专家、大众与知识的运用——行政规则制定过程的一个分析框架》,载《中国社会科学》2003 年第 3 期。

[44]郑雅方:《我国行政规则研究中的若干误区之克服》,载《政法论坛》2012 年第 5 期。

[45]宋华琳:《论行政规则对司法的规范效应——以技术标准为中心的初步观察》,载《中国法学》2006 年第 6 期。

[46]沈亚萍:《行政规则制定中的公众参与考量:基于正反两面的双重分析视角》,载《河北法学》2014 年第 6 期。

[47]王晓妹:《行政立法草案的审查及其制度完善》,载《华东政法大学学报》2020 年第 3 期。

[48]夏雨:《行政立法中公众参与的难题及其克服》,载《法治研究》2019 年第 2 期。

[49]王留一:《论行政立法与行政规范性文件的区分标准》,载《政治与法律》2018 年第 6 期。

[50]谢寄博:《我国行政立法中的价值冲突》,载《山东社会科学》2017 年第 5 期。

[51]王贵松:《论行政法上的法律优位》,载《法学评论》2019 年第 1 期。

[52]王留一:《论行政规范性文件司法审查标准体系的建构》,载《政治与法律》2017 年第 9 期。

[53]黄宇骁:《立法与行政的权限分配》,载《法学家》2020 年第 1 期。

[54]王贵松:《论法律的法规创造力》,载《中国法学》2017 年第 1 期。

[55]丁延龄:《行政立法起草模式之协商规章制定程序研究》,载《甘肃政法学院学报》2018 年第 3 期。

[56]周仁标:《公民参与行政立法研究——以正当性、制约因素及实施路径为视角》,载《法学杂志》2020 年第 8 期。

[57]刘义:《行政立法裁量的宪法论》,载《浙江社会科学》2018 年第 2 期。

[58]关保英:《行政立法尊重自然的理论思考与实践进路》,载《南京大学学报(哲学·人文科学·社会科学)》2020 年第 1 期。

[59]张淑芳:《行政法治视阈下的民生立法》,载《中国社会科学》2016 年第 8 期。

[60]耿玉娟:《规范性文件附带审查规则的程序设计》,载《法学评论》2017 年第 5 期。

[61]门中敬:《“立法”和“行政”概念的宪法解释》,载《政法论坛》2019 年第 5 期。

[62]施家伦:《行政主导下澳门行政与立法的关系》,载《华南师范大学学报(社会科学版)》第 6 期。

[63]张淑芳:《私法渗入公法的必然与边界》,载《中国法学》2019 年第 4 期。

[64]胡斌:《论行政规制权的概念建构与法理阐释》,载《政治与法律》2019 年第 1 期。

[65]张淑芳:《论行政决策合法性审查的制度构建》,载《政法论丛》2016 年第 1 期。

[66]黄学贤:《行政法中的信赖保护原则》,载《法学》2002 年第 5 期。

[67]刘李明:《司法过程中的商谈与诚信原则》,载《当代法学》2008

年第1期。

[68]刘作翔:《权利平等的观念、制度与实现》,载《中国社会科学》2015年第7期。

[69]杨书军:《规范性文件制定程序立法的现状及完善》,载《行政法学研究》2013年第2期。

[70]卢群星:《论规范性文件的审查标准:适当性原则的展开与应用》,载《浙江社会科学》2010年第2期。

[71]郭庆珠:《论行政规范性文件制定不作为的法律救济》,载《学术论坛》2010年第2期。

[72]应松年、王敬波:《论我国制定统一行政程序法典的法制基础——基于现行法律规范体系之分析》,载《法商研究》2010年第4期。

[73]柳砚涛:《我国行政规范性文件设定权之检讨——以当下制度设计文本为分析对象》,载《政治与法律》2014年第4期。

[74]马怀德:《我国法治政府建设现状观察:成就与挑战》,载《中国行政管理》2014年第6期。

[75]胡峻:《论行政机关制定行政规范性文件行为的不当性》,载《行政论坛》2014年第4期。

[76]李富莹:《加强行政规范性文件监督的几点建议》,载《行政法学研究》2015年第5期。

[77]汪全胜、张鹏:《法律文本中授权立法条款的设置论析》,载《云南师范大学学报(哲学社会科学版)》2012年第2期。

[78]王霞:《税收规范性文件的异化:根源及矫正——从海南三正公司税务行政纠纷说起》,载《湖南社会科学》2016年第2期。

[79]方世荣:《论行政立法参与权的权能》,载《中国法学》2014年第3期。

[80]张宇坤:《行政立法听证制度比较研究》,载《理论月刊》2011年第2期。

[81]刘志坚、宋晓玲:《行政立法原则新论》,载《兰州大学学报(社会科学版)》2011年第1期。

[82]陈书全、吴静:《区域经济一体化背景下跨区域行政立法模式研究》,载《中国海洋大学学报(社会科学版)》2011 年第 1 期。

[83]于立深:《行政立法不作为研究》,载《法制与社会发展》2011 年第 2 期。

[84]杨建顺:《论科学、民主的行政立法》,载《法学杂志》2011 年第 8 期。

[85]代水平:《行政立法公众参与的集体行动困境》,载《西北大学学报(哲学社会科学版)》2011 年第 5 期。

[86]周佑勇、尚海龙:《论行政立法不作为违法——基于法律文本的解析》,载《现代法学》2011 年第 5 期。

[87]崔浩:《行政立法公众参与有效性研究》,载《法学论坛》2015 年第 4 期。

[88]陶广峰:《效率与正当性:我国行政立法制度的核心——美国行政立法制度的借鉴意义》,载《比较法研究》2013 年第 6 期。

[89]赵雷:《行政立法评估之成本收益分析——美国经验与中国实践》,载《环球法律评论》2013 年第 6 期。

[90]金雪花:《我国行政立法监督体制研究——兼与英美法系国家相比较》,载《江苏社会科学》2012 年第 1 期。

[91]冯英:《政府过程视角下的行政立法腐败问题分析》,载《中国行政管理》2012 年第 10 期。

[92]苏涛:《西方国家行政立法监督述论》,载《江汉论坛》2003 年第 12 期。

[93]张淑芳:《论行政立法的价值选择》,载《中国法学》2003 年第 4 期。

[94]李向东:《行政立法前评估制度初探——从新交通法规"闯黄灯"条款谈起》,载《中国行政管理》2013 年第 3 期。

[95]马凯、曹海晶:《国外行政立法控制理论及其对我国的启示》,载《求索》2013 年第 3 期。

[96]肖萍、朱国华:《论行政立法责任制度的构建》,载《法学论坛》

2013 年第 4 期。

[97]何明俊:《控制性详细规划行政“立法”的法理分析》,载《城市规划》2013 年第 7 期。

[98]李瑰华、姬亚平:《行政立法评估制度论析》,载《江西社会科学》2013 年第 7 期。

[99]李湘刚:《论我国行政立法监督机制的完善》,载《青海社会科学》2007 年第 1 期。

[100]赵卯生:《行政立法的基本价值取向及其现实启示》,载《行政法学研究》2007 年第 1 期。

[101]刘小妹:《公众参与行政立法的理论思考》,载《行政法学研究》2007 年第 2 期。

[102]王春业:《论省际区域行政立法协作》,载《行政法学研究》2007 年第 2 期。

[103]王春业:《区域经济一体化背景下地方行政立法模式的变革》,载《社会科学辑刊》2007 年第 5 期。

[104]胡建淼:《“特别权力关系”理论与中国的行政立法——以〈行政诉讼法〉、〈国家公务员法〉为例》,载《中国法学》2005 年第 5 期。

[105]温晋锋:《行政立法责任略论》,载《中国法学》2005 年第 3 期。

[106]曾祥华:《行政立法的正当性初探》,载《江苏社会科学》2005 年第 2 期。

[107]湛中乐:《论对行政立法的监督与控制》,载《国家行政学院学报》2004 年第 3 期。

[108]曾祥华:《论公众参与及其行政立法的正当性》,载《中国行政管理》2004 年第 12 期。

[109]陈蕊:《相对人的行政立法动议权》,载《行政法学研究》2004 年第 4 期。

[110]杨解君、张治宇:《论行政立法中的沟通与协商》,载《行政法学研究》2006 年第 3 期。

[111]朱新力、高春燕:《行政立法中的最好行政》,载《行政法学研

究》2006 年第 3 期。

[112]石旭斋:《行政立法民主保障之问题与对策》,载《政法论坛》2006 年第 4 期。

[113]汪全胜:《美国行政立法的成本与效益评估探讨》,载《东南大学学报(哲学社会科学版)》2008 年第 6 期。

[114]王保民:《中国行政立法的民主保障和监督控制》,载《中国行政管理》2008 年第 3 期。

[115]冯英、张慧秋:《中国行政立法公众参与制度研究》,载《首都师范大学学报(社会科学版)》2008 年第 4 期。

[116]胡峻:《论行政立法回避制度——兼与杨建顺教授商榷》,载《现代法学》2008 年第 5 期。

[117]于立深:《行政立法性事实研究》,载《法商研究》2008 年第 6 期。

[118]毕雁英:《行政立法不作为责任研究》,载《法学杂志》2010 年第 8 期。

[119]郑宁:《我国行政立法评估制度的背景与价值探析》,载《行政法学研究》2010 年第 4 期。

[120]喻少如:《论我国行政立法中的职权立法》,载《武汉大学学报(哲学社会科学版)》2009 年第 1 期。

[121]胡峻:《行政立法后评估与行政立法责任的归结》,载《甘肃政法学院学报》2009 年第 3 期。

[122]饶常林、常健:《我国区域行政立法协作:现实问题与制度完善》,载《行政法学研究》2009 年第 3 期。

[123]苗连营:《行政立法及其控制》,载《郑州大学学报(哲学社会科学版)》1998 年第 6 期。

[124]袁曙宏、李洪雷:《新世纪我国行政立法的发展趋势》,载《行政法学研究》2002 年第 3 期。

[125]赵宏:《立法与行政——从行政立法角度思考》,载《行政法学研究》2002 年第 3 期。

[126]裴文睿、周莉:《中国法治与行政立法改革》,载《法商研究(中南政法学院学报)》2001年第5期。

[127]程琥:《新〈行政诉讼法〉中规范性文件附带审查制度研究》,载《法律适用》2015年第7期。

[128]王红卫、廖希飞:《行政诉讼中规范性文件附带审查制度研究》,载《行政法学研究》2015年第6期。

[129]王世涛、刘雨嫣:《抽象行政行为司法审查制度设计的规范分析》,载《青海社会科学》2016年第1期。

[130]侯丹华:《新〈行政诉讼法〉中几种特殊类型诉讼的判决方式》,载《法律适用》2016年第8期。

[131]徐肖东:《行政诉讼规范性文件附带审查的认知及其实现机制——以陈爱华案与华源公司案为主的分析》,载《行政法学研究》2016年第6期。

[132]朱芒:《规范性文件的合法性要件——首例附带性司法审查判决书评析》,载《法学》2016年第11期。

三、法律法规

[1]《宪法》(2018年3月11日第十三届全国人民代表大会第一次会议修正)。

[2]《立法法》(2015年3月15日第十二届全国人民代表大会第三次会议《关于修改〈中华人民共和国立法法〉的决定》修正)。

[3]《行政法规制定程序条例》(2017年12月22日《国务院关于修改〈行政法规制定程序条例〉的决定》修订)。

[4]《规章制定程序条例》(2017年12月22日《国务院关于修改〈规章制定程序条例〉的决定》修订)。

[5]《政府信息公开条例》(2019年4月3日中华人民共和国国务院令第711号修订)。

[6]《重大行政决策程序暂行条例》(2019年4月20日中华人民共和国国务院令第713号)。

[7]《国务院办公厅关于加强行政规范性文件制定和监督管理工作的通知》(国办发〔2018〕37 号)。

[8]《国务院办公厅关于全面推行行政规范性文件合法性审核机制的指导意见》(国办发〔2018〕115 号)。

[9]《国务院办公厅关于在制定行政法规规章行政规范性文件过程中充分听取企业和行业协会商会意见的通知》(国办发〔2019〕9 号)。

[10]《上海市行政规范性文件管理规定》(2019 年 6 月 5 日上海市人民政府令第 17 号)。

[11]《广东省行政规范性文件管理规定》(2020 年 7 月 29 日广东省人民政府令第 277 号)。

[12]《湖南省行政程序条例》(2008 年 4 月 9 日湖南省人民政府第 4 次常务会议通过,2009 年 4 月 17 日湖南省人民政府令第 222 号公布;2018 年 7 月 10 日湖南省人民政府令第 289 号《关于废止和修改部分人民政府规章的决定》修正)。

[13]《最高人民法院行政诉讼附带审查规范性文件典型案例》(2018 年 10 月 30 日)。

[14]《中共中央办公厅、国务院办公厅印发〈关于推行法律顾问制度和公职律师公司律师制度的意见〉》(2016 年 6 月 16 日)。

[15]《行政复议法》(2017 年修正)。

[16]《行政诉讼法》(2014 年修正)(中华人民共和国主席令第 15 号)。

[17]《交通运输部行政规范性文件制定和管理办法》(2018 年 11 月 27 日交通运输部关于印发《交通运输部行政规范性文件制定和管理办法》的通知)。

[18]《住房城乡建设部行政规范性文件管理办法》(建办〔2018〕102 号)。

[19]《生态环境部行政规范性文件制定和管理办法》(2020 年 4 月 14 日生态环境部办公厅关于印发《生态环境部行政规范性文件制定和管理办法》的通知)。

[20]《行政诉讼法》(2017 年修正)(中华人民共和国主席令第 71 号)。

[21]《最高人民法院关于适用〈中华人民共和国行政诉讼法〉的解释》(2018 年 2 月 6 日公布)。

四、英文文献及资料网站

[1] Philip J. Harter, *Negotiated Regulations: A Cure for Malaise*, 71 Georgetown Law Journal 1(1982).

[2] Henry H. Perritt, Jr., *Negotiated Rulemaking before Federal Agencies: Evaluation of Recommendations by the Administrative Conference of the United States*, 74 Georgetown Law Journal 1627(1985).

[3] Lawrence Susskind & Gerard McMahon, *The Theory and practice of Negotiated Rulemaking*, 3 Yale Journal on regulation 133 (1985).

[4] Cary Coglianese, *Assessing Consensus: The Promise and Performance of Negotiated Rulemaking*, 46 Duke Law Journal 1255(1997).

[5] Philip J. Harter, *Fear of Commitment: An Affliction of Adolescents*, 46 Duke Law Journal 1389(1997).

[6] Ellen Siegler, *Regulatory Negotiation and Other Rulemaking Processes: Strengths and Weaknesses from an Industry Viewpoint*, 46 Duke Law Journal 1429(1997).

[7] William Funk, *Bargaining Toward the New Millennium: Regulatory Negotiation and the Subversion of the Public Interest*, 46 Duke Law Journal 1351(1997).

[8] Patricia M. Wald, *ADR and the Courts: An Update*, 46 Duke Law Journal 1345(1997).

[9] Jody Freeman, *Collaborative Governance in the Administrative State*, 45 UCLA Law Review 1(1997).

[10] Cary Coglianese, *Assessing the Advocacy of Negotiated Rulemaking: A Response to Philip Harter*, 9 New York University Environmental Law Journal

386(2001).

[11] Philp J. Harter, *In Search of Goldilocks: Democracy, Participation, and Government*, 10 Penn State Environmental Law Review 113(2002).

[12] Philip J. Harter, *a Plumber Responds to the Philosophers: A Comment on Professor Menkel-Meadow's Essay on Deliberative Democracy*, 5 Nevada Law Journal 379(2005).

[13] Jeffery S. Lubbers, *Achieving Policymaking Consensus: The (Unfortunate) Waning of Negotiated Rulemaking*, 49 Texas Law Review 987 (2008).

[14] William Funk, *Public Participation and Transparency in Administrative Law—Three Examples as An Object Lesson*, 61 Administrative Law Review 171, 194 (2009).

[15] Robin McCall, *Dogs v. Birds: Negotiated Rulemaking at Fort Funston*, 13 Hastings West-Northwest Journal of Environmental Law and Policy 187 (2007).

[16] Daniel P. Selmi, *The Promise and Limits of Negotiated Rulemaking: Evaluating the Negotiated of a Regional Air Quality Rule*, 35 Environmental Law Journal 415 (2005).

[17] Sean F. Nolan, *Negotiated the Wind: A Framework to Engage Citizens in Citing Wind Turbines*, 12 Cardozo Journal of Conflict Resolution 327 (2011).

[18] Marie Boyd, *Unequal Protection Under the Law: Why FDA Should Use Negotiated Rulemaking to Reform the Regulation of Generic Drugs*, 35 Cardozo Law Review 1525 (2014).

[19] Julia Kobick, *Negotiated Rulemaking: The Nest Step in regulatory Innovation at the Food and Drug Administration?*, 65 Food and Drug Law Journal 425(2010).

[20] Ehren K. Wade, *Comment, Just What the Doctor Ordered: Health Care Reform, the IRS and Negotiated Rulemaking*, 66 Administrative Law

Review 199 (2014).

[21]Danielle Holley-Walker, *The Importance of Negotiated Rulemaking to the No Child Left Behind Act*, 85 Nebraska Law Review 1015 (2007).

[22]Pierce & Richard, *Rethinking Negotiated Rulemaking*, 2016 Jotwell 461(2016).

[23]Wiseman & Hannah J., *Negotiated Rulemaking and New Risks: A Rail Safety Case Study*, 7 Wake Forest Journal of Law & Policy 1(2017).

[24]Akasha C. Perez, *Addressing an Evolution in America's Workforce: A Call for Negotiated Rulemaking in the Ridesharing Industry*, 59 Howard Law Journal 787(2017).

[25] Michael Asimow & Ronald M. Levin, *State and Federal Administrative Law*, 4th ed., West Academic Publishing, 2014.

[26]Richard J. Pierce, Jr., *Administrative Law Treaties*, 5th ed., Aspen Publishers, 2010.

[27] Ronald A. Cass, Colin S. Diver, Jack M. Beermann & Jody Freeman, *Administrative Law*, 7th ed., Wolters Kluwer, 2015.

[28]Andrew F. Proper, Gwendolyn M. McKee et al., *Administrative Law*, 3rd ed., West Academic Publishing, 2016.

[29]Ronald M. Levin & Jeffery S. Lubbers, *Administrative Law and Process in a Nutshell*, 6th ed., West Academic Publishing, 2016.

[30]Jeffery S. Lubbers, *A Guide to Federal Agency Rulemaking*, 5th ed., 2012 American Bar Association.

[31] William F. Fox, *Understanding Administrative Law*, 5th ed., LexisNexis 2012.

[32]Ronald M. Levin & Jeffery S. Lubbers, *Administrative Law and Process in a Nutshell*, 6th ed., West Academic Publishing, 2016.

[33] Jody Freeman, *Collaborative Governance in the Administrative State*, 45 UCLA Law Review 1 (1997).

[34]Cheryl Blake & Reeve T. Bull, Negotiated Rulemaking (Final

report：June 5,2017),prepared for Administrative Conference of the United States,Recommendation 2017 -1.

[35] Artnstein SR, *A Ladder of Citizen Participation*, 35 American Institute of Planners Journal 216(1969).

[36] John T. Dunlop, *the Limit of Legal Compulsion*, 27 Labor Law Journal 67 (1976).

[37] Paul Craig, *EU Administrative Law*, Oxford University Press, 2012.

[38] Jody J. Freeman, *The Private Role in the Public Governance*, 75 New York University Law Review 543 (2000).

[39] Jody J. Freeman, *The Contracting State*, 28 Florida State University Law Review 155 (2000).

[40] Cornelius M. Kerwin & Scott R. Furlong, *Time and Rulemaking: An Empirical Test of Theory*, 2 Tournal of Public Administration Research and Theory 124,134 (1992).

[41] Jeffery Lubbers, *Better Regulations: The National Performance Review's Regulatory Reform Recommendations*, 43 Duke Law Journal 1165 (1994).

后　记

终于完成了本书，来到后记部分。其实之前想象过写后记应该要写点特别的纪念文字，然而真的写这部分时却久久不能下笔，因为感慨太多，真的太不容易。

我深深记得我到财大的第一天是开学前一天（大概是2015年8月31日下午4点），我的高中同学李英杰那天正好在奉贤办事，于是便开车送我到三门路409号财大博士公寓。那时候的自己满心对学术的憧憬和对知识及真理的渴望，现在我还能回忆起当时意气风发的样子。时间一晃六年过去了。我从26岁的青年小伙走到了32岁的大龄小伙，读博6年间经历的酸甜苦辣各种滋味，如此艰辛而漫长，那是入住财大博士公寓那个下午所远远不能预见的。能够坚持下来到本书的出版，真的要特别感谢家人和诸多师友的长期帮助、鼓励和支持。

首先要感谢我的导师张淑芳教授。6年的读博期间，张老师对我的成长倾注了太多精力和心血，不仅她渊博的学识、严谨的态度对我的学习和学术研究产生了重大影响，而且她生活上的悉心关怀和指导也使我在面对人生的艰难迷惘时找到了坚定前行的方向。张老师对我的信任和鼓励是我在财大坚持求学最大的动力。在本书的写作过程中,张老师耐心细致地提出了大量宝贵的意见,在中期考核答辩时张老师指明研究方向使我避免了研究误区,并且在具体成书过程中严厉督促使我在懒惰拖延中一步一步奋力前行。想起当年报考财大,并未与张老师真正碰过面交流过,面试时幸有张老师力挺得以被招录。正是由于张老师对我的信任和认可,才有了我读博 6 年珍贵的人生经历。能成为张老师的学生是非常幸运的事情。

感谢徐继强教授、徐键教授一直以来的指导、关心和支持。两位老师在选题、中期考核、写作过程中给予了宝贵的意见和建议,使我的研究和写作少走了弯路。两位老师提供的思路和视野,促使我在反思中不断完善研究内容。感谢王世如教授、单飞跃教授、葛伟军教授、胡凌教授、郑少华教授、宋晓燕教授、胡苑教授等财大老师们在我学习过程中的谆谆教诲和严格要求,使我对学术研究有更多更深的理解和认识。感谢陈骏杰老师、刘明老师、杨乐老师、罗山鸿老师、周燕老师、付艳老师、姚永美老师等的帮助和关心,让我对法学院充满了感激和感情。

感谢美利坚大学华盛顿法学院的 Jeffrey Lubbers 教授。Lubbers 教授是我美国联合培养博士导师。在美国期间,他对我的选题和文章内容提供了指导和建议,并帮我收集了大量美国国会文献和 ACUS 的文献。我在美利坚大学访学的一年,Lubbers 教授的 Seminar 课和美国联邦和州行政法专业课,令我对美国法有了深入的了解。Lubbers 教授还带领我一同参加了美国行政法学会 2018 年年会、美国行政会议 2018 年年会等美国法学界活动,使我对美国法学界有近距离观察的机会。感谢乔治·华盛顿大学的皮尔斯·理查德教授,他开设的美国行政法课允许我跟班学习,并就我的论文主题提供了建议,且提供了他手中的部分研究资料。感谢美国环境保护署(U. S. Environmental Protection Agency, EPA)的 Barry Breen 教授提供了诸多 EPA 案例资料并对我的论文主题提出了研究建议。感谢美利坚大学华盛顿法学院宪法学教授 Jenifer Daskal 和行政法教授 Andrew Proper 对我的研究建议和指导交流。

感谢我的硕士导师徐静琳教授,她一直对我的学业和工作充满关注和关心,并提供有力的帮助和建议。感谢昆仑所主任赵忠敏律师,对我攻读博士的大力支持,使我在工作外有机会可以继续进行学习。感谢沈亚萍师姐、张婧飞师姐、李燕师姐、于泽瀚博士等一同在美国学习研究的师友们的帮助,让我度过了很长一段异国美好时光。感谢王慧师兄、苏苗罕教授、毕洪海教授、陈越峰教授、杜仪方教授、刘平教授、沈毅龙博士、关博豪博士、于洋博士、王宇欢博士、苏盼博士、樊健博士、岳林博士、姚尚贤博士、张西恒博士、张力毅博士、余涛博士等师友们的交流和探讨,使我获益良多。感谢余骁、张毅、张浩、赵小姣、王战江等同班同学的相互探讨和相互鼓励,感谢卢显洋师兄、夏冬泓师兄、张晗师姐、许迎玲师妹等同门的相互交流和支持,感谢王罗清、高璇、周铭、郭兰英、钱焰青、袁杨、李金刚、李建波、周荃、徐斌等师友的关心和帮助。感谢我的室友张航博士、李长生博士、陈卫华博士、余航博士等,一起共享了数年寝室美好卧谈时光。感谢美利坚大学室友徐赫廷、蒋宇凯,一起分享了诸多美国美食并自驾探索了美国东部地区的诸多秀丽风景。在我遭遇困难和挫折的时候,这些师友的支持和关心使我顺利渡过这些艰难困阻。

感谢我的父母,他们的支持使来自农村的我敢于继续求学深造,实现自己的学术理想。感谢亲人付勇、钟明声、钟彬彬、钟拥军等对家中事务的支持和帮助,使我能够有机会省下很多精力可以安心学习和研究。特别感谢田琳琳博士,对我学习研究和工作的支持和帮助,使我在最后写作困厄时期得以顺利完成论文。

博士毕业后,我也将开启新的工作和生活旅程,但学习研究和进步之路将一直前行永不止步。感恩6年的财大读博时光旅程,使我慢慢走向了成熟。经过在财大数年的成长磨砺,愿下一段人生旅程有更多的收获和精彩。

钟扬民

2021年3月2日

于浦泾苑公寓